广东财经大学珠江学者计划资助成果

法律能为文化发展繁荣做什么

WHAT CAN
LAW DO FOR
CULTURAL PROSPERITY

秦前红　著

中国政法大学出版社

2015·北京

声　明　　1. 版权所有，侵权必究。

　　　　　2. 如有缺页、倒装问题，由出版社负责退换。

图书在版编目（ＣＩＰ）数据

法律能为文化发展繁荣做什么/秦前红著. —北京：中国政法大学出版社，2015.5
ISBN 978-7-5620-6021-5

Ⅰ. ①法… Ⅱ. ①秦… Ⅲ. ①法律－影响－文化发展－研究－中国 Ⅳ. ①
D909.2

中国版本图书馆CIP数据核字(2015)第080840号

出 版 者	中国政法大学出版社
地　　址	北京市海淀区西土城路 25 号
邮寄地址	北京 100088 信箱 8034 分箱　邮编 100088
网　　址	http://www.cuplpress.com（网络实名：中国政法大学出版社）
电　　话	010-58908586(编辑部)　58908334(邮购部)
编辑邮箱	zhengfadch@126.com
承　　印	固安华明印业有限公司
开　　本	650mm×980mm　　1/16
印　　张	17.25
字　　数	240 千字
版　　次	2015 年 5 月第 1 版
印　　次	2016 年 5 月第 2 次印刷
定　　价	36.00 元

C | 目录
ONTENTS

绪 论

第一节 法律可以为文化做什么

文化是每个人生命中的重要维度，是精神生活的集中展现。自古以来，凡有人类文明之所在，即有文化之发生、积累、演化与繁荣。就个体而言，缺乏文化的滋养与浸润，即便物质生活再充裕、再繁盛，也不会被认作是完整的人生。从社会总体的角度看，文化上的发展与繁荣将提供给其中每一分子更多的机会与选项去发展其人格与潜能；相应地，在丰盛的文化生态中成长的个体也更有可能以自身的文化创造与贡献去反馈及增益其所处的文化背景。质言之，文化是个体与社会的互动场域。从这个意义上讲，文化亦不妨被视作公共生活或公共事务的一个方面，因此有赖于众人之参与、贡献及必要的共同行动。这并不是说文化是一个完全可控的人造物——尤其是当"人造物"这个词语焉不详地暗示了某种理性万能式的假想的时候，更背离了文化的本质，因为实际上社会文化的发展演变在一定程度上遵循着客观的、自然的及非显在的规律。但是话说回来，人类社会的共同行动亦必定在一定程度上影响到文化的形态与发展路向。正是在这个意义上，法律与文化存在交集。法律——如同其作为一整套行为规则去设定与规制其他类型的公共事务一般——能够且需要被用以对文化产生影响。

显而易见的是，法律作为定纷止争的规则，将促进文化生活的秩序与可预期性。如果没有对著作权的法律保护，文学艺术的创作创新会遭遇一系列公然羞辱与侵犯，天才的灵感与艰苦卓绝的探索将变得荒诞或一文不值。因此,我们需要法律来严惩恶意的、不尊重首创精神的剽窃行为,让任何致力于对文化创新有所贡献的人都能获得公平合理的、大致稳定的利益预期。

同样显而易见的是,法律作为划定国家权力之边界的标尺,将保障公民对文化生活的自由参与和贡献。如果没有对文化表达的法律保护,新锐的思想与风尚会遭遇公权力以各种借口实施的压制,以至于顺从与沉默将代替质疑与争鸣,文化生活必然归于乏味和凋敝。因此,我们需要法律——特别是公法——来限定公权力的行动范围及方式,让文化生活的参与者免于恣意的、蛮横的压迫和不可预期的恐惧。

仍然显而易见的是,法律作为协调公共行动的指针,将确保任何指向社会文化的集体行动以公开、透明、有序和理性的方式展开。如果没有预先设定的法律规则——尤其是程序性的规则——以及授权执行该规则的权威机构,一个初衷良好的文化促进项目也极有可能归于混乱、低效和信誉破产。因此,我们需要法律来协调作为公共事务的有关文化的一切集体行动,正如同我们需要通过法律来规范政治生活与经济生活一样。

只要我们仍然期望个人的文化生活及社会文化生态是有序而不是混乱的,是有利于每一个公民平等、自由地参与而不是充斥着管制与压制的,那么就可以说,文化是需要法律的。但同时必须强调的是,法律从来不可能取代那些从根本上、原初意义上促使文化得以繁荣和发展的动因——譬如人类对美的追求、真实生活中的丰富情感、每个人的独立思考与探索、不同文明和族群之间的交流、碰撞与融合等。是人类自身的才能、禀赋、激情与生活体验——而不是法律规则或原则——产生了文化的种子。也就是说,文化之所以需要法律的保驾护航,是因为文化乃是一种公共事务的开展方式或人与人之间的互动关系,法律也仅仅是以其作为规范人的行为之规则的优势——而不是其他的特殊功能——得以与文化产生关联。

由此,我们可以有如下几个基本的预设:(1)法律不可能创造、再造或全然改造文化,而是以承认既有的文化为前提,进而论及如何通过法律来服务于文化；（2）法律作用于文化的方式必须协调于既存的其他领域的法律规则或法律体系，尤其是与文化产生各种重叠或关联的生活领域；（3）从根本上，法律通过对正当利益与权利的承认与保护来作用于文化，文化中的法律问题最终仍然以权利义务关系、程序性的规范以及其他最基本的法律要素呈现出来。

第二节 文化大发展大繁荣：社会文化生活的理想模型

基于前文所论述的法律与文化的关系，我们大致可以认为"文化大发展大繁荣的法律机制"是一个可能被展开的议题，即怎样的法律机制能够实现文化大发展大繁荣这一目标。由文义分析可知，这一命题首先可以分为两部分：（1）文化大发展大繁荣的具体要求或标准是什么？（2）基于这些具体的要求或标准，相应的法律机制的创设或调整应当如何进行？因此，我们需先行对何为文化大发展大繁荣作一定的理解。

一、文化：一个初步的定义

要理解文化大发展大繁荣，首先需要对什么是文化有一个基本共识。就汉语中"文化"一词的词源而言，其最早出现于刘向的《说苑·指武篇》："圣人之治天下，先文德而后武力。凡武兴，为不服也；文化不改，然后加诛。"此后，南齐王融在《三月三日曲水诗序》中写道："设神理以景俗，敷文化以柔远。"从上述语境来看，"文化"乃是指"文治与教化"的意思，这恰与英文表述中的"culture"一词原本所具有的人或自然物的培养过程的含义有所暗合。当然，据英国文化史学者雷蒙·威廉斯（Raymond Williams）考证，"culture"的含义自19世纪起就发生重大变化：先是用来指心灵的某种状态或习惯，与人类思想的进步有所关联；后来又指一个社会中整体的知识发展的一般状态；再后来，又指代各类艺术的总体；最后至19世纪末，开始指一种物质上、知识上和精神上的整体生活方式。实际上，这样的定义方式将"文化"与"文明"进行了混同。比如，著名人类学家泰勒（Edward Tylor）就认为："文化或文明就是由作为社会成员的人所获得的，包括知识、信念、艺术、道德、法则、法律、风俗以及其他能力和习惯的复杂整体。"[1]就当代汉语中的"文明"一词的一般用法而言，是指人类所创造的物质财富与精神财富的总和。因此，那种将文化等同于特定民族或社会的整体生活方式的用法实际上取消了文化与文明之间的区别，并不可取，并且也不符合文化一词在"文化大发展大繁荣"这一表述中的特定含义。2011年10月发布的《中共中央关于深化文化体制改革，推动社会主义文化大发展大繁荣若干重大问题的决定》（以下简称《文化大发展大繁荣若干重大问题的决定》）是近年来党对文化工作的整体定位与远期目标进行最全面、最权威论述的一份文件（实际上，"文化大发展大繁荣"这一语汇也正是借助这一文件而成了社会焦点）。很明显的是，这份文件中的"文化"不是宽泛地指代某个民族或社会的"总体生活方式"，而是在区别于政治、经济等生活领域之外的意义上，特指精神性的生活方式，与"精神文明"这一常用词汇有所契合。既然精神文明一般都和"政治文明"、"物质文明"乃至"社会文明"、"生态文明"等概念并列使用，那么我们可以确认，"文化大发展大繁荣"之"文化"绝不是最广义上的文化，而应该是相对狭义的文化。

除了与"文明"这一概念的常见混淆之外，文化也有可能被用于指代其他内容。社会学大师马克思·韦伯（Max Weber）认为文化可以指人们对于特定事件的价值解读，[2]符号学家克利福德·格尔茨（Clifford Geertz）则认为文化是指一整套能够承载概念与意义的符号，使得人类的交流、认知和知识的积累成为可能。[3]实际上，面对"文化"一词在过去两百年间所积累的多种定义，如果

---

〔1〕［美］哈里斯：《文化·人·自然——普通人类学导引》，顾建光、高云霞译，浙江人民出版社1992年版，第136页。

〔2〕 Max Weber, *The Methodology of the Social Sciences*, New York: The Free Press, 1949.

〔3〕 Clifford Geertz, *Religion as a cultural system*, *from his The Interpretation of Cultures*, New York: Basic Books, 1973.

我们不能基于其各自背后的论域、视角与用语习惯（甚至是翻译上的错误）进行甄别，必然会陷入无穷尽的定义之争，徒然无助于我们的研究目的。站在一个务实的立场上讲，此处需要被明确定义的"文化"，是在"文化大发展大繁荣的法律机制"这一命题中被指涉的"文化"。因此，恰当的步骤毋宁是，先考察文化大发展大繁荣这一表述的背景，从中归纳出文化一词所指代的含义——姑且称之为定义 D，然后基于"文化"一词的常见用法对定义 D 进行"反向审查"，如果这个定义不会导致明显的荒谬，也并未超出一个可接受的合理范围的话，那么在本书的语境内就是可取的。

《文化大发展大繁荣若干重大问题的决定》的第二部分提出了到 2020 年为止的"文化改革发展奋斗目标"，包括：

> 社会主义核心价值体系建设深入推进，良好思想道德风尚进一步弘扬，公民素质明显提高；适应人民需要的文化产品更加丰富，精品力作不断涌现；文化事业全面繁荣，覆盖全社会的公共文化服务体系基本建立，努力实现基本公共文化服务均等化；文化产业成为国民经济支柱性产业，整体实力和国际竞争力显著增强，公有制为主体、多种所有制共同发展的文化产业格局全面形成；文化管理体制和文化产品生产经营机制充满活力、富有效率，以民族文化为主体、吸收外来有益文化、推动中华文化走向世界的文化开放格局进一步完善；高素质文化人才队伍发展壮大，文化繁荣发展的人才保障更加有力。[1]

我们可以看到，文化管理体制、文化产品生产经营机制和文化人才队伍这几个方面不是对文化概念的实体性的描述，而只是体制机制意义上的关联性要素，真正被认定为属于"文化"内容的，是社会主义核心价值体系、思想道德风尚、公民素质、文化产品、文化事业和文化产业。从上下文关系来分析，可以发现社会主义核心

---

〔1〕《中共中央关于深化文化体制改革，推动社会主义文化大发展大繁荣若干重大问题的决定》（2011 年 11 月）。

价值体系、思想道德风尚、公民素质这三个概念被放在同一句当中
表述，并且相互之间在含义上有部分交叠，与泰勒在定义"文化"
时所提及的"道德、风俗、习惯"是一类事物，由于公民素质也可
以被同义转换为公德，因此这一部分内容大致可以被统称为社会总
体的思想与道德，所谓"社会主义核心价值体系"这一表述则是强
调了社会主义的制度背景在社会思想道德上的印记；上述文字的第
二句到第四句表明，文化事业基本上被等同于公共文化服务之提
供，与文化产业相对应，形成了提供文化产品的两种模式或渠道，
如果我们将文化事业与文化产业也看作是文化中的形式要素的话，
那么就只有文化产品才是"文化"这一概念中的纯粹实体性的要
素。由此可知，体现在党的理解之中的文化，在实体上即包含了两
个方面：思想道德与文化产品。此处值得指出的是，思想道德与文
化产品均是在社会整体视角下所使用的概念，即思想道德是指当前
一般民众所共同呈现出的思想及道德风尚，而文化产品则是指当前
社会所出产的、保有的各类具有文化生活属性的作品。就单个人而
言，其文化生活的品质、充实度和倾向性固然是构成社会整体文化
秩序的基本元素，但是文化大发展大繁荣这个表述显然体现了一种
从社会整体出发的观察视角。

　　显而易见的是，就文化产品而言，文化大发展大繁荣的含义比
较容易理解。一个文化产品大发展大繁荣的社会，必然是文化表现
形式具有极高的多样性、极强的创造力，以及对各阶层具有极广泛
的覆盖性的一个社会。也就是说，多样性、创造力与社会覆盖度这
三个标准大致可以作为评价文化大发展大繁荣之文化产品层面的合
适指标。不过，就思想道德而言，问题或许要复杂得多。按照《文
化大发展大繁荣若干重大问题的决定》中第三部分的专门论述，社
会主义核心价值体系的建设实际上包括四个方面：（1）坚持马克思
主义指导地位；（2）坚定中国特色社会主义共同理想；（3）弘扬
以爱国主义为核心的民族精神和以改革创新为核心的时代精神；
（4）树立和践行社会主义荣辱观。对于国人而言，上述命题已经非
常熟悉，但是将其整合进文化大发展大繁荣这一政策目标中来是不

寻常的。应该说，诸如马克思主义和中国特色社会主义这样的意识形态命题或共识，在执政党看来几乎是各方面工作的指导原则，远不止文化建设所能涵盖。当然，在推进文化产品的大发展大繁荣的过程中，执政党自然是冀望能够将其所力挺的意识形态植入其中，因此才有"把社会主义核心价值体系……体现到精神文化产品创作生产传播各方面"这样的要求，但是社会主义核心价值体系更是要"融入国民教育、精神文明建设和党的建设全过程，贯穿改革开放和社会主义现代化建设各领域"。从本质上讲，该文件所理解的社会主义核心价值体系，实际上是对当前社会各领域的建设、发展、创造等工作背后的精神层面的高度抽象，而社会主义核心价值的作用，几乎就相当于国民精神、思想道德所起的作用。然而将这一部分内容与文化产业、文化事业"相提并论"，加剧了"文化"一词的定义困难。我们可以这样理解该文件的用意：一方面，思想道德是无形物，依赖于包括文化产品在内的诸多载体予以呈现，因此两者至少在这一点上存在关联；另一方面，执政者希望以其主张的思想道德内容——即社会主义核心价值——来引领、影响文化产品的创作与传播，以期在文化大发展大繁荣中烙下特定的印记。只有从这样的角度来理解，文化大发展大繁荣才不至于成为一个自相矛盾的提法。但是这也说明了一个更为深刻的问题，文化大发展大繁荣必然同时包含文化产品上的大发展大繁荣，以及通过这些有形物得以展示自身的思想道德的大发展大繁荣——文化始终兼有形而上与形而下的双重属性。

二、社会文化生活的自在性与人为的文化建设

以文化生活的固有形态而论，社会中的每一个个体才是文化的创造者、挑战者和发展者，在社会整体意义上，不特定数量的个人各自的文化生活的面貌与趋向彼此作用而形成的某种状态或秩序，就是社会文化生活。当我们使用"文化建设"这一宽泛词汇的时候，社会文化生活的自在性就很可能被遮蔽了，以至于让人产生一种错觉，即"文化"是被"建设"出来的。不止于此，在当下中

国的特定背景中，由于国家公权力对社会文化生活的极大影响力，"文化建设"被进一步地赋予了一定的正当性——毕竟我们总在从事各种建设，如经济建设、社会建设、民生建设、精神文明建设等等。由此，文化作为一种有着自身发生发展规律的、很大程度上不依附于人为努力的现象，逐步被误认为是由国家力量予以安排、创造、维护乃至看护的作品。

这并不是说社会文化生活能够完全脱离国家的影响。自工业时代以降，国家越来越广泛和深入地参与到文化生活中来，并且这几乎是所有文明社会不可逆转的历史潮流，但从这一事实并不能进一步推导出国家具有某种超越性的、足以替代社会的文化主宰地位，即权力的必要性不等于应当以权力之便利为中心进行制度设计。按照著名公法学家狄骥的观点，国家的实质就是公共服务，〔1〕不应被神秘化，更不存在某种价值上高于社会或个人的"绝对精神"。不过令人遗憾的是，政治思想史上从来就不缺乏那种华丽的国家哲学，毫不吝啬地将价值观的判断权赋予这个"利维坦"；不仅如此，20世纪的极权主义与激进社会革命的浪潮又将上述哲学在相当广泛的地区付诸实践，使得国家前所未有地掌控了改造既有文化的强大力量，并且事实上其在若干地区俨然成了全民文化生活的主宰。在这样的观念遗产与制度遗产中，我们逐渐对国家全盘控制社会文化生活习以为常，对公民的文化权利被淹没于"文化建设"之宏大叙事中这一事实丧失了敏感性，从而对这种文化体制———一种"权力导向型的文化体制"——失去了反思能力。实际上，这种文化体制及其社会观念基础的最生动表现就是将文化生活改善的希望全部寄托于国家的行动，将作为社会福利被提供的公共文化服务误认为是文化生活的全部。当前我们所习惯的文化体制改革的论述，正好完整地呈现了这个流行的、惯性的、强大的观念基础。

在当下中国，由于特定的历史经验和社会现实，国家在文化生活中的地位比我们所能想象的要更具垄断性。首先，新中国文化体

---

〔1〕 〔法〕莱昂·狄骥：《公法的变迁》，郑戈、冷静译，辽海出版社、春风文艺出版社1999年版，第46页。

制建立的大背景是新民主主义革命的胜利和社会主义改造的成功。我们知道，作为社会革命的社会主义改造，其目标与内容是全方位的、无所不包的，因此也必然包括了对于文化生活的大破大立。同时，由社会主义政权的性质所决定，国家自此承担了极为广泛的文化职能，因此整个社会长久以来所形成的对于国家的"文化依赖"很难在短时期内被矫正。其次，由过去计划经济体制所决定，我国几乎全部的文化资源——人才、创意、机构、权力、资金、行业规范与标准——都集中到了政府手中，客观上无法期待真正独立于国家的、社会性的和生机勃勃的文化生产部门的出现。改革开放以来，情况有所改变，但文化领域并非"实施市场转型的排头兵"，所以"非公"文化尚未恢复其活力。最后，近年来，随着国家财政收入的快速增长，国家对于文化生活的管控能力实际上得到了显著提升。如果说过去三十年来社会与市场的成长以及以经济建设为中心的国策在一定程度上削弱了国家在社会文化生活中的影响力，那么最近十年国家财政能力的增长和对于文化建设的重视则又补强了这一影响力。

由此可知，"文化建设"所代表的观念与实践的流行源于国家在社会文化生活中所占据的垄断地位，以及与这种地位相关联的对于社会文化的整体看法。在执政者看来，文化不能为社会所独占，而是应当为我所用（后续章节将对文化的社会功能的观念变迁进行梳理），因此政府对于社会文化的态度是积极介入、引领、影响乃至控制，这在一系列官方论述当中都有直白的表达。然而，国家始终只是社会文化生活的参与者之一，尽管这个参与者因为具有相对强大的资源与行动能力，与普通的个体、组织、企业不可同日而语。以改革开放为时间节点观察，之前三十年的社会文化生活几乎就等同于国家的文化建设，而之后的三十年则见证了社会上其他力量推动文化发展与繁荣的过程，这恰恰是社会文化生活之自在性的明证。毫无疑问，当下中国已经处于文化的"去极权时代"了，文化大发展大繁荣不会仅仅依靠文化建设，更不会囿于国家的文化建设方案。笔者认为，承认社会文化独立于国家力量的自在性，或者

"文化建设"与"文化在社会生态中的自生自发过程"的基本两分，是讨论文化大发展大繁荣的法律机制的前提。包括国家公权力在内的各种文化生活的参与者都必须纳入到一定的法律框架中，获得保护且接受约束。在法律面前，政府主导的文化建设与社会中的文化发展是平等的。

三、文化大发展大繁荣的指标

（一）文化多样性

就文化生活或社会文化生活秩序而言，多样性是其固有特征或属性。无论作为一项公共政策抑或国家任务，文化大发展大繁荣的基本表征或基础都在于一个多样化的社会文化。借用哈耶克的话来说，多样性的文化生活是人之行动的结果，却不是理性设计的结果。须注意的是，在微观层面——以公民个人在文化生活中的偏好与选择为观察点的层面——理性依然是支配着文化行为的主要力量，也是我们进行分析与评价的逻辑前提。所谓"人之行动的结果而非理性设计的结果"，乃是指在宏观层面——把整个社会的文化生活所形成的复杂结构或秩序作为某种社会现象来进行研究的层面——是不存在某个"超越性的智识主体"来为之设计与建构的。此种"智识主体"之缺位是社会生活的本来面目，而这种缺位必然决定了文化生活的多样性，其包含了主体多样性、渠道多样性、内容多样性以及评价标准多样性。

文化生活之主体多样性，即指以独立意志参与到文化生活中的文化权利主体的身份特征与文化偏好的彼此差异性。差异性的前提是数量上必须超过某种阈值，所以多样性是数量多与种类多的结合。文化权利作为一项基本权利，已经为我国《宪法》第47条所确认。此处所谓的"文化偏好"，是指主体对特定的文化内容所表现出的明显喜好、赞同的态度以及相应行为特征。每一个文化生活的参与者都会有自身的文化偏好，正所谓"萝卜白菜、各有所爱"。对一个人或某个具有文化权利能力的其他实体而言，其文化偏好可以不是一成不变的，并且也可以在不同领域有不同呈现，但是就单个文化内容——例如某部电影——而言，特定群体的文化偏好是可以被相对确定地观察到的，因此我们才可以说某部电影在多大程度上受到了哪个观众群体的欢迎或抵制。但是，在同一次文化行为中表现出同一偏好的人完全有可能在其他场合有不同的表现，这是符合常识的。质言之，文化多样性之所以是社会文化生活之固有属性，首先就在于所有参与者都具有彼此间千差万别的文化偏好；更由于每个主体本身具有文化偏好的不同面向，而在不同场合又有不同的呈现方式，所以综合起来使得社会整体的文化偏好之光谱极为宽泛。文化偏好的多样性，只能说源于人的多样性，而人的多样性则从根本上决定了文化多样性有其伦理上的正当性。当我们指出文化权利作为一项忽略个体差异的、普遍性的权利，从而寻求一种法律上的平等保护时，潜台词就是人及其文化偏好在事实上的多样性。没有人的多样性，人权理论与制度实际上是无的放矢。同理，若不是文化生活主体的多样性，文化权利也丧失了其基本功能。从这个意义上讲，文化生活的多样性与法律对于文化生活及文化权利的保护是互相证成的。

文化生活的渠道多样性，即连接文化生活中作为创作者的主体与作为消费者的主体的社会结构或机制。在文化生活的大众化时代，传播渠道的重要性不亚于文化内容和文化生活主体，甚至可以想象因某种特有的传播方式之存在而催生的文化表现形式。在渠道不发达或过于单一的情形下，文化产品对于消费者的可得性（availibility），或可接近性（accessibility）是很低的，这实际上极大地制约了文化生活的发展程度。我国的公共文化事业建设中一直强调的"统筹规划和建设基层公共文化服务设施"以及惠及农村地区的"农村电影放映"、"农家书屋"等项目就是围绕着健全和丰富文化生活的渠道这一主线而展开的。当然，我们需要认识到，渠道的多样性一定是包括了建设者与维护者的多样性，即国家不必也不应该是文化传播渠道的唯一建设者与维护者。文化生活渠道的多样性就其本义而言，是社会文化生活在极为丰富和多维度的结构上不断演变和发展的客观表现，保护和促进此种多样性的渠道结构，就是保护和促进了文化多样性的生成机制。在这个意义上讲，国家通过法律手段进行的保障与监督和国家越俎代庖直接充当唯一的传播者是有本质区别的。如果国家对于渠道的垄断压制了社会已有或本应有的其他渠道的生成与发展，那么文化多样性的结构基础必然遭到损害。要维持这种必要且微弱的平衡，就必须引入法治的考量，精确地设定国家的职能与执法手段，让多样性的渠道结构保持足够的效率和可持续性。

文化生活内容及其评价标准的多样性，是一个含义一望即知的命题，但却有可能是一个很难被真正认同的命题。我们大致可以假定，每个人参与文化生活都抱有某种良好的目的，即便不尽然是陶冶情操，也至少是娱乐身心。但是问题就在于，每个人对于何为陶冶情操或娱乐身心的看法都不尽一致甚至有尖锐冲突，因此导致对于何种文化内容为"好的"这一判断变得非常困难且容易引发争议。例如，著名娱乐节目《非诚勿扰》曾经引发广电部门对于其价值导向的质疑，后者声称有观众对该节目"意见很大"。这一价值判断之争实际上引发了诸多问题，包括文化内容的评价方式是怎样的？谁来充当"权威性"的判断者？此种判断的法律意义和效力分别是什么？[1]实际上，文化生活内容及其评价标准的多样性从根本上仍然依附于文化生活主体的多样性。即便自由主义与社群主义之间对于人在多大程度上被周遭环境所限定和塑造有不同意见，但是站在法律制度建构的角度来看，有意义的问题是权利人在多大程度上能自由实践其文化偏好以及公权力能够以何种正当理由、以何种方式限制这种偏好。当下中国社会文化中的诸多价值标准之争从深层上是源于我们尚未准备好接受一种价值观多元化的生活方式与社会秩序，我们尚未习惯于宽容、理性辩论和最低限度的互相尊重等伦理要求。中国至少在过去的半个世纪中受制于单一"指导思

---

〔1〕 参见"广电总局整治相亲节目，《非诚勿扰》价值取向遭质疑"，载人民网：http://politics. people. com. cn/GB/1027/11859112. html，访问时间：2012 年 10 月 10 日；另见景凯旋："尊重'低俗'的权利"，载南都周刊：http://www. nbweekly. com/column/jingkaixuan/201007/25538. aspx，访问时间：2013 年 3 月 22 日。

想"或对于单一指导思想的盲目追求的桎梏,从而并未真正服膺"百花齐放、百家争鸣"的文艺工作原则。党对于文化大发展大繁荣的预期中实际上包含着以特定取向的价值观体系来引领整个社会文化生活的评价标准的图景,然而这又必然与文化多样性存在抵牾——至少逻辑上是这样。从法律机制的设计来看,承认文化多样性意味着国家在社会文化评价标准上应当以中立与克制为主,而以干预、控制或直接接管为例外。这将对当前的文化管理体制和管制模式带来不小挑战。

（二） 文化创造性

从社会整体的文化形态来看,创造性当然是指的一种自我更新的能力,所以文化创造性与文化创新能力是大致相当的。当然,创新仍然必须从每一个具体而微的文化生活主体的层面来观察,一个在外观上生机勃勃的社会文化生态,实际上是大量的创造活动的动态、综合的呈现。文化创造意味着对老旧文化内容、文化载体、文化传播渠道甚至是文化生活主体的更新换代,其起点必然是新锐文化的崛起和对既有文化潮流的挑战。在一个多样化的文化秩序中,新旧文化形态之间即便不是短兵相接,也会构成间接的、动态的竞争关系。因此,一个具有创造性的社会文化生态须符合两个结构性的特征,其一是文化生活总体上的开放性,其二是主流文化偏好的可挑战性。

文化生活中的各种新鲜事物之所以能够在源头上变得丰富起来,是因为在文化创新的微观环节上,各文化主体不必遭遇太多的审查和制约,仅以自身的独立判断——或许是美学的、伦理学的、市场经济的、甚至是投机的——来决定文化创作的形式和方向。在事实上缺少一个全局式的"文化秩序设计者"的情况下,各种有关文化生活的决策——包括具有创新性质的决策——是以分散的、多中心的方式作出的。所谓文化生活的开放性,正是指这样一种分散的和多中心的结构。实际上,很难存在统一的、严密的文化计划,因为即便存在一个指挥中枢,其也不可能拥有每一个具体情境中的文化创作者所掌握的信息,也难以设身处地地体会当事者的困境和选择机会，因此不可能代替其作出文化创新上的任何决策。在看似各自为政的文化创作结构中，各种意料之外、计划之外的新奇思想、探索和表现形式会源源不断地涌现出来，这合乎文化生活的本来面目。通过单一计划全盘设计并执行某个"创新"行为并非不可能，但是这种自上而下的、太过确定的模式在创新的数量和类型上不可能与一个开放式的文化生活相提并论，而且更为关键的是，后者最终将导致巨大的试错成本或逐步异化为拒绝创新的故步自封的格局。之所以会这样，是因为真正的创新是不可能依赖于精确的、预先的全盘设计的，这种对于全盘设计的迷信实际上是假定当下的设计者已经掌握与创新相关的一切必要知识与信息。而创新在本质上所必需的不断试错的过程和对创新之成功与否不太确定的状态从逻辑上与任何全盘设计相冲突。哈耶克曾说："正是因为我们每个人所知甚少，而且也因为我们甚少知道我们当中何者知道最多，我们才相信，众多人士经由独立和竞争的努力，能促使那些我们见到便（知道）会需要的东西的出现。"这里的道理其实很简单，即一个开放的架构使得各种新鲜事物从源头上变得丰富起来，以备我们在可能需要的时候进行选择。但是正是由于我们不知道何时需要，或者说我们不确定此刻的新创造究竟有多少价值，我们必须谨慎小心地暂且保护好这种让创新得以发生的环境，而最有效的或许也是唯一的办法，就是以自由的原则对各种看似可有可无，甚至莫名其妙的新事物保持开放态度。可以说，在开放性与封闭性之间，没有第三条路可以走。因此，评判一个社会的文化生态是否具有足够的创新能力，就是看文化创作的过程究竟为某个全盘设计者所垄断，还是交由不特定多数的自由创造者来践行，或者说我们是否乐于或习惯于接受文化创作过程中的各种不确定性。

在一个开放的社会文化秩序中，主流的、传统的或既有的文化偏好始终会遭遇创新者的挑战，尤其当新的文化表现形式恰是依靠否定或超越现有某一文化表现形式而获得承认时，新旧文化之间的冲突就会非常激烈。如果我们将文化秩序的开放结构视为"事前限制"之免除，那么显而易见的推论就是，"事后追惩"之恐惧同样可能在实质上抑制文化的创造性，而最有机会运用优势地位对文化创新活动予以打压的，就是主流的和传统的文化。在这里，主流与传统究竟是与国家力量结盟、从而借助公权力压制其所不乐见的新锐文化，还是仅依靠自身已积累的优势资源进行围剿，并不是关键问题。关乎文化创新活动的权利，不仅针对公权力的直接侵犯设定了警戒线，更要求公权力不可放任文化秩序滑向一家独大的格局。也就是说，鼓励文化创造性这一立场不可避免地要求任何已经具有普遍影响力的文化表现形式承担更多的负担，即容忍他人的质疑、解构、挑战，甚至攻击。这背后的法理权衡并不复杂，为维持既有文化与新锐文化的动态平衡，法律机制只能更多地倾向于保护新锐文化。在一个新锐文化处境艰难、处处碰壁的制度环境中，文化生活的更新换代必然很缓慢，因此，对既有文化发起挑战的可能性就成为检验一个社会文化秩序是否具有创造性的恰当标尺。

（三）健全的公共文化服务

公共文化服务是指以非营利的方式为一般社会大众提供最基本的参与文化生活的各种资源与机会。有人会认为，只有政府直接履行的文化给付义务才称得上"公共文化服务"，其实不然。但凡提供文化服务的宗旨在于满足一般性的群众需求——尤其是弱势阶层或低收入阶层，而并非以追求利润为唯一目的——都可算是公共文化服务的范围。从这个意义上讲，公共文化服务的公共性应当以实质标准来界定，即一个以营利性文化产品为主的企业同样能够以某种形式参与到公共文化服务中；一个专注于免费提供社区层面的文化活动的民间组织同样可以通过某种并行不悖的方式筹集其所需资金。在《文化大发展大繁荣若干重大问题的决定》中有关公共文化服务的愿景描述部分，政府并没有被当作唯一的文化服务提供方。实际上，该文件所期望的是"政府主导"，但同时也"引导和鼓励社会力量通过兴办实体、资助项目、赞助活动、提供设施等形式参与公共文化服务"。因此，公共文化服务在供给方面应当是一个相当多元化的格局，关键是其性质上一定是符合公益性、基本性、均等性和便利性的。

从某种程度上说，公共文化服务体系是否健全、运作是否良好，是决定文化大发展大繁荣这一目标之成败的关键。我们知道，公共文化服务是面向最一般的人群的，且尤其要覆盖到那些在文化生活中处于相对弱势地位的人群。当我们说人人有权参与文化生活、有权享受科学与艺术之进步所带来的福利时，不能忽视权利被实际享有的程度取决于客观的社会经济条件。仅仅停留于形式上的法律平等保护——这绝不是否定形式平等的重要性——对于文化大发展大繁荣而言远远不够。对于只能占有极少的文化生活资源的弱势群体、弱势地域而言，文化多样性与文化创造性的意义恐怕都很难理解，这自然会阻碍全社会对于一个合适的文化生活秩序的共识的形成。缺乏这种共识，则一整套保护文化权利的法律制度的正当性也会不足。

应该说，一套健全的公共文化服务体系的形成，其基础当然是国家对于此一职能的承担。在艺术生活总体上仍处于贵族阶级的"庇护制"之下的时代，并不存在基于国家义务的公共文化服务的一般性的公众期待。不过，自20世纪开始，包括文化生活在内的诸多社会领域都开始接纳公权力的进入，甚至从宪法的高度赋予公权力机关以明确的职权与任务。前文已论及，公共文化服务并不排斥国家以外的公益性主体，但是某个特定社会在公共文化服务上的分工一定要基于现有的社会架构——即国家是否占据了优势资源、市民社会是否足够成熟和发达等。对于曾经遵循福利国家发展道路的国家或长期由左翼政党执政的国家，政府承担的社会职能相对更为广泛，因此公共文化服务就主要是一个"公共产品"。中国的情形与之相若，即国家已经是公共文化服务之成败的"关键先生"。正因如此，也基于宪法上的有关规定（相关宪法规范的讨论见后文详述），国家有义务去建构、维系并不断完善一套公共文化服务体系。

此处仍不甚明确是，当我们将一套健全的公共文化服务体系作为实现文化大发展大繁荣的指标之一的时候，又如何评价何为"健全"呢？换句话说，公共文化服务所需满足的公益性、基本性、均等性和便利性能否转化为比较精确的评价标准？而这些标准又以何种方式影响法律制度的建构和运行？在通常情况下，公共文化服务体系的建构应当经由民主过程的授权，并接受其持续监督。例如，对不发达地区的文化事业财政投入应当占据当年整体财政预算的多大比例就应当交由人民代表大会审议通过。对于此类重大事项决定权而言，人大必然保有一定程度的裁量空间，在此范围内都应当被认为是符合宪法对于国家职能的要求的。也就是说，对于特定的公共文化服务项目的评价可以通过民主过程来完成，其正当性是可以接受的。就宪法层面而言，更重要的是，要确保一个持久和公正的程序框架，使得公共文化服务需求可以首先进入到民主过程中予以审议，进而被独立、公正和有效率地执行，同时获得独立和持续性地监督，最后还有必要的救济机制来确保该服务的提供过程不会偏离诸如"公益性"这样的目标。也就是说，"公益性"、"基本性"、"均等性"和"便利性"这些标准固然是一个健全的公共文化服务体系的外在特征，但最关键之处是要建构其足够的程序性框架来确保这些标准获得持续地执行。

第三节　文化与法律

一、"文化"的法律地位——对文化法律体系的初步考察

文化成为法律所关注的对象，进而予以规范化的建构，是国家职能范围在广义上逐步扩张的结果。在立宪主义早期，遵循政教分离的原则，同时也因为当时对"有限政府"的特定理解，宪法文本或一般法律文本是不会对文化着墨过多的。以美国为例，联邦宪法第一修正案所确立的不得建立国教原则与信教自由原则实际上将相当大一部分文化生活排除在世俗政权的管辖权之外。尽管从文化生活的自在性而论，文化立法之缺位并不表示文化权利或文化产业之不存在，但从法律上讲，此时的文化活动毋宁处于自由权、财产权或正当法律程序的保护之下，很难说已经形成任何有系统性的文化法律制度。

当国家主动介入社会文化生活的时代到来之后，文化作为一类独立于其他社会生活领域的、值得法律关照的问题才具有真正的现实性。很自然的是，从西欧国家的经验来看，国家对于文化生活的介入一方面定义了公权力机关对于一般大众文化生活的职能，另一方面也没有破坏原有的以自由权为基础的文艺生活和文化产业。也就是说，有关文化的法律制度是对实践文化生活之权利的承认、保护和对公共文化服务体系的建构的结合。当然，新中国的历史提供了略有不同的版本。即体现了社会主义属性的1954年《宪法》及其后继者现行宪法都是在国家完全接管文化生活的理念上创设相应法律制度的——至少在制宪的时候是如此。这一局面随着现行宪法框架下公民权利理论的发展以及尚未体现于宪法文本中的文化体制改革过程所修正，实际上目前中国有关文化的法律制度正在回归至某种普遍性的模式——在把争议降至最低的语境下，这种普遍性意味着法律制度中的文化权利与国家的文化职能需要取得必要的平衡。因此，对于有关法律条文的真正合理的理解方式在不同程度上将有别于1982年的原意。对这样一个背景的理解将是我们接下来梳理现有法律文本的基础。

（一）宪法

1982年《宪法》第47条规定，公民有进行科学研究、文学艺术创作和其他文化活动的自由。这是宪法对公民文化权利的直接确认。结合前文所论述的对文化大发展大繁荣之愿景的理解，进行科学研究的自由暂且不属于此处的讨论范围。文学艺术创作是很典型的文化活动，这一过程所产生和积累的文化产品也是社会文化的重要有形组成部分。"其他文化活动"这一表述说明，文学艺术创作被明白列举的宪法地位不影响其他合理的、可见的文化活动获得法律保护的资格，也就是说，对于本语句的理解应当是宽松的。

《宪法》第47条第2句与第22条共同构成了国家文化职能的规范基础。第22条第1款规定，"国家发展为人民服务、为社会主义服务的文学艺术事业、新闻广播电视事业、出版发行事业、图书馆博物馆文化馆和其他文化事业，开展群众性的文化活动"；第2

款规定，"国家保护名胜古迹、珍贵文物和其他重要历史文化遗产"。第1款是"文化事业"这一用语在文化法律制度中的最高来源。不同于文化产业，文化事业条款对于国家的直接要求表明，这一概念从一开始即被理解为具有公共性。很显然的是，经过改革开放以来的文化体制改革，文化事业条款并不排除文化产业的法律地位，尽管《宪法》第22条被置于第一章"总纲"当中，而目前也并不清楚国家鼓励和保护文化产业的相关政策是否也具有"总纲条款"的地位，但是宪法文本在总体上也没有明示文化事业与文化产业彼此的高下地位。应该认为，《宪法》第22条只是相对而言以更强烈的方式对国家之于文化事业的责任作出了决定，体现了我国宪法对于社会公平等价值的更多关切，但是不再继续要求以计划经济或国家垄断的方式来对社会文化生活予以管控。

《宪法》第47条第2句规定，国家对于从事教育、科学、技术、文学、艺术和其他文化事业的公民的有益于人民的创造性工作，给以鼓励和帮助。结合本句与第22条的语句来看，若干用语的含义值得澄清。首先，本句是作为公民权利条款的第47条的一部分，因此处理的是从事"文化事业"的主体与国家的关系。国家对于从事上述若干种"文化事业"的公民给以鼓励与帮助，此"文化事业"是否仅限于今天所理解的公益性或非营利性的文化事业？如果说，本条排除了文化产业中的创造性工作获得国家的鼓励与帮助的资格，是否真的反映了国家对于公益性文化事业的偏好呢？应该说，本句中仅仅使用"文化事业"一词，而没有选择涵盖面更广的词汇，与第22条的逻辑是一样的，即20世纪80年代之初我们对于文化生活的理解几乎等同于"公办文化"。在当时的情境中，使用"文化产业"或"文化市场"是不可想象的。那么，如果现在把"文化事业"理解为所有的社会文化生活形态，是不是也迫使国家将"鼓励与帮助"的义务延展至文化产业或文化市场呢？应该说，这样一种理解既符合目前的政策实际，也不明显违反本条的根本目的。加上这一语句被置于文化权利条款当中，自然不应当排除公民在文化市场中行使其权利的行为。

综上可知，《宪法》第 47 条提供了公民文化权利的直接依据，同时至少在获得国家鼓励与帮助的意义上，维护了文化事业与文化产业中的文化创作行为的平等地位。而在第 22 条中，文化事业作为国家基本的制度或文化职能被确立下来。《宪法》第 47 条和第 22 条就是目前文化法律制度的规范起点。

（二）国际法

有关文化的国际法的发展是 20 世纪末期以来的新兴趋势，诸如作为人权的文化权利、作为人类共同遗产的文化多样性、非物质文化遗产等议题都反映且推动了全球范围内文化生活的发展与繁荣。到目前为止，我国已经加入了相当数量的此类国际条约、协议或宪章。当我们谈论文化大发展大繁荣时，不可能绕开上述文化国际法对相关法律制度的影响。简而言之，有关国际法在如下几个层面成为我国文化法律制度的组成部分：（1）经由我国政府加入，且由全国人大常委会批准的国际条约即成为国内法律体系的组成部分，因此条约中所设定的原则、缔约国义务、执行机构与方式等将成为适用于国内文化生活的法律规则，而政府尤其将负担相应的履行义务。如《经济、社会与文化权利国际公约》、《保护非物质文化遗产公约》。（2）在不与国内现行法律产生冲突的情况下，相关条约——无论是否在国内生效——的规定和精神都在不同程度上成为解释国内法条款的依据或辅助材料。例如《保护和促进文化表现形式多样性公约》就提供了文化多样性与国际和平、发展、社会凝聚力、个人自由与人权之关系的最新国际共识，并因此推动了国内对于文化多样性的理解。（3）经由条约等创设的国际层面的合作、报告、监督等机制有可能与我国政府、民间机构或个人产生互动，从而促进、保护国内文化产业或文化事业的发展与繁荣。

（三）法律、行政法规与部门规章

很难说调整社会文化生活与国家文化职能的法律规范已经构成了可以被称为"文化法"的法律部门，毕竟在调整对象方面，这些法律规范尚不存在统一标准。从形式上看，冠之以文化事业或文化产业各细分领域名称的法律文件可以很容易地被辨识出其"文化身份"，例如《文物保护法》、《电影管理条例》、《广播电视管理条例》、《乡镇综合文化站管理办法》、《文化统计管理办法》等。从实质上看，某些归属于其他法律部门的法律文件当中也包含有与文化产业或文化事业密切相关的规范，例如《著作权法》。从制定主体来看，由全国人大或全国人大常委会制定的法律的数量并不多，而由国务院颁布的行政法规和由国务院组成部门或直属机构颁布的部门规章实际上构成文化法的主体。这里需强调的是，文化主管部门不只文化部这一家，而是包括，但不限于国家新闻出版广电总局（与国家版权局是"一套班子、两块牌子"）、文化部等国家机关在内（执政党的各级宣传部门在实际上行使着重要的权力，但其不属于国家机关序列，其发布的文件在严格上讲不具备法律效力，但却有着实际的影响力和约束力）。以国家对娱乐场所的法律调整为例，国务院制定的《娱乐场所管理条例》将对娱乐场所的日常经营活动的监督管理权授予了县级以上人民政府的文化主管部门，而文化部制定的《娱乐场所管理办法》则在该条例的授权范围内对相关规则予以细化，包括对娱乐场所进行了定义、列明了设立条例及行政许可的程序、规定了行政相对人的法律责任等。由于文化生活的细分领域非常多，彼此之间在监管方式、重点与力度方面的需求差别较大，因此类似这种"行政法规授权＋部门规章细化"的模式是文化立法中较常见的模式。从宪法意义上讲，国务院拥有规定与配置各职能部门之职权的权力，也有领导和管理文化工作的权力，这些都是直接授权。而且《立法法》第8条之立法保留条款也未提及文化制度或公民文化权利的限制等议题。因此，全国人大及其常委会在文化立法上的缺位并不必然导致立法依据的不足。如同诸多文化领域的行政法规一样，现有的"文化法律"的立法方式也是依照具体文化生活领域而来，尚不存在文化统一法或文化法典。

（四）其他规范性文件、政策解读和行业标准

与其他法律部门一样，文化领域的法规范当中，以宪法条款、法律、行政法规、部门规章的形式存在着的，从总量占比来说是非常小的。真正浩如烟海的，是法律位阶更低、形式也更具多样化的

法律文件，而在日常的监管作业中，这些法律文件的法律效力是毋庸置疑的，也是最日常性的。

一般而言，由文化主管部门所发布（有时甚至是其内设机构所发布）的、具有实际法律约束力的，但形式上不能满足部门规章之要件的法律文件都可以被称作规范性文件。并非所有这类法律文件都创设或细化了法律规则，有的仅仅是对该机关内部事宜的某种指示或命令，有的仅仅是公告某一事实。严格来说，只有真正创设了法律规则或细化了上位法的某些法规范的条文或文件才算得上是文化法律体系的组成部分。

政策解读往往反映了拥有执法权的主体对于其所执行的法律的理解，具有重要的意义。首先，执法者往往是最初推动立法或实际上主导法律起草过程的主体，其对于法规范的含义的理解无疑是最接近正确的；其次，执法者所拥有的专业优势和对日常监管活动的熟悉程度是其他部门不可比的，而且执法所需要的裁量空间要容许其作出必要的解释，而这些解释将在合理范围内获得司法审查主体及社会的尊重。最后，如果没有这些政策解读，很多法规范实际上无法执行或无法按着符合法治原则的方式被执行，因此常态的监管活动必须要有这些政策解读的辅助。然而，政策解读不能推翻、规避、违反其所解读的对象——法律规范。政策解读是作为对法律规范的权威解释（同时也是行政解释）而影响到我们对法律制度的理解，但是政策解读本身不是法律。如果现有法律条文含义清楚，显然不能容纳其他的或相反的意思，那么即便是执法主体给出的政策解读也不能违背清楚的法律条文的规定。

行业标准提供的是明确、量化的指标，因此是刚性的。与政策解读不同，行业标准实际上被视作法律规则的一部分，是法律得以被执行所不可或缺的。例如，文化部所发布的《舞台机械验收检测程序》，就是专门用于舞台机械设备的验收检测的文化行业标准。

二、相关概念的界定

（一）文化事业

文化事业是指以满足一般社会公众最基本文化生活需求的公共

性的文化服务体系的建设、运营和发展。《宪法》第 22 条中的"文化事业条款"与第 47 条中的文化事业从业者条款中的"文化事业"的含义更为宽泛，以宣示法律上不排斥或贬低文化产业。但是，当文化事业与文化产业并列使用时，文化事业是不包含通过文化产品的创作和供给创造经济利益的文化产业的——这也是最常见的用法。结合《文化大发展大繁荣若干重大问题的决议》中的表述，文化事业与公共文化服务体系基本同义，因此在本书范围内，文化事业取狭义，即面向一般社会公众的公共性的、非营利性的文化服务体系的建设、运营和发展。文化事业的参与者不限于国家，《文化大发展大繁荣若干重大问题的决议》所列明的文化事业目标是囊括了政府、社会等多方面参与者的总体愿景。只要符合公共性、非营利性、基本性等特征，即属于文化事业的范畴。

（二）文化产业

文化产业是以文化作为产品的生产部门或经济部门，虽然追求利润并不是文化产业的唯一目标——否则也难以称其为"文化产业"而不是其他什么产业——但营利性显然是构成文化产业的必要条件。另外一个必要条件则是文化产品的提供。此处的文化产品当然要超越最基本的文化生活需要，或者说文化产业中的产品多样性应当与社会文化生活的多样性保持宏观上的对等，彼此相生相成。质言之，文化产业是指通过文化产品的创作、生产来满足社会需求的营利性的社会部门。文化产业不排斥国家作为平等主体而参与进来——例如政府设立或国有企业运营的某个文化基础设施。但是，具有国家背景的文化产业主体不具有执行公务的职能或权力，而仅仅享有一个民事主体所应拥有的平等地位与权利。实质上，从文化产业的平等、开放的性质来看，国家控股或参股的法人与其他法人没有区别。因此，为了避免混淆国家所承担的文化事业职能与对文化产业的参与，法律制度上需要作出明确的限定。

（三）文化生活

文化生活这个概念不具有严格的边界，可以泛指个人生活中包含文化要素的部分，如消费文化产品、享受公共文化服务、从事文化创作活动等。在社会总体意义上，文化生活可以指代众多个人文化生活所聚集的外观或状态。我们也可以把文化大发展大繁荣理解为社会上文化生活的总体繁荣。

（四）文化权

文化权，也可称作文化权利、公民文化权，是指公民自由参与文化生活的权利。作为宪法权利和受国际人权法承认的基本权利，文化权主要用于确保国家公权力尊重、保护和促进个体在文化生活中的选择。其在文化权文化事业和文化产业中都有体现，但依据两者不同的性质与目标分别有不同的权能主张以及相应的国家义务。文化权是构建文化法律秩序的重要部分，如前文所述，法律作用于文化的重要方式之一就是保护文化生活中各主体的合法权利。不过，文化权的享有与文化生活的实际繁荣或个人对于文化生活资源的占有不能等同。文化权的功能是使得个人免于国家公权力的不当干预或要求国家履行必要的义务以促进文化生活的发展，但文化生活的繁荣程度还取决于其他社会条件。

（五）文化主管部门

文化主管部门是指依法对社会文化生活予以监管、指导或依法执行公共文化服务职能的国家公权力机关。文化主管部门在行政机关序列中不属于实行垂直管理的机关，因此地方文化主管部门同时接受上级文化主管部门和本级地方政府领导。中国各级地方政府实际上都拥有或运营着一定数量的文化基础设施，对于此类产权上归属于地方政府的"国有资产"而言，地方文化主管部门是代表地方政府，而不是中央文化主管部门在行使职权。

三、文化大发展大繁荣的法律机制——目标与框架

前文已经论及评价文化大发展大繁荣的关键指标，即文化多样性、文化创造性与健全的公共文化服务。因此，一套能够促进文化大发展大繁荣的法律机制必定围绕这几个指标而设定自身的目标与框架。需要指出的是，法律机制的建构仍需从现有法律资源和法律体系出发，以循序渐进的方式实现改革与突破，而不是通过大破大

立式的激进革新。

（一）以文化权利生发文化发展之动力

从根本上讲，文化发展与繁荣的动因不是外在的法律制度，而是社会中的个体。就法律制度而言，与其说如何为文化发展做加法，不如说如何减少文化发展的桎梏。文化权利已经被普遍承认为是人权的组成部分，其正是在原初意义上尊重并鼓励个体在文化生活中的追求与表达。尊重并保护文化权利，就是从源头上保留了一个社会的文化生活的原动力，因此一切文化法律制度的起点都应当是对文化权利的确认与尊重。

文化多样性与文化创造性是站在社会文化生活的总体视角进行的描述，而分解至每一个文化生活的参与者时，真正实质性的要素就是文化权利的享有。当人人皆享有自由参与文化生活的权利时，基于人的多样性，自然有机会在社会上呈现出文化多样性的样貌。同样的道理也适用于文化创造性。特别值得强调的是，即便是公共文化服务这一看似完全取决于政府的积极给付的领域，文化权利也是所有问题的关键。违背个体意愿的、强迫式的、缺少选择权的公共文化服务除了粉饰政绩之外，并不能真正提升个人文化生活的品质。公共文化服务如果不被承认为文化权利所推导出的国家义务，那么就属于来自国家的施舍，进而个人就会被降低为文化生活中的客体，而这显然不符合人的首创精神在文化发展中的地位。人只有被当作主体，文化多样性与创造性才有机会出现，因此文化权利是不可或缺的。文化法律制度的构建，必须给予文化权利基础性的确认与尊重，并进而提供完整的救济机制。

（二）让政府的归政府、社会的归社会

改革开放之前三十年文化生活的千篇一律的面貌以及被政治所绑架的畸形地位的症结就在于政府对于文化生活的过于垄断。历史的经验告诉我们，采行政府全盘接手社会文化生活的国家，最终没能实现文化繁荣。可以说，文化的本质规律在人类若干次的自命不凡的悲剧之后更加清楚地展现了出来，那就是政府必须为自己划定合理的边界，让本应归于社会的归于社会。

实际上，前文已论及的尊重文化权利在逻辑上的必然推论就是，政府须依照事先划定的范围来对社会文化生活进行任何程度的干预。也就是说，文化权利的先定性与文化上的有限政府是不可分割的。实际上，公共文化服务作为对文化产业（以及由此形成的文化市场）的补充，恰是印证了政府视社会为实现文化发展的主要力量的观念，而这种观念的形成在中国是殊为不易的。从更广范围来看，转变政府职能正是当前的改革主题之一，而文化主管部门的职能转变也不例外。一言以蔽之，即能够由个人、社会或市场主体完成的事情，政府无需介入。相比于直接提供文化产品，政府更主要的职责在于为参与文化生活的各合法主体提供一个公平、有序、开放的法律环境。可见，极端的"自由放任主义"并不是当前建构文化法律制度的原则——实际上绝对的自由放任也从未实现过，真正重要的是，政府从直接与社会竞争的地位中退出，转而为社会提供"制度服务"。

（三）基于法治原则的文化监管职能

法治原则虽是老生常谈，但我们似乎从未理解其精髓。有观点认为中国行政管理模式的路径依赖是阻碍法治原则得以贯彻的原因，但实际上，制度设计才是问题的关键。

首先，法治原则要求一切行政权力皆有法律授权，法无授权不作为——此处可称为行政法治。也就是说，所谓监管职能的存在，取决于有法律予以事前授权，而不是作事后的追认、默认或甚至法律留白。往更深层次探究，无授权而作为的根本原因则是本身已存在无授权而设立的行政机关。虽然国务院已经获得宪法直接授权对文化领域的工作进行领导，而作为国务院组成部门的文化主管部门也依照法定程序而批准设立。但是，主管机构的产生不等于宽泛授权或空白授权，否则行政法治原则就会被架空。举例来说，文化部绝不是对任何与文化有关的行为、主体、资产都有监管权，除非法律已经做出了具体、明确的授权。法治原则要求因事设岗，而不是因岗设事。因此，任何执法机构、内设部门、执法程序（包括强制措施）、处罚权限的设立都必须以法律事前授权为前提。

其次，法治原则要求任何拥有实质监管权的机关都必须最终接受司法程序的监督，即不允许权责不对等的情况。在当前的文化体制中，各级党委宣传部门实际上享有广泛的权力，既包括对国有文化资产的管理，也包括对文化主管部门的干部任用，还包括对文化产业政策或文化事业建设的实质规划与决策。但是，党的机关并不属于行政机关序列，这就造成其在实质上享有文化监管权力的同时却可以在形式上逃避相应的责任。于是常常会有这样吊诡的情形，作出限制公民文化权利决定的机关是"躲在幕后"的，被限制权利的主体无法依照法律程序对该决定提出合法性或合宪性挑战。这就极大地伤害了法治原则所包含的公平性和公开性。解决这一困局可以有两种思路，其一是杜绝非法定机关参与文化监管的制度可能性，其二是结合具体监管领域对"幕后"的监管者予以"形式合法化"——至少应成为司法程序中的适格主体。总之，文化生活的监管者必须做到权责统一。

（四）分门别类和因地制宜的监管模式

文化法律制度与行政法有一点是相同的，即很难制定统一法典。虽然文化生活的不同领域会共享一些基本原则——如尊重文化多样性与创意——但各自所面对的文化产品的生产模式、受众的文化需求以及相应的政府监管方式都会不同。换一个角度讲，文化法律制度的建构过程本来就是分散在各个具体的文化领域中的，使若干个监管部门及其法律制度共同构成了文化法律制度的整体，而不是由单一的法律原则演绎出全部的法律规则。因此，分门别类和因地制宜的监管模式才是有利于文化大发展大繁荣的。

当然，分门别类与因地制宜并不等于完全因循现有的部门管理模式——尤其表现为负责文化监管的国务院组成部门主导了从立法到执法的全过程。现有模式下，执法机关有为自己立法之嫌，这显然有违通过分权以维护自由的基本原则。事实上，有立法机关为特定领域制定专门法律来建立监管规则的模式是可行的。执法机关仍然可以发挥自身的专业优势，仍然将享有较大程度的解释法律空间，但是必须最终向立法机关——即授权机关——负责。也就是说，现有的"分而治之"的模式需要在权力来源上进行一次正当性补强，把部门规章为主的文化法律体系逐步转变为"文化部门法"为主的法律体系。另外，在这样一个分门别类的法律建构过程中，新的、专门性的、独立性更高、责任性更强（more accountable）的监管主体也有望被建立，类似于美国行政法上的独立规制机构（independent regulatory agency），这将使得文化监管体系更加灵活、务实，更容易摆脱阻碍现有行政机关高效运转的体制性障碍。

第四节　主要的研究思路

罗马不是一天建成的，文化大发展大繁荣的法律机制也不可能一夜之间完成对现有法律制度的超越。在中国，文化曾经完全是政治的附庸，而现在正在逐步走出这一格局。任何直面现实的研究都必须了解国家文化垄断体制的形成过程、意识形态及其制度遗产，因此本书的第二章将首先对国家文化职能的历史变迁作一次回顾，并重点论证这样一个观点：文化已经从过去作为国家实现特定政治任务的工具转变为自主性的社会生活面向，而时代的发展则更迫切地要求对国家文化职能作全新的定位。

文化大发展大繁荣是按照文化事业与文化产业的两分格局而铺陈开来的。如果说第二章给出了一幅文化生活中国退民进的历史画卷，那么第三章就是要充分描述当前文化生活中的这一基本的二元结构。文化事业与文化产业的两分格局如何形成？这一格局将如何影响文化法律制度的建构过程？文化权利作为法律制度建构的中心在文化事业和文化产业中又分别有怎样的规范内涵？这些会是第三章的阐述重点。

第四章专门讨论文化产业以及以此为基础而形成的文化市场的法律机制问题。文化市场是文化产业、文化受众与文化监管部门多方互动的场域，也是最生动地反映文化之发展程度和繁荣程度的晴雨表。实际上，社会文化生活的主要实现方式就是文化市场，且文化多样性与创造性也主要通过文化市场予以呈现——这是目前文化体制改革的基本共识之一。可以说，有关文化产业与文化市场的法律机制的成熟与否将在很大程度上决定我国能否回归文化生活的常态。

第五章留给文化事业。如果说文化市场是文化大发展大繁荣的自由之维，那么文化事业就是文化大发展大繁荣的公平之维。提供普遍的、基本的、均等的公共文化服务，是政府不可推卸的责任，也是培育公民独立人格的必由之路。在当下中国，文化事业之法律制度的建构实际上是对原有公办文化职能进行艰难改革的过程，复杂程度可想而知。在这一过程中，如何真正贯彻法治精神、实现公民在文化生活中的主体地位将是制度设计的关键。

第六章的任务是在先前论述的基础上提出当前文化法律制度的改革完善之道。文化大发展大繁荣的指标——文化多样性、文化创造性与健全的公共文化服务——将是检视这一改革过程的最终依归，而且必须指出的是，这一改革过程实质上是没有终点的。文化大发展大繁荣归根结底是以人为本的，因此不断因应社会发展的需要而时时检视法律机制必须是一项持之以恒的工作。

第二章

国家文化职能的历史变迁

第一节　让文化的归文化——"公办文化"的产生、困境与蜕变

一、"文艺为政治服务，为工农兵服务"

（一）革命战争年代的文化建设与"党管文化"体制的成型

每个政党在初创时期最重要的工作就是宣传自己的政治主张，通过宣传扩大自身的影响和壮大自身的队伍。宣传群众、组织群众是中国共产党在初创时期的中心工作。文化在这一时期内最主要的功能在于宣传，因而在大革命时期，初创时期的党高度重视政治宣传教育工作，并随着形势的变化和发展，逐步建立健全其宣传教育的组织机构和领导体制。

基于宣传工作的中心地位，这一时期的领导体制有以下三个特点：一是宣传部门的领导由党的核心领导成员担任。二是进一步明确了宣传部门的工作职责——加强党内外宣传工作，"指导并训练政治及策略问题的全党思想"；"指导马克思主义研究，对政治宣传工作进行全国性规划"；[1]"端正党的理论方向，指导各地方宣传部与之发生密切且有系统的关系"，建设党内文化。三是建立由中央、地方和基层支部构成的纵向领导体制，各级地方党委相继设置了与中央宣传部门基本对应的工作机构，形成了系统的领导关系。

---

〔1〕　中央档案馆编：《中共中央文件选集（1921～1925）》（第 1 册），中共中央党校出版社 1989 年版，第 245 页。

《中国共产党第三次修正章程决案》规定："为党的各种专门工作各级党部得设立各部管理之（如组织部、宣传部、妇女部等等）各级党部之下的各部隶属于各级党部。各级党部之下的各部组织制度均须得中央之命令或同意。"[1]

"4·12"事件标志着大革命时代的终结。1927 年 8 月 7 日，中国共产党在汉口召开了紧急会议，人民革命由此进入土地革命战争时期。从这一时期开始，中国共产党开始独立领导人民革命，文化建设的方式也因为急需适应这一斗争要求而发生了相应的转变。

宣传工作仍然是这一时期文化建设的中心工作。八七会议后，在中央政治局常委会下设立了宣传部，同时建立了党报（《布尔什维克》）编辑委员会、中央出版局等文化事业机构。1929 年 6 月 25 日，中国共产党第六届中央执行委员会第二次全体会议通过了《宣传工作决议案》。该决议案系统阐述了当前宣传教育工作的重要性、宣传工作的任务、宣传工作的路线，对如何建立支部的宣传工作、一般群众中的宣传工作、党内的政治教育作了具体指示，并对宣传工作的组织问题作了具体规定。决议案指出："宣传教育是实现党的任务的经常的基本工作"，"宣传工作必须成为每个党员乃至每个赤色工会会员的工作。"决议案规定："各级党部必须有专门执行宣传工作的组织"，"中央宣传部应该是全国宣传教育工作的最高指导机关，他不只是对中央的宣传工作负责，而应当是对全国的宣传工作负责"。[2]

另一方面，通过对文化团体进行指导，党开始建设属于自己的文化管理机构。大革命失败后，一大批倾向革命的文化工作者陆续聚集到上海，使上海成为这个时期的革命文化中心。1927 年冬，蒋光慈等人创办了太阳社，郭沫若等人创办了创造社。党密切关注他们的活动，并及时给予组织和指导。1928 年 10 月，中央发出

---

[1]　中央档案馆编：《中共中央文件选集（1927）》（第 3 册），中共中央党校出版社 1989 年版，第 145 页。

[2]　中央档案馆编：《中共中央文件选集（1929）》（第 5 册），中共中央党校出版社 1990 年版，第 272～274 页。

《关于宣传鼓动工作》的通告，要求设立"一普通的文化机关以指导和批判全国的思想和文艺"。[1] 根据这一要求，党的第六届中央执行委员会第二次全体会议决定，成立文化工作委员会（简称"文委"），直属中共中央宣传部领导，以"指导全国高级的社会科学的团体、杂志，及编辑公开发行的各种刊物书籍"[2] 1930 年初，党根据进步作家统一自己组织的要求，在"文委"的直接领导和支持下，经过多次讨论，于 3 月 2 日在上海召开大会，正式成立了以鲁迅为首的中国左翼作家联盟（简称"左联"）。鲁迅在成立会上作了《对于左翼作家联盟的意见》的演讲。此后又相继成立了中国社会科学家联盟、中国左翼戏剧家联盟、中国左翼新闻记者联盟和电影、音乐小组等左翼文化团体。为便于统一领导这些文化组织和团体，1930 年 10 月，"文委"在上海成立"中国左翼文化总同盟"（简称"文总"）。文委和文总的设立，实际上是党的文化建设从局限于马克思主义理论研究与宣传教育扩展至对全社会一般文艺存在、文化活动施加影响的重大转变，是党在革命年代积极介入社会文化生活的表现。

1937 年，中共中央进驻延安。延安时期是中国共产党革命时期的文化理念、指导方针、领导体制以及相关政策基本形成的时期。经过 1942 年的整风运动，全党在的思想、意志和组织上达到了高度统一。在整风运动的基础上，中共中央对党的领导体制进行了重大调整。1942 年 9 月 1 日，中共中央政治局通过了《关于统一抗日根据地党的领导及调整各组织间关系的决定》，作出了实行党的一元化领导的重大决策。党的领导体制的这一重大转变，也体现在党的文化领导体制上。"三月政治局会议"决定，在中央政治局与书记处之下，设立宣传委员会，统一管理中央宣传部、解放日报社（包括新华社、广播电台）、中央党校、文委、出版局的工作。

---

〔1〕 中央档案馆编：《中共中央文件选集（1928）》（第 4 册），中共中央党校出版社 1989 年版，第 618 页。

〔2〕 中央档案馆编：《中共中央文件选集（1929）》（第 5 册），中共中央党校出版社 1990 年版，第 218 页。

确立了党对文化的一元化领导。

这一时期，党对文化的认识进一步加深，除了宣传，文化在教育和提高人民素质和丰富根据地人民生活方面的作用也不可忽视，根据地文化建设为新中国的文化建设提供了有益的经验，奠定了新中国成立初期党全面领导文化建设的基础。

在宣传工作方面，毛泽东要求党的宣传工作应当围绕党的中心工作、中心任务，无条件地向全党、全国人民宣传党的路线、方针、政策，力求使这种宣传完全符合于党的各项政策，尤其是符合党的总路线总政策的思想。与此要求相一致的是，要求党的宣传工作者必须遵守党的纪律。毛泽东和中央要求，党的各级干部，包括担负宣传任务的党员，不经中央许可，不得发表带有全国、全党、全军意义的宣言、谈话及广播，各级领导同志的文章，应经过同级党委或党团适当人员的审阅。各地不应直接对外广播，应统一于延安新华社。在宣传工作上，也必须严格执行个人服从组织，下级服从上级，全党服从中央的原则。

1941 年春，中共中央政治局决定停办中央机关报《新中华报》，将该刊与新华社编发的《今日新闻》合并为大型日报《解放日报》，作为中央机关报，在延安出版。1941 年 5 月，中共中央机关报《解放日报》创刊。毛泽东于 5 月 15 日在为中共中央书记处起草的关于出版《解放日报》通知中写道："一切党的政策，将经过《解放日报》与新华社向全国宣达。《解放日报》的社论，将由中央同志及重要干部执笔。各地应注意接收延安的广播。重要文章除报纸、刊物上登载外，应作为党内、学校内、机关部队内的讨论与教育材料，并推广收报机，使各地都能接收，以广宣传，是为至要。"〔1〕

1942 年在中央政治局讨论《解放日报》工作问题的会议上，毛泽东指出："现在《解放日报》还没有充分表现我们的党性，主要表现是报纸的最大篇幅都是转载国内外资产阶级通讯社的新闻，

---

〔1〕《毛泽东新闻工作文选》，新华出版社 1983 年版，第 54 页。

散布他们的影响，而对我党政策与群众活动的传播，则非常之少，或者放在不重要的位置。《解放日报》应把主要注意力放在中国抗战、我党活动、根据地建设上面，要反映群众的活动，充实下层消息。"[1]同年3月，中共中央宣传部发出《关于改造党报的通知》，指出"报纸是党的宣传鼓动工作最有力的工具"。"报纸的主要任务就是要宣传党的政策，贯彻党的政策，反映群众生活，要这样做，才是名副其实的党报。"

1943年，根据中央政治局的决定，撤销中央党报委员会，改由中央宣传委员会统一管理，并对各地报纸进行了一系列的规范和整肃。毛泽东在给陈毅的电报中要求："苏北报纸刊物请你抓紧，务使他们的宣传服从当前政策。"在对《解放日报》的批评中，他再一次提到："以后凡有重要问题，小至消息，大至社论，均须与中央商量。"[2]经过这一系列的改版、规范、整肃和改组，大大加强了党报的集中领导，加强了党报的党性、战斗性和群众性，对于统一全党思想发挥了重要作用。

根据地政府建立初期，根据地人民的文化生活相当落后，封建迷信盛行。为改变这种文化落后的局面，根据地政府提出要进行识字运动、扫盲运动以及实行贫雇子弟免费教育的政策。教育政策的推行使教育得到了普及，使得根据地人民的文化素质和阶级觉悟大大提高。通过教育，党也培养出了一大批具有阶级觉悟的农民革命者，从而进一步壮大了党的力量。同时，教育的对象不仅仅是根据地的人民群众，还包括军队。毛泽东在《关于陕甘宁边区的文化教育问题》的讲话中一针见血地指出："如果军队没有知识，文化、政治水平不提高，那么这个军队的质量也不可能提高。"在《文化工作中的统一战线》一文中，他再一次指出："没有文化的军队是愚蠢的军队，而愚蠢的军队是不能战胜敌人的。"

中共中央党校是中国共产党培养和教育训练高级干部的重要机

〔1〕 吴葆朴等编：《博古文选·年谱》，当代中国出版社1997年版，第487页。

〔2〕 中共中央文献研究室编：《毛泽东年谱（1983～1949）》（中卷），人民出版社、中央文献出版社1993年版，第455页。

构，是党内的思想理论和意识形态的前沿阵地，历来受到党中央的高度重视。其前身是 1933 年 3 月在江西瑞金中央革命根据地创立的"马克思共产主义学校"。中央红军长征到达陕北后，1935 年底，中央决定恢复建立中央党校。1937 年 1 月，中央党校随中共中央进驻延安，成为党在延安时期创办的"培养地委以上及团级以上具有相当独立工作能力的党的实际工作干部及军队政治工作干部的高级与中级学校"。[1]

对于文艺工作，毛泽东将其视为党的宣传工作，把文艺工作者视为"文化的军队"，这一思想在延安时期成为中共领导文艺工作的指导思想。文艺工作者作为"文化的军队"，被要求遵循党的组织原则，遵守党的纪律。于是在党的领导下，延安的文化人被组织起来，成为革命体制中的一员，成为高度组织化的党的事业的一个组成部分。

1938 年 4 月，毛泽东与周恩来参与发起创立"鲁迅艺术学院"，《鲁迅艺术学院成立宣言》指出：鲁艺的成立，"是为了服务于抗战，服务于这艰苦的长期的民族解放战争"，"使艺术这武器在抗战中发挥它最大的效能"。一年之后，中央明确规定了鲁艺的教育方针："以马列主义的理论与立场，在中国新文艺运动的历史基础上，建设中华民族新时代的文艺理论与实际，训练适合今天抗战需要的大批艺术干部，团结与培养新时代的艺术人才，使鲁艺成为中共文艺政策的堡垒与核心。"[2]初期的鲁艺采用的是军事学校的学生编制形式，即大队和区队的组织体制。后来在中共中央干部教育部副部长罗迈的提议下，鲁艺把"偏重自上而下的军队式的'管理制'"，改为"领导与自治并重的、委任与民主并用的制度"[3]。但

---

〔1〕 中共中央党校史教研室选编：《中共党史参考资料（五）·抗日战争时期》（下册），人民出版社 1979 年版，第 21 页。

〔2〕 李维汉："鲁艺的教育方针与怎样实施教育方针（1934 年 4 月 10 日）"，载延安文艺丛书编辑委员会编：《延安文艺丛书·文艺理论卷》，湖南文艺出版社 1987 年版，第 786 页。

〔3〕 李维汉："鲁艺的教育方针与怎样实施教育方针（1934 年 4 月 10 日）"，《延安文艺丛书·文艺理论卷》，湖南文艺出版社 1987 年版，第 795 页。

是仍然非常强调组织性、纪律性。

整风运动中思想改造的力量和文化管理体制的强力规范，使延安文化人的思想发生了深刻变化。延安及各根据地的文艺刊物、文艺团体被完全置于各级党委宣传部门直接领导之下，或者纳入到"鲁艺"及边区文协等机构内。延安的文化机构和文化社团具有鲜明的政治性和组织化特点，所有的文艺家均被纳入各类行政组织内，所有的文化活动都被组织在一个严密的体制之中。可以说，在延安及其他由党实际领导的根据地或地区内，逐渐形成了一元化的文化建设模式、文化管理体制。"公办文化"取得了垄断性的地位。

（二）1949～1966 年：新中国成立初期的文化建设与"党管文化"体制的全国化

随着新中国的建立和新民主主义革命取得重大胜利，中共中央对新中国成立之后全国性的文化管理和建设工作的思路也逐渐成形，并据此作出了一系列重要安排。

《共同纲领》（即《中国人民政治协商会议共同纲领》）规定："中华人民共和国的文化教育为新民主主义的，即民族的、科学的、大众的文化教育，以提高人民的文化水平，培养国家建设人才，肃清封建的，买办的，法西斯主义的思想，发展为人民服务的思想为主要任务。这种新文化要求确立马克思主义的主导或指导地位，同时又允许帝国主义，封建主义和殖民地奴化思想以外的非马克思主义思想的合法存在。"

为了实现新民主主义文化建设的目标，首先必须在全国范围内废除旧的意识形态，确立新的指导思想。新中国建立后，党和人民政府对旧的文化系统和教育事业进行了全面、彻底的改造。一方面，在组织上进行了强有力的清理，取缔了国民党反动派在各级文化机构、教育机构及各级学校中的反动党团组织和特务组织。[1]另一方面，改造了学校的旧的思想教育体系，废除国民党党义、六法全书等课程，增设马克思主义政治教育课程，确立马克思主义的

---

〔1〕 蒯大申、饶先来：《新中国文化管理体制研究》，上海人民出版社 2010 年版，第 103 页。

思想教育体系。通过这些手段，旧的社会意识形态在文化教育领域的统治地位被彻底瓦解，新民主主义及社会主义的意识形态的指导性地位得以确立，为这一时期的文化建设奠定了思想基础。

其次，仿效苏联，建立了新中国的文化管理机构体系和工作制度。在战争年代，全国解放区和根据地的文化工作由中共中央宣传部统一领导。新中国成立之后，中宣部作为中共中央主管全国宣传、文化、教育、体育、科技等工作的综合性职能机关，实际上代行了政府文化部门的职能。政治协商会议召开之后，按照《中央人民政府组织法》规定，政务院（国务院前身）下设管理全国文化教育工作的文化教育委员会，负责指导和管理文化部、教育部、新闻总署和出版总署的工作。为了协调党和政府在文化管理工作上的职能，中共中央于 1949 年 12 月发布《关于中央人民政府成立后党的文化教育工作问题的指示》，明确划分了党和政府在管理文化教育工作方面的职责，并对原中宣部下属的新华通讯社、广播事业管理处、电影管理局及新华书店进行改组，归口相应政府文化部门进行管理。同时又规定文化教育工作中的重大问题，各政府部门仍需按规定经过党的系统向中央进行报告和请示。至此，在党的领导下由政府具体负责文化行政和管理事务的文化管理体制得以初步确立。

这一体系是中国共产党充分吸收苏联经验的成果，集中体现了这一时期党对国家文化职能的认识，强调文化的阶级性、政党性和计划性，认为文化事业是整个无产阶级事业的一部分，应当成为有组织、有计划的党的工作的一个组成部分，因此所有文化产品及文化工作人员都应当被置于党的监督之下，使得与文化有关的一切意识形态领域都处于党的绝对控制之下。在"党管文化"这一理念的指导下，1949 年 7 月 2 日第一次"全国文学艺术工作者代表大会"在中南海隆重开幕，朱德代表中共中央在开幕式上致贺词。7 月 6 日，周恩来代表中共中央向大会做了关于文联的组织架构、功能作用以及文联的性质和它与政府文化行政部门间的关系的报告。这次大会的举行正式宣告中华全国文学艺术界联合会成立。虽然在性质上属于"资源结合的群众团体",但是文联依靠国家财政拨款运行,组织上的核心权力也属于设在其中的"党组"或者"党支部",因而实际上属于官方或者是准官方的文化组织。在对文化组织、文化团体进行国家化的同时,国家对个体的文化工作者进行了单位化。大批知识分子进入学校、新闻出版单位、科研机构或者各种协会等由党和政府强有力主导的体制内,成为有着固定岗位、拿着国家工资的"单位人",在体制外几乎没有生存空间。通过这些手段,国家实现了对整个文艺界的掌控,从而为领导文化建设提供了组织保障。

在各项具体文化事业的发展上,党和国家采取了改造和建设并举的政策。如大力推进戏曲改进和剧团转制,发布《关于戏曲改革工作的指示》,确定剧目审定的标准;整编全国文工团,成立国家级、省级和县市级的专业歌舞剧院、乐团、话剧团和地方戏剧团,同时收编、改造了大批的民间话剧团,使之成为各种类型的国有或集体单位。文化部在1953年底到1954年相继开展了私营剧团的改组、登记工作。这些改革奠定了此后二三十年我国艺术表演团体的基本模式:所有的艺术表演团体都是公有的,属于"国家"或"集体",它们由上级主管部门管理,艺术生产由上级主管部门决定,人事权由上级主管部门掌握,财务收支由政府统一负责,艺术生产的内容必须通过严格的报批和审查,以保证符合党的意识形态要求和政府工作的需要。同样的情形也出现在新闻、出版和电影业,所有的文化产品的生产和流通都被纳入了体制化的轨道,形成了一套严格的发稿、出版和发行制度。经过社会主义改造,报社、出版社和制片厂全部成为国家的文化事业机构,它们是社会整合、舆论宣传和意识形态构建的强有力工具,是支配整个文化生产的主导力量。[1]

1956年,新中国正式迈入社会主义建设时期。文化建设作为一项重要内容,受到了党中央的高度重视。为了改善新中国成立以来文化界的沉闷局面,纠正文化工作中的偏向,更重要的是为了繁

---

[1] 蒯大申、饶先来:《新中国文化管理体制研究》,上海人民出版社2010年版,第135页。

荣社会主义文化事业，1956 年春，党中央提出了"百花齐放，百家争鸣"的方针，并在此后尤其是 1957 年初春进行了大力提倡和阐发。

1956 年 1 月 14 日召开的关于知识分子问题的会议上，周恩来所做的《关于知识分子问题的报告》，对知识分子的阶级属性作出了正确估价。他说："他们中间的绝大部分已经成为国家工作人员，已经为社会主义服务，已经是工人阶级的一部分。"这标志着中国共产党在文化领域的政策开始出现松动。5 月 26 日，陆定一代表中共中央对"双百方针"作了具体的解释："我们所主张的'百花齐放，百家争鸣'是提倡在文学艺术工作和科学研究工作中有独立思考的自由，有辩论的自由，有创作和批评的自由，有发表自己的意见、坚持自己的意见和保留自己的意见的自由。"[1] 1956 年 9 月，党的第八次全国代表大会将"百花齐放，百家争鸣"写入文件，使它正式成为党发展科学和文艺事业的正确方针。

然而，考察毛泽东等中央领导人有关"双百方针"的论述，可以看到，他们都特别强调通过这一方针，进一步发展文化所具有的思想教育功能、斗争功能和除"毒草"的功能。都偏重于从对立统一规律出发，阐述在倡导"双百"的过程中，真理、香花总是在同谬误、"毒草"的斗争中发展起来并最终战胜后者的；强调通过实行"双百方针"，用说服和自由辩论的方法，向人民群众——尤其是知识分子——进行长期的、耐心的、细致的马克思主义的宣传，以克服他们当中程度不同地存在着的唯心主义思想及其他非无产阶级思想。

1957 年，随着反右斗争形式的推动，毛泽东对意识形态领域无产阶级和资产阶级的斗争形势产生了错误的判断。他认为，1957年的"右派进攻"与党在意识形态领域尤其是文化管理工作上领导的薄弱是有密切关系的，因此，他要求各地党委"必须把民主党派（政治界），教育界，新闻界（包括一切报纸和刊物），科技界，文

---

〔1〕 陆定一文集编写组编：《陆定一文集》，人民出版社 1992 年版，第 501～502页。

艺界，卫生界工商界的整治改造和思想改造工作完全掌握在自己手中"。[1] 在这种思想的影响下，党加强了对意识形态领域的控制，一方面对文教、科研系统实行大规模的干部充实与调换，以加强党对文教工作的领导，另一方面接管了一批民主党派的报纸，进一步扩大了党对社会舆论工具的管控范围。这样一来，"双百"方针提出之后文化界与党的短暂蜜月期宣告结束。

从 1961 年下半年开始，随着国民经济调整和纠"左"工作的开始，文化政策的调整也提上日程，中共中央又开始重提"双百"方针。1961 年 6 月 19 日，周恩来《在文艺座谈会和故事片创作座谈会上讲话》中，重点批评了文化领导工作中的"五子登科"现象，提出了"不戴帽子，不打棍子，不抓辫子"的"三不主义"。1961 年 6 月 20 日，聂荣臻在向中共中央递交的《关于当前自然科学工作中若干政策问题的请示报告》中，建议"以后不要把'白专'作为批判的用语"，"要正确划分政治问题、思想问题、具体工作问题之间的界线"。在 1962 年 3 月的"广州会议"上周恩来又作了《论知识分子问题》的讲话，重新对知识分子的状况作出了正确估计。陈毅也在大会上为知识分子进行"脱帽加冕"。文化政策调整的结果是制定了《科技十四条》、《高教六十条》、《文艺八条》等工作条例。这说明党的文化政策在 20 世纪 60 年代初又出现了好转，但这种好转持续的时间并不长，在 1962 年秋召开的八届十中全会上，毛泽东又重提阶级斗争，强调阶级斗争"年年讲，月月讲，天天讲"。由此，文化政策再次"左"转。

（三）1966～1976 年：文化建设的十年停滞与倒退

在"文化大革命"的背景下，林彪、江青反革命集团利用他们手中窃取的政治权力，在文化领域里实行最反动的文化政策，大搞封建法西斯文化专制主义和文化虚无主义。大批知识分子被迫停止手中的工作，参加体力劳动，身心遭受无情摧残。科研、文化创作和正常的教育秩序被彻底打乱，原有的文化机构被彻底改组，整个

---

[1] 中共中央文献研究室编：《建国以来重要文献选编》（第 10 册），中央文献出版社 1994 年版，第 492 页。

文化生活几乎窒息。

在《林彪委托江青召开的部队文艺工作座谈会纪要》中，他们提出新中国成立 17 年来，文艺界被一条"反党反社会主义"的"资产阶级文艺路线"所统治，在这条黑线下，理论黑、作品黑、队伍黑。在他们"砸烂文艺黑线"、"围剿文艺黑帮"的反革命活动中，党的文艺组织和机构被解散、文艺刊物停办、文艺干部和文艺家受到残酷迫害。公然歪曲列宁提出的党性原则，敌视文艺多样化和贵在创新的艺术规律，鼓吹炮制"样板作品"，大肆宣扬"主题先行论"、"题材决定论"，总结违反现实的"三突出"、"三陪衬"的"重要原则"，后期为了夺取政权，又炮制了"阴谋文艺"。

在教育领域，学校停止正常的上课秩序，大搞"破四旧"、"大串联"，号召打破教育界"资产阶级知识分子"一统天下的独霸局面，夺回无产阶级在教育领域里的领导权。在 1971 年秋的全国教育工作会议上作出了"两个估计"，即"文革"之前 17 年"毛主席的无产阶级教育路线基本上没有得到贯彻执行"，"资产阶级专了无产阶级的政"，教师中的大多数和 17 年中培养的学生中大多数"世界观上基本上是资产阶级的"，是"资产阶级知识分子"。为此他们重新炮制了一整套"教育革命"的方针政策。在高等学校内大搞"群众推荐，领导批准和学校复审相结合"的方法，招收具有初中毕业以上文化水平的工农兵上大学，并规定工农兵学员的任务是"上大学，管大学，用毛泽东思想改造大学"，这给教育界带来了灾难性的后果。

"文革"的十年，是文化停滞和倒退的十年，尽管在 1975 年进行过短暂的调整，但随着邓小平再次下台，这次调整如昙花一现，没有起到任何实质性的结果，没有扭转"文革"中激进、错误的文化政策。

二、"文艺为人民服务，为社会主义服务"

（一）"文革"结束之初文化管理体制的反思与重建

1978 年 6 月 13 日，《人民日报》以《认真调整党的文艺政策》

为题发表文章指出："对于文艺创作，要坚持工农兵方向下的百花齐放。'为工农兵而创作，为工农兵所利用'，这是我们坚定不移的原则。"文章在对"毛主席革命文艺路线"的阐释上，单独强调"文艺为工农兵服务"而舍弃了"文艺为政治服务"的提法，这是一个引人注目的重大变化。

1977年10月，中共中央决定恢复中央宣传部，由其负责掌管全国宣传、文化、出版工作中的路线方针政策问题，协助中央在业务上指导国务院所属的宣传、文化、出版单位的工作。十一届三中全会（1978年12月）后，胡耀邦担任中宣部部长，他提出宣传部门要树立新风，建立党与文化界的新关系，党的宣传部门应当成为文艺界同志们前进过程中的服务站。在胡耀邦看来，这个"服务站"大概有这几个部门：一是文艺"问讯处"——指出文艺的方针、路线，给文艺创作以指南；二是"资料室"——为文艺创作提供过去的和现在的资料；三是"休息室"——歌手口渴了，有一杯凉白开喝；四是"医疗室"——假使我们的文艺工作者发生了"感冒"，嗓子哑了，总要搞些清凉剂；五是"修理室"——歌手的乐器坏了，总得需要修理修理。后面两个指的就是文艺评论和批评，要请一些专家和人民群众来做，走群众路线，才能使百花开得更艳。〔1〕这次讲话标志着党对文化建设思路的新思考，受到了文艺界人士的热烈欢迎。

关于"实践是检验真理的唯一标准"的大讨论引发了党和文艺界对文化领导方式的反思，各种座谈会纷纷举行以探讨艺术民主的重要性，而十一届三中全会的召开更是将艺术民主的大讨论推向了高潮。1978年底，《上海文艺》和《人民日报》分别发表题为《艺术与民主》和《谁是文艺作品最权威的评定者？》的评论员文章，谈到在"贯彻双百方针过程中实现党的领导"的问题，指出无产阶级艺术，是新型民主的艺术，同时，它又必须接受无产阶级政党的领导。无产阶级政党只有在贯彻"双百"方针的过程中才能实现对

---

〔1〕 蒯大申、饶先来：《新中国文化管理体制研究》，上海人民出版社2010年版，第242页。

文化的坚强领导。第一，不能把领导的主要责任放在消极地防范和限制上。如果只是消极地层层设防、层层审查、层层把关，就会使大量作品因待审查而积压，延长了文艺生产的周期，而且搞得文艺工作者缩手缩脚，心有余悸，会大大影响文艺生产力的发展。第二，应该按照文艺的特殊规律来领导文艺。党的领导，主要是指方向、定政策，主要应体现于马克思主义文艺思想和党的方针、政策的领导。文章同时对文化作品的审查制度提出了质疑，认为审查的主体应当是各单位的艺术委员会，经过集体审议，只有涉及重大政治问题，必须向上级请示时，才送交上级审查。审查的尺度也要放宽，主要依靠社会舆论和马克思主义的文艺批评，而不是靠行政手段。这些对文艺领导方式的反思，推动了文化政策的调整，加快了新时期文化管理体制的改革步伐。

（二）改革开放中文化管理体制的革新与文化大发展

改革开放是中国当代历史上的伟大转折，在这一背景下，党在文艺工作和文化管理中进行了政策调整，对文化的功能有了新的认识，理清了文艺与政治的关系，重新提出了"双百"方针，确立了文艺新的"二为"（"文艺为人民服务、为社会主义服务"）方向，并开启了文化管理体制的改革。

1980年9月，《人民日报》刊登了北京两位文艺干部写的题为《改善党对文艺的领导，把文艺事业搞活》的来信。来信在肯定党的十一届三中全会以来文艺事业取得重大成绩的同时，也提出在我们国家的经济、政治建设蓬勃发展的背景下，文化领域领导过于集中，限制过死的问题相当突出。这封来信引发了社会上关于"文化体制改革"的大讨论。作为对这次讨论成果的简要总结，1980年10月，人民日报刊发表了李隼的文章《领导要改善，体制要改革》。其中说："我们国家的各条战线正在日新月异的发展，生动活泼的政治局面已经出现，作为文化艺术，她应该是这个时代潮流的潮头。如何把文艺工作搞'活'，我想只有认真的改革。"文化体制改革的序幕由此揭开。

文化部门自身在市场经济体制改革的大背景下也不断进行着调

整。一些国有文化事业单位率先开始放开一些经营活动，如 1978 年财政部批准《人民日报》等首都 8 家报纸进行试行"事业单位，企业化管理"的要求。同年 4 月，财政部再次发文在全国新闻业推广这一模式，允许报纸开展多种经营。"事业单位，企业化经营"的办报模式开始取代传统的机关报办报模式——刊登广告，自主发行，放开定价，新闻业开始走上"自主经营、自负盈亏、自我积累、自我发展"的道路。

与此同时，艺术表演团体的体制改革也在如火如荼地进行。1979 年底，文化部起草了《关于艺术表演团体调整事业、改革体制以及改进领导管理工作的意见》，提出要下放艺术表演团体的演出剧目权、一定的财权和用人权。以 1981 年著名京剧表演艺术家赵燕侠承包北京京剧团为发轫，"承包制"在许多院、剧团中推行开来。国家将对艺术团体的差额补贴改成定额补贴和政策性补贴，超出部分国家不补，节余部分归艺术团体自己支配使用。后来承包制又推行到了电影界。到 1985 年底，大多数电影制片厂都实行了承包责任制。

为进一步推进艺术团体体制改革，1988 年国务院批转文化部《关于加快和深化艺术表演团体体制改革的意见》，该意见提出："在艺术表演团体的组织运行机制上，经过改革，逐步实行'双轨制'"；"需要国家扶持的少数代表国家和民族艺术水平的，或带有实验性的，或具有特殊的历史保留价值的，或少数民族地区的艺术表演团体，可以实行全民所有制形式，由政府文化主管部门主办"；"大多数艺术表演团体，应当实行多种所有制形式，由社会主办"。对艺术表演团体的管理体制，该意见提出了重大的革新意见，要求政府主管部门由"直接管理"转为"实行间接管理"，"尽量下放和放宽在业务上、人事上、财务上的管理权限，使艺术表演团体在业务活动和经营活动中有更多的自主权"。

"双轨制"的确立，是社会主义文化建设过程中的一个重要的里程碑，它标志着官办文化、党办文化或公办文化不再是文化事业的唯一模式，国家开始允许并鼓励社会力量兴办文化事业。1988

年2月，文化部、国家工商行政管理局联合发布的《关于加强文化市场管理工作的通知》第一次明确使用了文化市场的概念，标志着我国文化市场的合法地位正式得到承认。文化市场的发展打破了文化事业的单一格局，符合社会各方的文化需求，符合改革开放的大方向。

1989年2月17日，中共中央发布《关于进一步繁荣文艺的若干意见》。该意见要求坚持文艺"为人民服务、为社会主义服务"的方向，坚持"百花齐放，百家争鸣"的方针，是长期稳定地发展我国社会主义文艺事业的根本保证。党对文艺事业的领导是政治原则、政治方向的领导。党的领导机关要充分尊重文艺的特点和规律，对具体的文艺作品和学术问题，要少干预、少介入。关于文艺体制改革，该意见指出：要理顺党、政府和群众文艺团体之间的关系，明确它们各自的职能。在文艺管理体制上，要扩大各文艺事业单位的自主权，引入竞争机制，促进人才流动，以增强文化事业单位的生机和活力，建立和完善社会主义文化市场，正确引导群众的文化消费。

1992年，邓小平南方谈话的发表和党的十四大的顺利召开，表明我国改革开放和现代化建设进入了一个新的阶段。党和国家对文化建设的认识也提到了一个新的高度。十四大报告从精神文明建设的角度强调了文化建设的重要作用，文化不再仅仅属于意识形态、教育手段、娱乐形式或是党的喉舌，还有其作为文化本身的独特作用与价值。

2000年10月，党的十五届五中全会通过《中共中央关于制定国民经济和社会发展第十个五年计划的建议》，第一次正式使用"文化产业"的提法。这一概念的提出，标志着党和国家对文化产业的承认及其地位的认可，承认文化在传统职能之外，还具有作为产业通过价值规律发生作用的一面。从"文化市场"到"文化产业"，党和国家对于文化自身及其发展规律的认识在逐步加深，为文化的进一步发展和繁荣指明了路线。与此同时，文化不再仅是党的事业，同样也作为产业存在，而依法管理也就成了文化职能部门的必然选择。基于这种认识，改革开放之后，特别是党的十五大召开以来，文化领域的法制工作稳步推进。全国人大常委会、国务院以及文化管理部门陆续制定了两百多部法律、法规和部门规章，内容覆盖新闻出版、广播影视、舞台艺术以及互联网文化等诸多方面。

2001 年，中国正式加入世界贸易组织（WTO）。为了适应"入世"带来的全新挑战，党的十六大突出强调了文化建设的地位和作用，对文化建设和文化体制改革提出了新的要求。2003 年 6 月，十六届三中全会通过了《完善社会主义市场经济体系的若干问题的决定》，提出按照社会主义精神文明建设的规律和特点，适应社会主义市场经济的发展要求，逐步建立党委领导、政府管理、行业自律、企事业单位依法运营的管理体制。这标志着我国文化管理体制改革迈出了实质性步伐，文化行政部门的公共服务意识和公共服务职能明显增强，实现了从政府"办文化"向政府"管文化"的转变，从管微观转向管宏观的转变，从面向直属单位到面向全社会的转变。

第二节　文化为谁而活——关于文化的功能定位的变迁

一、毛泽东时代：作为政治生活之附庸的文化

"你们都是人民所需要的人，你们是人民的文学家、人民的艺术家，或者是人民的文学艺术工作的组织者。你们对革命有好处，对于人民有好处。"[1]"这里又有一个陈学孟。在中国，这类英雄人物何止成千上万，可惜文学家们还没有去找他们，下乡去从事指导合作化工作的人们也是看得多写得少。"[2]

"在现在世界上，一切文化或文学艺术都是属于一定的阶级，

---

〔1〕《毛泽东论文艺》，人民文学出版社 1992 年版，第 84 页。
〔2〕《毛泽东论文艺》，人民文学出版社 1992 年版，第 89 页。

属于一定的政治路线的。为艺术的艺术，超阶级的艺术，和政治并行和互相独立的艺术，实际上是不存在的。"[1]

——毛泽东

"各种艺术形式——戏剧、曲艺、音乐、美术、舞蹈、电影、诗和文学等，问题不少，人数很多，社会主义改造在许多部门中，至今收效甚微。许多部门至今还是'死人'统治着……许多共产党人热心提倡封建主义和资本主义的艺术，却不热心提倡社会主义的艺术，岂非咄咄怪事。"

——毛泽东

（一）文艺为工农兵服务、为政治服务——延安时期的遗产

1942年5月毛泽东发表《在延安文艺座谈会上的讲话》，提出"文艺为政治服务"的文化指导方针和新民主主义文化建设的任务，就是构建具有时代特征的民族的、科学的、大众的新文化，并为文艺指明了"为工农兵服务"的发展方向。从20世纪40年代末开始，为政治服务不仅跃升为国家的文艺基本方针，到20世纪60年代，文艺又被要求完全服从于以阶级斗争为纲的执政理念。具体而言，毛泽东在《延安文艺座谈会上的讲话》主要提出了以下几个方面的问题：（1）在社会主义革命事业中，文学艺术是其中十分重要的一部分，只有确保党在文学艺术领域的领导权，新民主主义和社会主义现代化事业才能取得胜利。领导权主要通过转变艺术家的情感立场和文学艺术的生产方式来实现。（2）文艺作品的社会作用主要是激励和鼓舞现实的革命斗争和革命队伍，"团结人民，打击敌人"是其直接效果。（3）对艺术作品的评价，审美的标准要服从于社会的标准和政治的标准，实践的要求和社会的进步才是评价文学艺术的最终标准。（4）民族形式和大众化形式是文学艺术作品的主要形式，艺术作品的形式与人民大众的"情感结构"相吻合是艺术作品成功的基础。可见任何新中国文化政策的选择都不是随心所

---

[1]　《毛泽东选集》（第3卷），人民出版社1991年版，第865页。

欲的，而是要受到多种当时社会历史条件的制约，主要包括政策主客体受到的文化传统、文化冲突、文化体制、文化心理、文化交流等因素的制约。在文化政策问题的提出、政策文本的制定、政策措施的实施各方面，都打上了鲜明的文化选择烙印。[1] 显然，新中国文化政策的出发点主要是为了配合革命时期特定历史任务，辅助解决中国当代社会政治问题，从而需要文化在为政治服务方面保持一种适应性。此种文化政策的选择又必然导致文化成为整个革命事业的工具和武器，即革命机器中的"齿轮和螺丝钉"。[2]

之所以从延安说起，乃是因为延安时期是中国共产党民主革命阶段的文化理念、指导方针、领导体制及相关政策基本成型的时期，新中国文化体制的基本框架及其背后的基本理念在延安时期已经成熟，延安时期形成的文化体制在相当程度上决定了新中国文化管理体制的基本性质、基本特征。简言之，新中国文化政策、文化体制的形成，是中国共产党在延安时期形成的文化理念和文化体制在全国范围内的继续推广和延伸。[3] 早在1940年1月，毛泽东、张闻天等中共高层领导人在对"五四"以来各种文化思潮进行总结的基础上，分别发表了《新民主主义的政治与新民主主义的文化》（即《新民主主义论》）和《抗战以来中华民族新文化运动与今后任务》，这两篇探讨新民主主义文化思想的奠基之作，从解决文化问题入手，进一步阐述了文化与政治经济的关系，并强调"一定的文化是一定社会的政治和经济的反应，又给予伟大影响和作用于一定社会的政治和经济"。[4] 上述发展脉络显示出中国现代文艺发展的一个突出现象，即文艺与实践功利的密切结合，与政治运动的紧密联姻，这种文化结构模式不仅在中国实际的文艺生活层面实现了文化领导权，在学理上拓展了马克思主义审美意识形态理论的丰富

---

〔1〕 周晓风：《新中国文艺政策的文化阐释》，中国社会科学出版社2008年版，第116页。

〔2〕《毛泽东文艺论集》，中央文献出版社2002年版，第69～70页。

〔3〕 蒯大申、饶先来：《新中国文化管理体制研究》，上海人民出版社2010年版，第22页。

〔4〕《毛泽东选集》（第2卷），人民出版社1991年版，第663～664页。

性，但也为某些极端狭隘的理解和文化专制的病毒埋下生长的空隙。

（二）政治的改造——新中国成立之初的文化建设

1949 年到 1956 年是新民主主义革命向社会主义革命过渡时期，同时也是新民主主义文化向社会主义文化的过渡阶段。1949 年 7 月召开的第一次全国文代会是新中国文艺事业的起点，这次大会确立了延安讲话为中国文学艺术事业的指导方针，继续沿用战争时期形成的文艺理论、领导方针、领导经验，使党对新中国文艺事业的指导一开始即产生了"左"的倾向，如将延安讲话的基本精神等同于"思想改造"，把一部分文艺工作者划为资产阶级或者小资产阶级的知识分子，文艺作品若与公式、教条稍微不合，则被看作是歪曲和污蔑，致使一部分文艺工作者消极创作甚至搁笔不写，怕犯"政治错误"，文艺的萧条沉沦亦在所难免。从外部看来，即是中国共产党要求文化工作者们与时俱进，根据国内政治发展的现状来调整自己的文化生产任务。最后，中国共产党对文化工作者的思想进行"去精英化"的改造，要求他们时刻与工农群众"同呼吸、共命运"。[1]1950 年，毛泽东在党的七届三中全会上指出，要有计划有步骤地进行对旧有社会文化事业的改革工作，争取一切爱国的知识分子为人民服务，提出了社会主义文化要反映时代，着力塑造体现时代精神的工农大众的基本方向。1953 年 9 月第二次文代会在北京召开，确立了社会主义改造时期文艺创作的主要任务，即表现新人物新思想，反对人民内部一切落后的现象，通过文艺作品培养人民新的品质。1956 年，社会主义改造基本完成，生产资料所有制问题基本解决，我国进入到社会主义建设时期。毛泽东于 1956 年 4 月 28 日，在中央政治局扩大会议上提出了"百花齐放，百家争鸣"方针，学术问题上"百家争鸣"，艺术问题上的"百花齐放"成为党发展科学和艺术工作的方针，毛泽东于 1957 年 2 月在最高国务

---

〔1〕　See Maria B. Galikowski, "Art and Politics in China, 1949 ~ 1986", Submitted in fulfillment of the requirements for the Degree of Doctor of Philosophy, Department of East Asian Studies The University of Leeds, December 1990, at 10.

会议第十一次会议上做了《关于正确处理人民内部矛盾的问题》的讲话，用一节的篇幅集中阐述了"百花齐放、百家争鸣"的方针，并提出辨别"香花"和"毒草"的六条政治标准：（1）有利于团结全国各族人民，而不是分裂人民；（2）有利于社会主义改造和社会主义建设，而不是不利于社会主义改造和社会主义建设；（3）有利于巩固人民民主专政，而不是破坏或者削弱这个专政；（4）有利于巩固民主集中制，而不是破坏削弱这个制度；（5）有利于巩固共产党的领导，而不是摆脱或者削弱这种领导；（6）有利于社会主义的国际团结和全世界爱好和平人民的国际团结，而不是有损于这些团结。这六条政治标准，对于任何科学论点正误的鉴定，任何艺术作品水准的判断，都是适用的。[1]在前述两个历史阶段中，党的文化工作在理论上没有区分"政治问题"和"文化问题"，在实践中贯彻"全党办文艺，全民办文艺"的口号。

（三）"大跃进"与"大倒退"——文化生活的彻底"左转"

1957年"反右派"斗争中，由于党在阶级斗争和中国社会主要矛盾问题认识上的失误，文化政策亦随之"左"转，将文化认定为具有一定阶级性并为一定阶级利益服务，将阶级分析和阶级斗争的观点贯彻到文艺创作、文艺批评和社会科学研究之中，使文化更直接、更有效地为现实的政治斗争服务。在这种政策的指导之下，文化大批判成为文化建设中的一项重要内容，评判的锋芒一是指向从旧社会过来的有影响的知识分子的学术观点；一是指向"双百"方针时期涌现的优秀的文化产品，批判的特点在于以一边倒的群众运动方式代替了正常的学术讨论和学术争鸣。[2]在文化建设上，强调"多快好省"，跟上物质生产领域的"大跃进"步伐，要求文艺工作者们定计划、定指标、定数字并提前兑现，要在全国范围内掀起创作高潮，三五年内实现社会主义文学大丰收。文艺界、新闻界、出版界、社会科学界纷纷提出了严重脱离实际的文化"大跃进"任务。文化工作者们还要上山下乡、深入工农兵，了解他们的

---

〔1〕《毛泽东文集》（第7卷），人民出版社1999年版，第234页。
〔2〕 孙洪斌主编：《中国文艺发展大战略》，长春出版社2011年版，第94页。

实际生活，创作人民群众喜欢和需要的文化产品。在此期间，群众文化运动和文化普及包括大规模的扫盲运动、新民歌运动、革命回忆录与"三史"（公社史、工厂史、部队史）写作、工农兵学哲学等运动也如火如荼地展开。从 1961 年下半年开始，伴随着国民经济调整和纠"左"的工作的展开，文化政策也步入了一个新阶段，鉴于新中国成立后文化领导工作中不同程度地将学术问题、艺术问题、思想问题、政治问题混同。中宣部部长陆定一指出："对学术性质的、艺术性质的、技术性质的问题要让它自由，要把政治思想问题同学术性质、艺术性质、技术性质的问题分开来。"[1]然而好景不长，以 1962 年秋召开的党的八届十中全会为标志，党的文化政策重新发生"左"的逆转，"以阶级斗争为纲"实际上成为文化工作的指导思想，一切文化问题和文化论争，都要放在阶级斗争和路线斗争的显微镜下审视，文化批评基本上都要从政治高度，同现实政治斗争、党内斗争联系起来进行。为革命的政治斗争服务，全面系统地清除所谓修正主义和资产阶级意识形态，被定为思想文化战线的头号任务，遍及各个文化领域的群众性批判运动以空前的规模和激烈程度开展起来。

　　"文化大革命"前夕，党的文艺方针政策逐渐脱离了正确的轨道，1963 年 12 月和 1964 年 6 月，毛泽东分别在中宣部文艺处编印《文艺情况汇报》和《关于全国文联和所属各协会整风情况报告》中作出批示指出"各种艺术形式——戏剧、曲艺、音乐、美术、舞蹈、电影、诗歌和文学，问题不少，社会主义改造在许多部门中，至今收效甚微……社会经济基础已经改变了，为这个基础服务的上层建筑之一的艺术部门，之间还是大问题"，批示直接导致了对文艺问题批判的群众斗争和政治斗争。1964 年，中共中央向全国批发了《部队文艺工作座谈会纪要》。该纪要专门提出"文艺黑线专论"，认为新中国成立以来的文艺界，"被一条与毛主席思想相违背的反党反社会主义的黑线专政，这条黑线就是资产阶级文艺思想，

---

〔1〕　陆定一文集编写组编：《陆定一文集》，人民出版社 1992 年版，第 494 页。

现代修正主义的文艺思想和所谓的三十年代的文艺的结合"。1966年5月16日，中央政治局扩大会议通过了《中国共产党中央委员会通知》，标志着以阶级斗争为主题的"文化大革命"全面展开。文艺界在"文化大革命"中首当其冲，文艺界的组织结构遭到破坏，全国文联及各协会、各地分会遭到强行解散，从中央到地方的所有文艺团体停止了活动，全国范围内的文艺刊物全部停刊，17年的文学艺术成就被全盘否定，绝大多数作品被打为"毒草"，只有少数如《艳阳天》、《金光大道》、《虹南作战史》等几乎完全按照路线斗争模式来建构情节和塑造人物的作品才得以存活。音乐创作方面，"语录歌"、"革命样板戏"在全国"一枝独秀"，构成了"文革"期间中国乐坛的基本格局。

二、"后毛泽东"时代：重新认识文化的社会功能

"党对文艺工作的领导，不是发号施令，不是要求文学艺术属于临时的、具体的、直接的政治任务，而是根据其特征和发展规律，帮助文艺工作者或者创造条件来不断繁荣文学艺术事业，提高文学艺术水平，创造出无愧于我们伟大人民、伟大时代的优秀文学艺术作品和表演艺术成果"。[1]

——邓小平

（一）拨乱反正与去政治化——新时期党的文化政策

1976年"文化大革命"结束，党的文化方针政策和社会主义文化事业迎来了新的转型。20世纪80年代文化政策调整的原因一般认为是"四人帮"被粉碎，"四人帮"所代表的极"左"的政治路线和激进的"文化革命"思潮得到遏止，代之以邓小平的注重经济建设和讲求实际效果的政治路线和思想作风，从而使整个社会形成"拨乱反正"的共识，继而开始了包括文化政策在内的各项政策的调整。20世纪80年代党的文化政策是从几个层次依次逐渐展开的，首先针对"文化大革命"中极"左"的和激进主义的文化政

---

〔1〕《邓小平文选》（第2卷），人民出版社1994年版，第207～214页。

策进行反拨。其次是对执行错误的文化政策所造成的后果进行重新甄别，平反了一大批冤假错案。到了 20 世纪 80 年代中期，随着我国当代社会发展基本矛盾的认识不断深化，原来立足于阶级斗争基础的文艺为工农兵服务的方针明显不能适应新形势的发展。1978年关于真理标准的讨论吹响了思想解放的号角，1979 年 10 月第四次文代会是在大转折的关头召开的一次解放思想、总结经验、探讨在新的历史时期如何繁荣文化建设的重要会议。邓小平在大会中提出了新时期文学艺术的任务，进一步解决了文艺与人民、文艺与生活的关系以及党如何领导文艺等一系列重大的根本问题。他强调文艺当属于人民、文艺与生活的关系，文艺创作不惜充分表现人民的优秀品质，在艺术上精益求精，力戒粗制滥造，认真严肃思考自己作品的社会效果。〔1〕这些论断根据新时期的特点对文化政策作了新的调整和理论概括，为新时期中国文化的发展确立了科学的理论基础和行动指南，反映了社会主义时代对文化的历史要求。

随着文艺界拨乱反正和思想解放运动的逐步深入，文艺界就"文艺与政治"的关系问题重新展开了讨论，第四次文代会祝词中汲取了代表们的意见，对"文艺与政治的关系"做了如下表述：党对文艺工作的领导不是发号施令，不是要求文学艺术从属于临时的、具体的、直接的政治任务。〔2〕虽然该祝词沿用了"文艺为工农兵服务"的提法，但已经不再提"文艺为政治服务"、"文艺从属于政治"，对"服务说"、"从属说"有了突破。文艺与政治的关系，关键是执政党如何加强和改善对文艺工作的领导，在党如何领导文艺工作的问题上，会上达成了以下若干共识，禁止横加干涉、按照文艺规律办事、贯彻"双百"方针、实行艺术民主。〔3〕新时期的最初几年，文学艺术的走向几乎和政治的走向完全一致。随着政治上的"拨乱反正"，无论是文学艺术创作还是理论批评，都表现出

---

〔1〕　邓小平："在中国文学艺术工作者第四次代表大会上的祝辞"（1979 年 10 月 30 日），载《人民日报》1979 年 10 月 31 日。

〔2〕　《邓小平文选》（第 2 卷），人民出版社 1994 年版，第 213 页。

〔3〕　参见中国文艺年鉴社编：《1981 中国文艺年鉴》，文化艺术出版社 1982 年版，第 78～81 页。

明显的"复苏期"特征，恢复现实主义传统这一文学思潮的积极意义表现在艺术领域内，则是由于现实主义的创作方法这一优秀传统得到了恢复。这一时期的文艺创作具有高度的写实品格、强烈的批判意识和深刻的忧患意识，典型的代表即为"伤痕文学"对"文化大革命"给人们生活带来的悲剧提出了强烈的控诉，稍后异军突起的中篇小说在反思新中国成立以来极"左"路线的痼疾和对人性的丰富性和复杂性的揭示方面也取得了突出成就。1980年7月26日，《人民日报》发表社论《文艺为人民服务、为社会主义服务》，进一步阐明了党在这一问题上的方针立场。1984年12月，在改革开放深入发展的背景下召开的中国作家协会第四次全国会员代表大会上，胡启立代表党中央对党领导文艺工作的经验教训作了进一步总结，明确要求党、政府、文艺团体以至全社会，都应该坚定地保证作家的创作自由。[1] 1989年2月，中共中央出台了《关于进一步繁荣文艺的若干意见》，在社会主义市场经济逐渐展开的背景下比较系统地提出了文艺体制改革、文化经济政策和坚持社会主义文艺主旋律等问题，要求进一步理顺党、政府和群众文艺团体之间的关系，明确各自的工作职能，更好地发展文艺生产力，繁荣社会主义文艺。该文件中还出现了以下值得重视的论述，如"文艺体制改革的根本目的是进一步发展文艺生产力，繁荣社会主义文艺，满足我国人民日益增长的文化生活需求"，"建立和完善社会主义文化市场，正确引导群众的文化消费。当前，一个以商品形式向人们提供精神产品和文化娱乐服务的文化市场正在我国形成。政府对文化市场实行宏观调控和间接领导，运用市场机制来组织和引导群众的文化消费，是提高精神产品质量和服务的方式之一"。这些提法在过去是闻所未闻的，在当时则成为对文艺市场现象的某种总结以及对文艺发展倾向的某种倡导。

（二）20世纪90年代以来中国的文化政策

1992年10月12日，江泽民发表了《加快改革开放和现代化建

---

〔1〕 胡启立："在中国作家协会第四次会员代表大会上的祝词"，载《人民日报》1984年12月30日。

设步伐，夺取有中国特色社会主义事业的更大胜利》，把文艺工作作为精神文明建设的重要内容，明确提出要"坚持'为人民服务，为社会主义服务'的方向和'百花齐放，百家争鸣'的方针。积极推进文化体制改革，完善文化事业的有关经济政策，繁荣社会主义文化"。[1] 1995年9月，党的十四届五中全会上，江泽民发表了《正确处理社会主义现代化建设中的若干重大关系》，提出"要把物质文明建设和精神文明建设作为统一的奋斗目标，始终不渝地坚持两手抓，两手都要硬。任何情况下，都不能以牺牲精神文明为代价去换取经济的一时发展"。1996年，党的十四届六中全会通过《中共中央关于加强社会主义精神文明建设若干问题的决议》提出了文化体制改革的任务和一系列方针，指出"改革文化体制是文化事业繁荣和发展的根本出路"，"改革的目的在于增强文化事业的活力，充分调动文化工作者的积极性，多出优秀作品，多出优秀人才"。强调改革要符合精神文明建设的要求，遵循文化发展的内在规律，发挥市场机制的积极作用。改革要区分情况，分类指导，理顺国家、单位、个人之间的关系，鼓励社会兴办文化事业的发展格局。1997年9月12日，江泽民在党的十五大报告中，对建设有中国特色社会主义文化做了整体性的政策揭示和政策规定，详细阐述了党在社会主义市场经济条件下建设有中国特色社会主义文化的方针政策，认为"营造良好的文化环境是提高社会文明程度，推进改革开放和现代化建设的重要条件"，为此，要"深化文化体制改革，落实和完善文化经济政策"。可见，文化"为人民服务，为社会主义服务"是当代中国文化性质在党的文艺方针政策中最集中和最深刻的反应。为了贯彻落实十一届三中全会精神，中央在着手调整文艺政策，为文化管理体制的革新营造了一个相对宽松的环境。此时，文化部门自身也在市场经济体制改革的大背景下不断进行文化政策的调整。原有的文化体制政企不分、政事不分、管办不分、事企不分的弊端逐渐暴露，成为制约文化事业发展的体制性障碍，原

---

〔1〕　中共中央文献研究室编：《十四大以来的重要文献选编》（上册），人民出版社1996年版，第31页。

有的文化事业体制排斥社会和个人兴办文化事业；在管理上，与行政管理体制高度勾连，层级建立专业文艺团体，机构臃肿，文化机构行政化、官僚化现象严重；在分配上，缺少竞争和激励的平均主义严重影响了集体和个人文化创造积极性的返回，因而文化体制改革就成为推动文化事业繁荣发展的一项重要任务。党的十五大以来，在中央确立的"大力发展文化产业"的方针指引下，文化市场繁荣有序，文化产业蓬勃兴盛。由娱乐、演出、音像、电影、网络文化、艺术品等市场组成的统一、开放、竞争、有序的文化市场体系逐渐形成，文化产业对国民经济增长的贡献不断上升，以综合行政执法、社会监督、行业自律、技术监控为主要内容的文化市场监管体系也初步建立。国有文化单位整体实力和竞争力不断增强，民营文化企业不断壮大，以公有制为主体、多种所有制共同发展的文化产业格局初步形成。传统文化产业重新焕发生机，动漫、网络游戏等新兴文化产业快速发展。我国逐步建成了一个门类齐全、品种丰富、投资经营主体和消费层次多元化的文化产业体系，涵盖了影视制作业、出版业、发行业、印刷复制业、广告业、演艺业、文化会展业、娱乐业、数字内容、动漫产业、文化中介业、文化用品和设备生产及销售等主要行业。

2000 年 10 月，党的十五届五中全会通过的《中共中央关于制定国民经济和社会发展第十个五年计划的建议》中提出了"文化产业"问题，这是在中央正式文件中第一次使用这一概念，标志着我国对于文化产业的承认和对其地位的认可。文件要求完善文化产业政策，加强文化市场建设和管理，推动有关文化产业的发展。这一阶段文化体制改革主要围绕以下几个重点进行了探索：一是艺术表演团体体制改革转向以国有艺术表演团体尤其是省级和中央艺术表演团体为重点，在落实加大财政投入、合理布局结构、规范演出市场秩序和建立文化经济政策等一系列配套政策的同时，重点突出了院团内部运行机制的建设和调整，院团生产和演出的市场化导向得到明显加强，逐渐由机关化管理模式开始向企业化管理模式转变，产业化经营得到提倡；二是培育社会主义文化市场、规范市场行为、完善运行机制、促进文化市场繁荣健康、活跃有序地发展，初步建立起了包括文艺演出市场、电影电视市场、音像市场、文化娱乐市场、文化旅游市场在内的文化市场体系；三是强化管理部门加大自身改革的力度，转变职能、提高效率，加强和改进对文化事业的宏观管理；四是进一步完善文化经济政策，逐步建立了有利于文化单位把社会效益放在首位的保障机制。[1]2003 年 6 月在北京召开了全国文化体制改革试点工作会议，按照党的十六大关于深化文化体制改革的要求，专门研究部署文化体制改革试点工作。同年 10 月，党的十六届三中全会通过的《中共中央关于完善社会主义市场经济体制若干问题的决定》，把深化文化体制改革、加强文化建设纳入完善社会主义市场经济体制的总体布局加以强调，进一步提出：对公益性文化事业单位要深化劳动人事、收入分配和社会保障制度改革，加大国家投入、增强活力、改善服务；对经营性文化产业单位要创新体制、转换机制、面向市场、壮大实力；要健全文化市场体系，建立富有活力的文化产品生产经营机制；要完善文化产业政策，鼓励多渠道资金投入，促进各类文化产业共同发展，形成一批大型文化企业团体，增强文化产业的整体实力和国际竞争力；要依法规范市场竞争秩序。2004 年党的十六届四中全会通过的《中共中央关于加强党的执政能力建设的决定》，把建设社会主义先进文化作为党的执政能力建设的重要内容，并提出建设社会主义先进文化的基本要求。决定提出了"深化文化体制改革，解放和发展文化生产力"这一重要命题，这也是中央正式文件中第一次出现"解放和发展文化生产力"的提法。决定还要求抓紧制定文化发展纲要和文化体制改革总体方案。2005 年 12 月，中共中央、国务院出台了《关于深化文化体制改革的若干意见》，这是指导我国文化体制改革的纲领性文件，提出了文化体制改革的指导思想、原则要求、目标任务、基本思路。

　　20 世纪 90 年代文化政策的转型与 90 年代整个中国社会和文化

----

　　〔1〕　刘国新："新中国文化发展历程回顾"，载《当代中国史研究》2009 年第 5 期。

发展的转型密不可分，其基本特点是社会主义市场经济成为文化发展的新的历史平台，由此带来了文化发展的一系列重大变化，包括文化机制的市场化、审美趣味的世俗化等，这就对20世纪90年代文艺政策的调整提出了新的具有革命性变革的要求，主要包括处理好市场经济和文化发展之间的关系；处理好在对社会实施有效控制时，进一步按照文艺自身发展规律促进文艺事业健康发展；处理好坚持依法管理和进一步完善文化体制的问题，当代中国的文化发展还与国家和政府有着远较于过去更为密切的关系，随着现代社会社会分工的进一步发达，对社会进行有效组织和控制的要求也越来越高，新中国成立以来，国家以文代会的会议方式和文联、作协等组织方式对文化事业实施有效的组织和管理，是一种具有中国特色、符合现阶段历史要求的文化组织方式，但这一方式也存在其相应的缺陷，最主要的问题是对文化发展规律缺乏深刻认识，对文化的创造性劳动缺乏应有的尊重。同时，随着社会主义民主和法治进程不断加快，文化立法的问题也被提上议程，政策具有鲜明的党派特征，党的文化政策又必须惠及广大人民群众，然而法律则具有适应面广、操作性强等特点，具有比政策更为普遍的适应性，国家对于文化事业的调控，理应从文化政策过渡到文化立法。2007年党的十七大进一步强调文化越来越成为民族凝聚力和创造力的重要源泉，越来越成为综合国力竞争的重要手段，丰富精神文化生活越来越成为我国人民的热切愿望，提出"推动文化建设大发展大繁荣"、"兴起社会主义文化建设新高潮"的时代号召，提高国家文化软实力，推动文化事业和文化产业不断发展、文化市场更加繁荣、使人民基本文化权益得到更好保障。

总而言之，十一届三中全会以后，党在对"文革"进行反思的基础上，总结了历史的经验教训，改善了党对文化工作的领导，不继续提"文艺从属于政治"的口号，对文化和政治的关系也做了重新的认识和阐述，及时调整了文化政策，重申"双百"方针，明确文化"为人民服务"的方向。长期以来由于过分强调文化的意识形态属性和宣传教化功能，将文化视为阶级斗争的工具，严重影响了文化功能的全面发挥。改革开放以来，在社会主义市场经济体制逐步确立的背景下，文化本来所具有的经济属性和产业属性被重新发现，文化生产力得到空前解放，历史已经说明，文化虽然兼具政治功能和经济功能，但这些功能都不是文化的核心功能和根本功能，文化的核心目标和根本功能应该是丰富人的精神世界，提升人的精神境界，为社会生活建立意义系统和价值系统，使人不仅在物质生活上，而且在知识、道德、审美诸方面得到全面的发展。无论把文化当成政治的附庸，还是充当金钱的奴仆，都还只是把文化当作工具，都离开了文化本身的发展规律，最终必然妨碍文化的健康发展。

第三节　社会转型中的国家文化职能

一、政府职能转变与国家文化职能

（一）政府职能的理论与类型化

18 世纪末期，亚当·斯密在《国民财富的性质和原因的研究》中提出，政府职能应该包括三个方面：一是保护本国的国土与主权安全；二是尽可能地保护人民不受社会中任何其他成员的欺辱和压迫；三是建立和维持一定的公共机关和公共工程。[1] 在斯密看来，政府只能充当维护个人财产和国家安全的"守夜人"，"政府管的越少越好"。在这个理论的影响下，自由资本主义时期，政府职能理论充分强调市场的作用，推崇"自由放任"的经济政策，提倡将政府的职能加以有效地限制。

1936 年，凯恩斯在其发表的《就业、利息和货币通论》一书中，对政府职能进行了重新界定。凯恩斯认为，过分强调市场机制的作用，极易导致现实的市场失灵，从而对经济社会的健康发展造成极大的危害。他强调政府应当通过调整货币政策等手段，对市场经济的正常运转进行有效的干预和调控，发挥应有的职能。由于

---

〔1〕　吴爱明、沈荣华、王立平：《服务型政府职能体系》，人民出版社 2009 年版，第 10 页。

1929 年爆发的世界经济大危机，国家干预经济的凯恩斯主义理论的影响日益扩大，各国逐渐倾向于肯定政府应当采取相应的政策手段，对经济生活进行宏观调控和干预的做法，以保障经济生活的健康发展，政府职能在这一时期的经济领域中得到了全面扩张和发展，以至于出现了"罗斯福新政"所创造的国家干预经济发展的新模式。

时至 20 世纪 70 年代，受石油危机的影响，世界主要经济体又笼罩在通货膨胀、经济停滞、高失业的阴霾之中。一向以解决市场失灵为己任的政府，自身也出现了难以克服的缺陷与问题，"凯恩斯主义"开始饱受人们的质疑与诟病，自由放任主义的思潮逐渐复苏。这一时期出现的崇尚"自由化"、"私有化"的思想，被称为"新自由主义"，其代表人物哈耶克在《个人主义与经济秩序》中提出，一切应当以个人出发，发挥市场自身的调节作用，鼓励自由竞争。他反对政府的权力扩张和过度干预，认为这样只会降低市场的效率。

不难看出，随着经济和社会的发展，政府职能在不同的历史时期，呈现出不同的内容和特点。即便是在同一时间维度下，不同国家由于自身的政治制度、历史传统以及特定社会危机方面的差异，政府职能也被赋予了不同的内涵。回归到我国的历史现实，自新中国成立以来，我国政府也经历了全能性政府——经济建设型政府——公共服务型政府的一系列转变和演化。

（二）我国政府转型背景中的文化职能转变

1. "全能型政府的建立"及其文化职能的特点

1949 年新中国成立以后，面对严峻的国际国内环境，为了尽快巩固新生政权，推进经济社会的快速发展，我国建立了苏联式高度集权的计划经济体制。无论是宏观方面还是微观方面，政府的权力几乎无处不在，企业毫无自主权可言。在这种经济体制下，国家与社会混为一体，国家的权力无限扩张，伸入到社会生活的每个领域。[1] 全能型政府是我国在特定环境下，为了实现特定的政治任

---

〔1〕 刘华：《经济转型中的政府职能转变》，社会科学文献出版社 2011 年版，第120 页。

务和满足社会需求的产物。不能否认的是，它在一定程度上发挥了积极作用，使新生政权得到了巩固，特别是国防和工业的某些领域取得了重大突破。然而随着经济社会的发展，全能型政府的弊端逐渐凸显。一味地将市场拒之门外，使得其对资源的优化配置作用无法发挥，随之而来的供求关系失衡，导致了经济发展效率低下，影响了经济社会的健康发展。

受这一时期政治经济环境的影响，文化建设不可避免地呈现出种种缺陷，如"国家垄断"、"一盘棋"、"一揽子解决方案"等特性。由社会主义政权的性质所定，国家承担起了最大限度的和极为广泛的文化职能。

首先，文化管理主体方面，国家居于绝对权威的垄断性的地位，政府的文化职能范围广且缺乏明确界定，使得政府在文化管理领域显得非常强势。国家是文化建设的唯一主体，限制了文化创作者和生产者的自由发挥。对文化单位的文化生产活动实行全面的干预，从干部人事、收益分配、文化发展经营等方面进行直接管理，限制了文化主体的自主性，剥夺了其自主经营权，影响了文化资源的优化配置与社会共享。

其次，在文化管理形式方面，计划经济体制下的管理方式是以行政命令为核心，政府通常直接以文件的形式干预和管理文化，且存在大量的许可制度和前置审批制度，使得社会上其他主体无法参与到社会主义文化建设中来或成本较高。[1]

全能型政府在中国历时20多年，在经济、政治、文化等领域都导致了很多问题，亟待一场新的改革来保持党和国家在各个领域的生机和活力。

2."全能型政府"向"经济建设型政府"的转变

1978年12月召开的中共十一届三中全会纠正了新中国成立以来长期坚持的以阶级斗争为纲的错误"左"倾路线，做出了将工作中心转移到社会主义现代化建设上来，积极推进改革开放的重大决

---

〔1〕　胡筝：《文化事业管理概论》，中国统计出版社2010年版，第79页。

策。随着改革开放的不断深入，我国政府实现了一系列职能上的转变。为了服务与适应经济领域改革的需要，政府努力培养和建设社会主义市场经济，发挥市场自身的调节作用，减少权力对经济的干涉和管控，使政府对经济的调控从微观层面转移到宏观层面。同时，政府丰富了对经济活动进行管理的手段，不再单纯地依靠行政命令，实现了对经济的直接管理向间接管理的过渡，促进了政企分离，极大地调动了市场主体创造财富的主动性和积极性。

在政府职能由"全能型"向"经济建设型"转变的过程中，政府的文化职能也随之发生了转变。经济活动的管理方式不断丰富，伴随而来的是文化领域中文化主体和文化管理方式的多样化发展。必须指出的是，虽然政府的职能有所限制，开始试着向社会放权，但国家权力依然居于中心地位。在经济建设上如此，文化生活也不例外。文化生活的话语权和评判权、文化资源的配置权以及文化执法权等都还是掌握在国家手里，公民个人并不享有真正意义上的文化权，独立自主的文化意识也不够强烈。国家在文化建设上依旧发挥着垄断性的作用，公民被不自觉地边缘化和依附化，长此以往，国家本应执行的为公民提供健康良性的文化生活环境和充分自主的文化资源的辅助性的功能被无限扩大、抬升，最终会激发国家控制和公民愈益强烈的文化需求之间的矛盾。

3. "经济建设型政府"向"公共服务型政府"的转变

改革开放以来，我国政府的权力虽然有所限制，然而政府仍在经济建设领域中保有巨大权力，基于权力自身的扩张性，存在着权力从经济领域溢出并渗透到社会生活各个领域的潜在威胁。不仅如此，单纯在经济领域本身，政府过多的直接参与和干涉，淡化了其作为管理者的角色。这使得我们的政府，本应该具有的制定和完善经济活动准则，对市场进行有效监管和保障，提供公共服务的职能得不到重视。因为片面关注政府的经济职能，忽略了政府职能本身的综合性，导致政府所应执行的社会、文化等职能相对滞后。[1]

---

〔1〕 刘华：《经济转型中的政府职能转变》，社会科学文献出版社 2011 年版，第 146 页。

这使得社会和经济的发展出现了不协调、不一致的局面，政府忙于盘活经济，"把握"市场契机的同时，将那些本属于自身公共服务和社会管理的职责和工作，推向市场，交给社会，最终导致了经济社会发展的严重失衡，出现一系列负面效应。盲目追逐国内生产总值（GDP）增长的过程中，在生态环境、区域协调发展、公共医疗卫生、食品、药品安全等领域都留下了不少的隐患。

文化建设领域同样未能幸免。文化市场秩序混乱，文化产业发展缓慢，公共文化产品相对匮乏，无法与经济的快速增长相协调，难以满足人民日益增长的精神文化需要。2003 年 10 月 14 日，十六届三中全会通过了《中共中央关于完善社会主义市场经济体制若干问题的决定》，明确地提出了一种新的科学发展观："坚持统筹兼顾，坚持以人为本，树立全面协调、可持续的发展观，促进经济和人的全面发展。"〔1〕科学发展观的提出，纠正了政府自改革开放以来，保持的片面追求经济效益的管理理念，强调物质文明建设的同时，促进政治文明、精神文明、生态文明的同步发展，推动经济和社会的共同进步，最终实现人的全面发展。为了切实落实科学发展观，我国政府的职能面临新的调整和转变。为此，2004 年 2 月 12 日，时任总理温家宝在中央党校举办的省部级主要领导干部"树立和落实科学发展观"专题研究班结业式上发表了《提高认识，统一思想，牢固树立和认真落实科学发展观》的讲话，第一次提出要"努力建设服务型政府"。同年 3 月 8 日，温总理在参加全国人大会议期间又强调："管理就是服务，我们要把政府办成一个服务型的政府，为市场主体服务，为社会服务，最终是为人民服务。"这是服务型政府的首次正式提出。从此，我国政府开始并经历新一轮职能转变，即由经济建设型政府向公共服务型政府的转变。

在政府职能转变的大背景下，作为服务型政府的重要职能——文化职能理所当然成为职能转变的重心。随着社会的不断发展，文化建设的多元化特征越来越凸显，包括价值趋向的多元性、参与主

---

〔1〕　参见褚添有：《嬗变与重构：当代中国公共管理模式转型研究》，广西师范大学出版社 2008 年版，第 237 页。

体的多元性以及管理方式的多元性等。就文化建设的参与主体而言，在文化领域中，国家不再是担当文化建设事业的唯一能动的主体，商业机构、社会团体、国际组织、私人等都是充满活力且渴望在更大程度上参与文化生活的角色。例如，现在活跃在世界大学生群体中的 AIESEC（国际经济学商学学生联合会）就是属于 NGO（非政府组织）性质的一种国际性组织，每年都自发地组织多项跨国项目，给不同国家的学生提供"走出国门传播本国文化并吸收他国文化"的机会，同时也提供一些跨国实习项目，让学生拓宽专业领域的视野之外更获得了体验多国文化的机会。全球化程度越来越紧密的今天，类似于此的国际组织和公益团体等如雨后春笋般扑面而来，它们发挥的作用，提供的机会是单靠政府一己之力而望尘莫及的。

显而易见的是，全能型政府和经济建设型政府下单纯的"家长制做派"已经阻碍了公民个人人格的和谐发展以及文化选择、文化共享等文化发展的多元化属性。单靠政府的强制命令和权威垄断在当下的国际国内环境中已经显得力不从心。在政府职能转变的大背景下，政府作为公共文化服务的提供者，不仅应该发挥自己的积极文化职能——即提供最低限度文化产品、努力消除区域间文化发展差距、积极保护濒危文化形态（例如民间曲艺、少数民族文化等）和解决文化市场的失灵等——也应当承当自身的消极文化职能，通过完善立法、执法等方式实现对公民文化权的平等有效保护，最终实现公民的文化自由。

（三）如何完成国家文化职能的真正转型

新形势下的政府，如何才能顺应当今政府转型要求，切实实现文化职能的转变？应当怎样扮演好在整个文化建设事业中的角色？又应该怎样最大程度地保障公民在文化生活中的主体地位？这些都是实现政府成功转型不能回避的问题。具体来说，作为服务型政府，其在提供公共文化服务中应当具备并履行的基本文化职能有：

（1）建立完善的文化市场体系，学会向社会"放权"，推动"政府本位"的文化管理向"市场本位"的文化管理转变，践行

"小政府、大社会"的新型理念。

文化市场是文化产品和文化服务进行交换的场所，构建完善的文化市场体系，是"服务型政府"应具有的重要文化职能，对实现政府的职能转变具有显著作用。众所周知，有市场的地方必然有竞争，文化市场的建立同样会带来文化产业的竞争，良性的竞争对于文化的繁荣发展具有重要意义。一方面，这种竞争可以对文化产品的供求关系进行动态调节，使文化资源得到有效的优化配置，并最终形成科学客观的文化产品价格。另一方面，这种竞争会造成文化市场的利益差别，劳动成果的不同可以刺激文化工作者，最大限度调动他们的主观能动性，并鼓励社会各界更多的主体参与到文化创作领域，最终形成多元化充满活力的文化格局，满足人们多样化的文化需要。

既然一个成熟的文化市场体系具有如此重要的作用，对于政府而言，如何才能建构这样的文化市场呢？

首先，在抽象的文化职能意识层面，政府应当改变以往的文化管理理念，践行"小政府、大社会"的理念。政府在充分尊重市场作用的基础上，明确自身文化职权的作用在于弥补市场缺陷，而不是控制主导，学会积极调动社会成员参与到文化建设中来的主动性。

其次，完善的文化市场体系的构建是建立在制度保障的基础之上的，政府应当努力完善相关的法律法规，为文化市场的发展提供良好的法制环境，运用法律的力量规范相应的文化产品及服务，并逐步弱化指令性的行政手段，实现综合运用经济、法律、行政等多种手段进行宏观管理。

（2）调整文化职能的运作方式，变"命令、安排"的社会文化发展方式为"鼓励、扶持"。

在具体文化职能的运用上，政府应当学会释放更多的文化职权，赋予并尊重文化市场主体充分的自主权。政府只是参与制定宏观的文化发展战略与规划，确定文化生产与发展的大方向，而将规划的具体实施交给相关的文化单位及企业。最终将工作重心放在文化市场的建立和监管之上，而不直接干预具体的文化活动和企业运转。实现由微观管理向宏观管理、直接管理向间接管理的转变。

提供公共文化服务，完善公共文化设施，健全社会保障体系是政府扮演好新的"服务"角色的题中之意。当下中国不但公共文化设施数量较少，且种类单一，人们日益增长的文化需求难以得到满足。面对这一局面，政府应当建设更多的公共图书馆、文化馆、展览馆、博物馆等文化设施，承担为全体社会成员提供公共文化服务的职能。努力创造条件鼓励支持文化建设的良性发展，给公民提供更多享用社会公共资源的条件。

（3）在多元文化生态圈中切实维护自身的文化主权，实现国家的文化安全。

聚焦当下，经济与文化发展的联系越发紧密，呈现出一体化趋势。一方面，文化产业的繁荣必将给经济发展带来正面的刺激。随着时代的发展，文化产业化、市场化的程度与日俱增。在不少发达国家，文化产业的产值在国民经济生产总值中占有相当大的比例。另一方面，文化借助经济载体而进行传播，在经济全球化的浪潮下，借助科技革命带来的信息传播途径和方式的更新，文化和经济一样，突破了时间、空间、习俗、传统的固有禁锢，在世界范围内得以广泛的传播，多样的文化得以充分的交流、融合和碰撞，世界范围内"文化生态圈"逐步形成。当下中国，环顾我们的四周，文化的交融无所不在。餐厅里我们吃着炸鸡翅、汉堡包，感受着欧美的快餐文化。走进电影院，欣赏着各种商业大片，体验着好莱坞文化。坐在剧院里，俄国的芭蕾舞剧、意大利的歌剧等，更是一出出丰富的文化大餐。

然而文化全球化发展从来都是一把双刃剑，带来的机遇和挑战并存。在文化的不断交融和碰撞当中，由于各国各地区文化资源、文化市场、文化产业等发展程度不同，基于这种强弱之分，文化在交流过程中，可能会出现较强文化对较弱文化的同化、吞噬，引发文化的单一化趋势，造成潜在的文化侵略，破坏文化的多样性。在现实中，这种单一化趋势不但可以表现在物质科技领域，更可以表现在意识形态、价值观念领域，潜在的"文化战争"仍存在可能。正如《文化性和文化多样性保护宪章》中呼吁的那样："消极全球化，意味着丧失自己的身份、社会观念、个人价值和自身文化归属感。"当代中国更是面临这种挑战，自改革开放以来，我国正在经历前所未有的社会转型，大量的文化舶来品伴随着科技的快速发展一同涌入，它们同我国本土的传统文化产生了激烈的对话与碰撞，对人们的文化观念、价值理念产生了深刻的影响。因此，在文化全球化时代，我国政府首要任务便是积极履行自己的文化职能，保持和发扬自己本国、本民族的文化个性与特色，创造良好的文化秩序，维护本国的文化主权，建立科学透明的"文化防火墙"，在避免受"不良文化入侵"的前提下，积极挖掘自身优良的文化资源，践行"走出去"战略，让中华文化为世界文化圈的多样健康发展做出自己的贡献。

总之，文化职能的转变并不是一蹴而就的，它需要我国政府在树立"服务型政府"的管理理念的同时，明确自身的文化职权，建立成熟的文化市场体系，学会向社会放权并转变管理方式。只有这样，才能顺应政府职能转变的大浪潮，实现文化管理的法治化。承担起为社会提供公共文化产品的责任，变革文化管理模式，创新文化服务机制，切实转变自身文化职能，最终实现由"办文化"向"管文化"的转变。

二、多元开放的社会生态与国家文化职能

改革开放以来，随着政府职能的转变，社会主义市场经济的建立，中国社会发生了翻天覆地的变化。一个社会的转型，往往在社会结构上表现得更为明显，正如迪尔凯姆（又译作"涂尔干"）提到"对社会结构的分析，是理解一切社会现象的出发点"。社会结构是分析社会现象的核心，伴随着社会变迁，中国的社会结构也发生了巨大变化。正是基于此，我们也将从社会结构的变化这一角度，来具体分析我国文化建设所处的新的社会条件。

陆学艺在《当代中国社会结构》中谈到，"社会结构和经济结

构是一个国家和地区的两个最基本的结构","社会结构是一个国家或地区的基本社会形态,是观察分析这个国家或地区社会状况、社会发展水平的重要维度"。[1] 这就意味着,在一个社会中,资源的分配以及区域之间人与人的联系成了社会结构的重要指标,而社会结构本身成了特定时期社会生态的缩影。

(1)我国社会结构的总体变化,呈现出从单一、封闭走向多元、开放的趋势,这一变化趋势决定了我国文化建设在满足人民群众日益增长的文化需求方面所面临的新的挑战和机遇。

改革开放以前,我国社会形态的单一性决定了整体的社会文化形态的单调性,这一时期文化的多样性和创造性受到了抑制,文化建设处于缓慢,甚至停滞状态。首先,社会阶层结构呈现单一性。新中国成立以来,我国形成了高度集中的计划经济体制,经过社会主义三大改造,完整意义上的资产阶级已不复存在,"两大阶级和一大阶层"成为中国社会主要的阶层模式。社会阶层趋于单一,忽视且压制了文化建设主体与文化需求主体的多元性。[2] 其次,公民的利益及文化需求趋于单一。在实行公有制经济的基础上,国家运用行政权对包括文化资源在内的各种社会资源进行统一分配,忽视人民群众在文化需求上的差异性。这种"家长式"的文化供给往往有很强的意识形态性,使得这一时期的文化建设沦为政治宣传的工具;最后,社会的价值与利益观念单一。随着全能型政府的建立,政府的职能从经济领域中蔓延到社会的各个角落。国家与社会浑然一体,公民没有任何私人空间可言。政府通过行政权力,对意识形态领域进行有力干涉,忽视人与生俱来的个性发展需要,打压个体的利益需求。在狭小的"私人空间"中,人们的文化权利和文化需求受到了严重抑制,文化个体的个性化需求受到了严重打压。与此同时,由于过分强调集体主义,宣扬个人利益必须服从于集体利益,使得公民的利益需求至少在表面上趋于一致。

---

〔1〕 陆学艺:《当代中国社会结构》,社会科学文献出版社 2010 年版,第 9 页。

〔2〕 林毅、张亮杰:《新中国阶级阶层社会结构演变历程》,世界知识出版社 2011 年版,第 65 页。

社会形态的封闭性与政府过度的文化管制彼此固化，新兴的文化形态无法自如地进入人们的生活和视野中。政府通过一系列制度化规定，如人民公社、生产队等"组织"，将人们固守在既定利益边界里，通过行政权对经济活动进行全面控制，使得人们在生产、分配的过程中没有任何交流，极大降低了社会的流动性，导致阶层之间的变化趋于停滞，整个社会结构处于一种封闭的稳定状态。[1] 内部缺少必要的生产联系，与外界又欠缺经济与文化的交流，人们的文化权利意识极为单薄，文化自由受到抑制。

（2）改革开放以来，我国的社会结构产生了巨大变化，呈现出多元化、开放性的特征。文化生活和整个社会形态密切相关，文化的多样化和创造性等带来了文化的大发展和大繁荣。多元开放的社会生态促进了多元开放的社会文化生活的建立，同时也要求一个多元开放的社会文化与之相适应。正是这一巨变，决定了我国文化建设的社会条件也发生了巨大的转变。

首先，多元化的社会结构导致了文化多样性的发展，伴随而来的是价值观、美学趣味和偏好等的多样化，整体的文化形态得到极大的丰富，具有差异性甚至竞争性的文化得以共存。新中国成立初期伴随着社会主义公有制的刚刚建成和巩固，在高度集中的计划经济体制的垄断下，集体主义被推向了道德的制高点。价值观念的一元性和排他性尤为突出。随着"以公有制为主体，多种所有制经济共存"的社会主义市场经济体制的逐步建立，社会阶层逐步分化，社会主体类型逐渐增多，原先的"两阶级一阶层"结构逐渐解体，社会的阶层结构呈现出由简单到多元，由封闭向开放，由静止到流动的转变。[2] 与此同时，随着市场经济的建立，资源的配置模式发生变化，"市场经济体制对我国社会结构的最大影响将导致一个新型的社会主义市民社会的崛起"。[3] 人们对国家的依赖程度逐渐

---

〔1〕　梁波：《当代中国社会利益结构变化对政治发展的影响》，兰州大学出版社2007年版，第104页。

〔2〕　陆学艺：《当代中国社会结构》，社会科学文献出版社2010年版，第22页。

〔3〕　张静：《国家与社会》，浙江人民出版社1998年版，第274页。

降低，国家与社会出现分离，公民的个性得到极大地发展。文化生活参与主体的多样性具体地来说不仅意味着价值观的多元，也表征着其在身份特征、美学趣味、文化偏好等方面的差异性。正所谓"萝卜青菜，各有所爱"、"仁者见仁，智者见智"，每一个社会文化生活的参与主体都会表现出对于某一事物好与坏、喜与恶的基于个性的态度倾向和感性选择。小到对某一时期最新上映的影片的评价，大到国际国内最新的动态热点或国与国之间的跨文化交际，都呈现出不同观点、不同风俗习惯、不同文化传统之间的碰撞和交融。这在一定程度上丰富了社会文化形态，使得其处于一种极富包容性的状态。同时，由于全球化的冲击，具有差异性甚至竞争性的文化形态各自都面临着潜在威胁，这使得不同的文化形态更好地反思并获得自身更好的发展。

其次，社会结构呈现开放性的特点，也决定了文化建设的开放性。开放的社会生态意味着新兴的文化形态能够自如地进入到人们的视野和生活中。"走出去"战略的提出意味着一个国家开始以一种自信和开放的姿态面对世界，同时也为整个国家的精神文化建设营造了一个宽松、和谐的氛围。我们能够越来越多地接触到来自不同国家的不同的文化形式，如演出、展览、文化交流、自由行等，都得益于当前开放的社会形态。随着经济的快速发展，社会中的资源和机会也与日俱增，对资源和机会的配置逐步实现了市场化，人们所掌控的资源与利益不再均等，而是出现了一定的利益差距，这在一定程度上促进了人们的竞争意识，提高了社会整体活力，使原来封闭缓慢的社会结构变得开放充满活力。与此同时，随着社会资源和机会的不断增多，人们能凭借自够身的努力，争取资源与机会，实现自身的发展，这极大地促进了社会的流动与变革，使得社会结构时刻处在开放的变化中。具体到文化领域，同样如此。改革开放之前，文化资源往往掌握在政府文化职能部门手里，文化建设也仅仅由政府推进，文化职能只是政府实现其政治职能的工具；改革开放之后，文化资源的配置也实现了多元化，非政府组织等社会力量也积极参与文化建设，文化事业与文化市场逐渐分野，适用不同的文化政策。文化市场的出现，具有极其重要的意义，表明政府依赖市场化的手段调控、分配文化资源，满足居民不同层次的文化需求，这也对政府的文化建设提出了新的要求。

三、变化中的人民

（一） 日益增强的文化权利意识

文化自由是文化权利的核心，人们对文化自由期待的不断提升，使得公民文化权利意识与日俱增。新中国成立后，我国在文化领域坚持单一的意识形态宣传功能的文化体制，尽管当时提出过"百花齐放；百家争鸣"的双百方针，但由于当时的政治氛围，文化不仅没有成为表现一个社会多样性的途径，反而成为执政党政治宣传的工具。改革开放以后，随着市场经济、法治政府、民主社会的发展，人民受教育水平的提高、民主意识的觉醒和经济力量的逐渐强大，科学技术的发展尤其是大众传媒的兴起，人们对文化自由本身的认识越来越深入，对文化自由的要求也越来越高。文化自由不仅仅停留在传统的消极自由层面，即公民可以自由地进行科学文化研究、文学艺术创作，参与其他方面的文化生活而国家不得任意干涉的消极防御性权利；更是深入发展到了积极自由层面，即公民依据宪法上的文化权要求政府必须为一定行为，比如国家必须为公民行使文化自由权提供相应的文化设施、奖励或者资助公民的文化活动并为公民文化自由受到侵害时提供必要的救济。人们已经把文化自由提高到前所未有的高度，赋予其极高的价值追求，并作为人安身立命的根本，是政治自由、经济自由、社会自由的前提和保障。

放眼世界，文化权作为越来越得到各国的广泛关注和重视，各国纷纷通过国内立法和签订国际条约的形式，对文化权予以保护。《世界人权宣言》第 27 条规定："（一）人人有权自由参加社会的文化生活，享受艺术，并分享科学进步及其产生的福利……" 1966 年12 月 16 日联合国大会通过的《经济、社会及文化权利国际公约》第15 条规定："一、本公约缔约各国承认人人有权：（甲）参加文化生活；（乙）享受科学进步及其应用所产生的利益；（丙）对其本人的任何科学、文学或艺术作品所产生的精神上和物质上的利益，享受被保护之权利。"

同其他国家一样，文化权利同样是受我国宪法保护的公民权利。我国《宪法》第47条明确规定："中华人民共和国公民有进行科学研究、文学艺术创作和其他文化活动的自由。国家对于从事教育、科学、技术、文学、艺术和其他文化事业的公民的有益于人民的创造性工作，给以鼓励和帮助。"

随着政府职能的变迁，公民个人的主人翁意识愈发增强，对文化的建设不仅仅是国家面对的问题，更成了公民个人行使权利的需要。公民对于文化不再是被动地接受国家的安排，而是作为权利主体积极地行使和实现自己的权利。

（二）不断高涨的公共文化服务需求

由于人们对文化自由、文化权利期待的不断提高，基于文化权利的基本属性，人们对国家的公共文化服务体系的期待同样不断高涨。

随着时代的发展、社会的进步，国人的文化需求越来越高，逐步呈现出了多样化的特点。单一的红色电影、革命歌曲已经无法满足人们对文化的渴求，人们渴望接受更多、更新鲜的文化血液。与此相矛盾的是，当下中国不但公共文化设施数量较少，且种类单一，人们日益增长的文化需求难以得到满足。与此同时，由于地区发展严重不平衡，文化资源分布呈现极不均匀的特点，在我国西部的一些地区，人们连最基本的文化资源都无法享受，有些贫困地区的儿童读不起书，甚至无法接受基本的文化教育，更谈不上享受丰富的文化成果。

我国的经济和社会得到快速发展，公共文化服务体系也取得了一定的进步，然而仍存在前面提到的投入建设资金不足、公共文化体系资源不均等、政府公共文化服务意识不强、法律法规不健全等诸多问题。由于公共服务体系的相对滞后，公民的文化需求难以满足，文化权利也难以实现。

　　十六大以来我党将文化建设作为议题提出，党的十七大更是将"提高国家文化软实力"作为一种重要战略提出。随着公民的权利意识和精神文化需求在都极大程度上的实现了觉醒，政府职能的不断转变和国家文化职能的变迁越来越迫切。政府需要加大力度，继续推进政府职能转变和文化职能的转型，健全我国的公共文化服务体系。

第三章

文化权：文化法律秩序的规范起点

第一节　从"文化"到"文化权"

一、"文化"的多义性：文化权的概念困境

在文化法律秩序内作一般性的思考时，人们很容易会从权利的角度切入。然而，尽管我国宪法上以明确的语句规定了公民进行相关"文化活动"的自由，也尽管文化权利作为基本权利的一个重要门类几乎从来不会缺席各式各样的基本权利理论或宪法理论，但要想对文化权作一番清晰地定义与分析，却是让人望而却步的事情。

文化权作为一项宪法权利的语义困难在于"文化"（culture）一词的含义实在有太多的不确定性。从爱德华·泰勒、马克思·韦伯，到列奥·施特劳斯、克利福德·基尔茨，以至于理查德·施韦德，文化既可以在人类学的意义上指代个人作为社会成员所习得的一切能力与习俗，[1]也可以在社会学的意义上指代人们对于特定事件的价值解读，[2]还可以在符号学的意义上指代一整套能够承载各种概念与意义的符号，使得人类的交流、认知和知识的积累成

---

〔1〕　参见哥伦比亚大学教育学院教育学教授 Herve Varenne 对"文化"的定义所作的整理。http://varenne. tc. columbia. edu/hv/clt/and/culture _ def. html，最后访问时间2016 - 2 - 22。

〔2〕　Max Weber，*The Methodology of the Social Sciences*，New York：The Free Press，1949.

为可能。[1]甚至还有学者曾总结说，文化可以在最广义上包含特定社会或族群所积累的物质成果与精神成果的全部总和，与"文明"（civilization）可以互换。[2]在这个意义上，文化与族群身份构成了互为印证的关系。

不过，有关文化权利的概念混淆恰恰就从这种话语结构乃至逻辑结构开始。否认文化权是一项个人权利的人认为，个体是其所属文化的一部分，由后者赋予其身份、意义、价值观和行为模式。既然个体无法超越其文化身份，那么谈论作为个人权利的文化权根本就是无的放矢。这是一种很常见、很典型的表述。不过，如果我们将这种观点置于"文化"／"文明"语汇混用的背景中来考察，就很容易发现其实问题的关键还是在于，当其本意是强调"文明"概念的集体性质或者不可化约为个体权利的性质时，却不加区分的使用了"文化"一词；而由于"文化"本身的多义性，使得某些事实上与个体性保持密切而恰当联系的含义类型被无意识地殃及、或者被概括式地忽略掉了，这在很大程度上造成了理论上对于"文化权利"的习惯性忽略。

二、国际人权法文献中的"文化"

产生上述误解的原因还在于，"文化"这一概念在国际人权法当中的过于暧昧的表述方式以及由此带来的混乱的解读方式。毫无疑问，国际人权法的长足进步得益于二战给全人类所带来的惨痛教训。基于对种族灭绝等践踏人权的暴行的反思，战后各国积极地在联合国的框架内寻求建立一套可执行的国际人权保护标准。1948年通过的《世界人权宣言》（以下简称《人权宣言》）和1966年通过的人权两公约（即《公民权利与政治权利国际公约》和《经济、社会及文化权利国际公约》）就构成了当代国际人权法的主体。

---

[1] Clifford Geertz, Religion as a cultural system, from his The Interpretation of Cultures, New York: Basic Books. 1973.

[2] Asbjorn Eide, Cultural rights as individual rights, Economic, Social and Cultural Rights: a text book, edited by Asbjorn Eide/Catarina Krause/Allan Rosas, M. Nijhoff Publishers, Dordrecht; Boston, 1995.

"文化"一词在《公民权利与政治权利国际公约》第 27 条中被提到，这一条款要求缔约国不得否认本国少数人群体"享有自己的文化……"的权利。条文本身没有指明"文化"或"享有自己的文化"这一表述的具体含义，但很显然，这里并不存在以"文化"来认定集体法律人格的意图。本条的前半句给出了明确的限定——"在那些存在着人种的、宗教的或语言的少数人的国家中……"——即必须有若干个客观标准，以便在法律上认定某个"少数人群体"的存在或者某个人的"少数人群体成员"之身份，[1]但那种可以和"文明"互换使用的广义"文化"没有被接受为一个可供参照的标准。不仅如此，在这个条款的起草过程中，英国专家门罗（Monroe）以少数人没有法律人格为由，提议将原草案中的主语"少数人"改为"属于少数人群体中的个人"。只是为了不完全放弃该条约的集体性质，负责起草该条款的小组委员会才决定在门罗所提议主语后面加上了"与他们群体中的其他成员共同"这一表述作为限定。[2]实际上，以文化作为一个独立的法定标准去承认少数人在国际人权法上的地位是很敏感的，不少国家担心这不利于族群间的融合和国民身份的认同。[3]由此可知，《公民权利与政治权利国际公约》第 27 条虽然使用了"文化"一词，却并不是在族群身份的意义上使用的。少数人群体的成员有权享有自己的文化，但这离创设一个集体法律人格或集体权利相去甚远。

人民自决权是另外一个与"文化"产生关联的权利。《公民权

---

〔1〕 ［奥］曼弗雷德·诺瓦克：《民权公约评注：联合国〈公民权利与政治权利国际公约〉》，毕小青、孙世彦主译，夏勇审校，生活·读书·新知 三联书店 2003 年版，第 481 页。

〔2〕 ［奥］曼弗雷德·诺瓦克：《民权公约评注：联合国〈公民权利与政治权利国际公约〉》，毕小青、孙世彦主译，夏勇审校，生活·读书·新知 三联书店 2003 年版，第 477 页。

〔3〕 例如，乌拉圭曾建议增设一款，以防止由移民组成的少数人群体形成可能危害国家统一和安全的单独社群；很多于二战后获得独立的非洲和亚洲国家一般也主张同化本国的少数人群体；澳大利亚甚至认为其国内的土著人太原始了以至于不能被认作是少数人群体。参见 ［奥］曼弗雷德·诺瓦克：《民权公约评注：联合国〈公民权利与政治权利国际公约〉》，毕小青、孙世彦主译，夏勇 审校，生活·读书·新知 三联书店 2003 年版，第 478～479 页。

利与政治权利国际公约》与《经济、社会及文化权利国际公约》
（以下简称"《经社文公约》"）都在第 1 条规定了这项权利，表述
完全一致。这一条的第 1 款提到了文化，它是这样规定的，"所有
人民都有自决权，他们凭这种权利自由决定他们的政治地位，并自
由谋求他们的经济、社会和文化的发展"。依从字面解释，我们可
以发现，"文化"一词被放在与"经济、社会"并列的位置，这至
少说明此时"文化"仅仅指代拥有自决权的人民的总体生活的某一
个领域，而不是可以囊括该民族（人民）全部的物质性与精神性积
累的"文明"。进一步讲，本条所谓"谋求经济、社会和文化的发
展"也并不是自决权的主要权能。自决权主要是指自由决定其政治
地位。而在这一基础上，发展其经济、社会和文化已经是另一个层
面的问题了。实际上，根据人权两公约起草的历史背景，如何定义
"人民"就是极具争议的问题。诺瓦克博士认为，唯一没有争议的
一点是，生活在殖民统治或类似的外国征服之下的人民享有自决
权。[1]也就是说，人民自决权条款的目的是明确的，即在二战后
殖民地体系解体的情势下为新近获得独立的民族解决政治地位问
题。其他没有被承认拥有自决权的、但是却在整体上表现出与本国
主流族群不一样的"文化"的族群，并不能仅仅依照这种文化上的
身份来主张某项权利。

三、作为人权的"文化权利"的提出

《人权宣言》第一次在人权的语境下提出了文化权利——第 27
条第 1 款规定："人人有权参加社会的文化生活，享受艺术，并分
享科学进步及其产生的福利。"这里的中心词是"文化生活"。
1966 年通过的《经社文公约》第 15 条沿袭了《人权宣言》的用
语，其规定"本公约缔约各国承认人人有权参加文化生活……；本
公约缔约各国为充分实现这一权利而采取的步骤应包括为保存、发

---

〔1〕〔奥〕曼弗雷德·诺瓦克：《民权公约评注：联合国〈公民权利与政治权利国
际公约〉》，毕小青、孙世彦主译，夏勇审校，生活·读书·新知 三联书店 2003 年版，
第 22 页。

展和传播科学和文化所必须的步骤；本公约缔约各国承担尊重进行……创造性活动所不可缺少的自由；……"我们从以上字里行间可以获得两个初步结论：第一，文化权所关切的文化不是指文明，否则"科学与文化"这一并列提法会显得不合逻辑。如果文化与文明得以互换，从而将人类的生产力和生产方式都囊括进来，那么科学必然成为了一个下位概念。所以，此处的"文化"是精神性的存在物。尤其值得强调的是，"文化"一词最广泛的使用方式是与"政治""经济"形成并列和彼此对照——《经济、社会及文化权利国际公约》与《公民权利与政治权利国际公约》在名称上就构成了这样一种语义和逻辑上的呼应，而上文提到的人民自决权条款中的表述也印证了这一点。从这个角度来看，经社文公约的用语显然进一步限定了"文化"的指代范围，其含义中的"物质性"成分已经降至最低；第二，文化权是从"文化生活"这一概念衍生出来。《人权宣言》和经社文公约的正文当中并没有采用"文化权"（cultural right 或 right to culture）这一表述，而是规定人人"有权参与文化生活"，所以文化权的规范含义已经被"文化生活"所限定。《经社文条约》第 15 条没有直接给出"文化生活"的定义，但是其在提出"人人有权参与文化生活"之后，规定了人人有权"对其本人的任何文学或艺术作品所产生的精神上和物质上的利益，享受被保护之利"。根据上下文关系，这里的"文学或艺术作品"（之创作、展示或表演）应当是对"文化生活"的一种列举式解释。也就是说，文化生活在最通常的意义上是包括了文学、艺术等活动在内的精神生活。

可以肯定的是，在整个国际人权法框架内，只有《人权宣言》第 27 条和经社文公约第 15 条被接受为文化权利条款，而这两个条款颇为一致的表述方式说明，文化权利中的"文化"的含义是非常具象的，主要是指文化生活。作为一项权利，其权利主体是个人，因此才有所谓"人人有权参与"这样的表达。

四、国内法意义上的文化权

实际上，公民文化权在我国宪法秩序中的地位是很明确的。一方面，我国已经加入了《经社文公约》，有关文化权利的规定将通过履行缔约国义务的方式逐步落实；但另一方面，我国宪法上的文化权本来就具有不依赖于国际人权法的独立性。我们知道，中华人民共和国于 1971 年恢复了在联合国的成员国席位，而此时距离人权两公约通过已经有 5 年之久。[1]不仅如此，我国签署《经社文公约》是在 1997 年，最终批准并生效是在 2001 年。如果说截至 2001 年以前我国公民都不曾享有宪法意义上的文化权，显然是不符合事实的。在 1982 年《宪法》颁布实施的时候，《经社文公约》与中国尚不存在法律上的联系，但是其中第 47 条已经明确规定了公民所享有的文化权。如果对比一下 1954 年《宪法》的表述，我们会发现其中第 95 条正好就是现行《宪法》第 47 条的蓝本，实际上两个条文的表述基本一致。可见，文化权作为一项公民基本权利在我国宪法秩序中的地位由来已久，并不是落实经社文公约之缔约国义务的结果。

当然，加入经社文公约对于促进我国公民对文化权的真正享有是极具正面意义的。一方面，公约的文本及其解释能够为宪法语境下的文化权规范建构提供理论来源，有利于扩大对于权利的保护；另一方面，缔约国根据公约所负担的义务也不局限于宪法层面，还包括其他法律措施，因此逐步履约的过程就是建构一个文化权利保护体系的过程。当然，《宪法》第 47 条的规定是文化权保护体系的核心，《经社文公约》第 15 条的目标必然是通过《宪法》第 47 条的实现而达成的。

我国《宪法》第 47 条规定，中华人民共和国公民有进行文学艺术创作和其他文化活动的自由。可见，文学艺术创作被视为典型的文化活动。"文化活动"这一提法与"文化生活"在实质上没有区别，无非是在语法上前者被应用于更加具象的词语搭配——例如我们会说"举办文化活动"，后者则具有稍微抽象一些的搭配方

---

〔1〕　台湾当局 1967 年 10 月 5 日在公约上的签字是以中国的名义，但中华人民共和国并不是公约的原始缔约国。参见黄金荣主编：《〈经济、社会、文化权利国际公约〉国内实施读本》，北京大学出版社 2011 年版，第 6 页。

式——例如"参与文化生活"或"享受文化生活"。但是，我们完全可以说，所谓文化生活就是由各种文化活动所构成。所以，"文化生活"和"文化活动"这两个概念在构建文化权的规范内涵过程中的作用是不分轩轾的。由此可见，无论是《经社文公约》第15条，还是《宪法》第47条，文化权的规范含义都取决于我们对文化生活的理解，文化权是指向公民文化生活的权利。

第二节 "文化生活"：文化权的策略性定义

既然如此，从作为一套法律理论的文化权论述的立场出发，我们就不必再纠缠于那种与具体文化生活无关的、实质上与"文明"同义互换的"文化"概念了。"文化生活"才是应当予以集中观察、梳理与反思的对象。实际上，文化生活就是文化权的客体。当然，文化生活的具体样态依时代、地域和社群之不同呈现出较大的差异性，这既是人的多样性的生动反映，也是文化生活的动态性的证明。在提出文化权的定义时，试图穷尽所有类型的文化生活的细节从而锁定文化权的客体是不明智和不必要的。我们应当通过文化生活的若干一般性的"构成性要素"对其进行认识和把握，这才是讨论文化权的务实态度和可行路径。

首先是文化生活的"内容"。内容是文化生活的实体要素，无论文化生活经由怎样的方式和原则得以组织起来，必须以某种具体内容的提供或呈现为中心，这些内容也是人们参与文化生活所期望的直观收获，而不管其背后的动机是教育、娱乐、获取信息、或是其他任何东西。由此可知，《宪法》第47条所列举的"文学、艺术"都属于文化生活的"内容"。根据一般的生活经验，我们还可以断定，某些民俗活动、宗教活动和大众娱乐活动等也属于文化生活的内容。这里所指的"内容"兼有形式与实质的意涵，既可以指诸如音乐、电影等纯粹的文化表现形式，也可以指借由这些形式所反映出的叙事、观点、情感、态度或信仰。或许有人认为，只有观点、情感、态度和信仰才是文化生活所欲传递的深层意义，才是最有价值的部分。但是在实际当中，"形而上"要素不一定是文化生活与经济生活、政治生活的最本质区别，因为一部法律也可以体现出某种特定的价值观，但是法律的制定显然不会被认作是文化生活的一部分；反过来讲，某些极为晦涩或荒诞的艺术作品亦很难被界定到底表达了怎样的观念或主张，但是并不妨碍我们将其认定为文化生活之一部分。之所以会这样，是因为很多时候文化生活的魅力更多来自于"形而下"的外观、形式、技艺、表现手法等。我们不得不承认，文化生活首先是让受众在感官上获得刺激、愉悦或震撼，进而才能传递创作者或表演者的特定意图——假如确有明确意图的话。受众有可能被说服、被感动、被引起共鸣，但是这一点并不能被保证，因为理解的过程是非常个人化的。最能获得共识的可能并不是文化生活所"意欲"传达的观点，而是其表达过程本身。因此，至少在文化生活值得法律保护的意义上，纯粹的文化形式与抽象的文化内涵是不分高下的，都是文化生活的内容，是不可或缺的构成要素。我们不应过于简单地依据某种艺术形式在传递价值观时的成功与否来评判该种表现形式本身的价值，反之亦然。

我们在此处大致可以认为，文化生活的内容就是包括但不限于文学、艺术、民俗、宗教活动或仪式、大众娱乐等兼具特定表现形式与内在实体意涵的非经济性、非政治性的事物。这里选用列举式的定义是因为要给文化生活的内容下一个抽象、严整的定义既困难也容易另生歧义，反倒不如依据现有认识与常识进行谨慎地描述。一般来讲，我们可以说，某个事物算不算文化生活的内容或文化活动，一般人都可以判断。文化生活的非经济性和非政治性其实也是一个不甚严谨但却简便易行的概念限定，这里的目的仅仅在于方便我们的讨论。自然地，很多的文化生活内容——例如电影——是依照经济活动的规则来进行生产与消费的，这当中既有纯经济性的成分——如投入产出的分析，也有纯文化的成分——如表现手法的艺术特点。我们所能做的并不是僵化地割裂文化生活的经济要素和纯粹文化要素，而恰恰是承认文化生活与其他社会现象、行为的不可避免的交叠属性，并在此基础上分析相关的利益关系和法律关系。

正是因为文化生活与经济生活或政治生活遵循不同的规律和满足人们不同的需要，却又常常纠葛在一起，所以需要以一定的法律手段来认定其各自的结构与相互关系。

其次需要考虑的是文化生活的"组织方式"。文化生活必然包含文化创作者、文化消费者以及传播渠道这三个结构性的要素。市场经济可以是一种有效串联上述三个要素的模式，但不是唯一的模式——"文化事业"的概念就来源于将文化产品非商业化和公共化的努力。对于西方国家而言，在工业化时代以前最引领时代风潮的文化生活是出现在上流社会的沙龙中的。[1]在那里，作为文化创作者的文学家、艺术家和作为文化消费者的贵族阶层在一个相对小范围的熟人圈子中共同享受文化生活，而艺术家往往正是寄居于贵族门下从而维持生计，这样就构成了一个简单的文化消费结构。工业化时代的到来一方面打破了旧有的社会等级制度、从而结束了贵族垄断文化消费的格局，另一方面也将文化创作者这个特殊群体从保护人制度之下推向了大社会。文化创作者与消费者之间的共生关系发生了极大变化，市场原则逐步取代艺术保护人制度成为组织文化产品之生产与消费过程的"那只看不见的手"。类似于市场经济对于商品流通性或资金流动性的要求，在文化生活中，文化产品的流动性和可传播性是适应这个新时代的必备要素，与此相关联的就是文化的传播渠道逐步发生了极大的变迁与进步。在某种意义上，传播渠道重新组织了文化产品的存在形式和文化生活的格局，既将原本极小范围的文化生活模式复制于更为广泛的、不同背景的阶层和社群当中，也使得特定地域或社群的受众得以有机会接触到超出其想象能力的多样化的文化生活。后来随着大众传媒——尤其是互联网——的发展，传播渠道的重要性更是被推向极致。

从发生学的角度看，国家并非自始就是文化的保护人或赞助人，文化生活在本质上是社会发展的必然衍生品。不过，随着国家能力的全面提升和人们对于政府职能的理解方式的变化，国家对于

---

〔1〕 艺衡、任珺、杨立青：《文化权利：回溯与解读》，社会科学文献出版社2005年，第190页。

文化生活的组织方式的影响就越来越大了。既然国家可以在一定程度上干预和调控经济生活，去解决某些市场失灵，那么国家也同样有可能对文化生活进行干预，从而实现某些特定的目标。在社会主义国家或曾经采行过一定程度的国有化战略的国家，文化的传播渠道往往首先被置于国家管控之下——如电台、电视台，而文化创作者的"国有化"——即将文艺工作者全部聚集于公营事业部门的做法——则进一步加强了国家对于文化生活的统领地位，更有甚者，连大众的文化生活也可能直接交由"集体"或"单位"来负责安排。鉴于国家同时掌握了文化生活的源头、渠道和受众，所以任何一项文化政策和举措都会引发全局性的反应，这也可以解释我国的文化体制改革之所以受到如此广泛关注的原因。可以说，国家对于文化生活的结构介入得越深，则越是有可能引发文化权与国家权力的碰撞，越是有必要检视相关的制度安排究竟是拓展了还是限制了个人在文化生活中的行动能力，是保护了还是制约了文化生活本该有的动态结构。

最后，绝不能忽视的是文化生活的"功能"。人类对于文化生活的需要几乎就如同对空气和食物的需要一样，是最为基本的、不证自明的。有时候，文化生活就是一种公共生活的方式，人们由此得以聚集在一起，保持信息与感情的交流；有时候，文化生活是传承知识、习俗、信仰的载体，人们由此得以保存其集体记忆、地方传统、实现自我教育或维持政治共同体之内的身份认同；还有些时候，文化生活仅仅是满足人类自我消遣和娱乐的需要，无需任何"严肃目的"。也就是说，文化生活所实现的功能是相当多元化的，而参与其间的每个人亦可以抱有各自的目的。面对同样一幕演出，有的人感动得热泪盈眶，有的人只是付之一笑，但是彼此所追求的目标的差异化并不妨碍大家都尽情地享受这个过程并且共同珍视这一权利。参与文化生活所获得的体验是非常个性化的，由此而形成的每个人对于文化生活所能实现的功能的期待也不会整齐划一，并且同一个人在不同的时空条件下对于同一个文化内容所得出的感受也会有所不同。质言之，功能的多元化与个性化是文化生活的天然、固有的状态。

我们常常对文化生活有"寓教于乐"的期待，似乎那些实现了教育意义的、具有更严肃的诉求与价值表达的文化生活内容才是"更高级的"。但是日常生活给我们的经验是，文化生活既有阳春白雪的一面，也有下里巴人的一面；既可以容纳严肃的主题，也应当容纳轻松、诙谐、甚至无厘头的主题。其实单从数量上讲，我们日常所接触到的更多是那些很世俗化和市民化的文化内容。从人的天性来讲，娱乐的需求丝毫不少于接受教育的需求，而且从文化生活中获得娱乐和消遣这一期待本身也无可厚非。更为关键的是，不同的人面对同一个文化内容不见得会有相同的感受，那种过度"以己度人"的推论方式从本质上还是缺少了对于人的多样性的理解，也是一种对文化生活的功能的过于单一化的理解。

从本质上讲，文化生活若仅仅是不同功能之间的和谐共存或自由竞争，则问题也不复杂。关键是，"寓教于乐"的争论往往是因国家权力或其他非国家性的强势力量——如教会、跨国集团等——借助文化生活去刻意宣传某些特定内容或观点而引起。这里的冲突在本质上是这样一个命题，即国家在多大程度上、以何种方式能深入干涉和管控每个人私人化和世俗化的文化生活？在国家机器被用于执行特定的公共意志的时候，是否能划出一定的范围留给那些"相对而言并不积极响应公共文化观的人群"？当然，实际情况永远是，文化生活既有承担社会教育的功能，也有放任民众去消遣娱乐的功能，所以更为务实的态度是划出一条合理的界限、或至少保持某种开放共存的态势。

至此，我们已经了解到，文化生活确实是一个不易把握的概念，其内容与组织形式具有极大的丰富性和多样性，而所实现的功能更是"因人而异"、不宜一概而论。文化生活对每个人来说是不可或缺的，但是每个人对文化生活的期待、参与方式以及收获却又不尽一致。如果说一定要找出一个人人皆有可能同意的公约数，恐怕只能是文化生活所特有的开放性和包容度，使得参与其间的每个人得以各取所需。由此可见，文化权就是自由参与文化生活的权利。此处对于文化权的定义方式并不是基于对文化生活具体领域或内容的罗列，而是借助于"文化生活"这一拥有足够包容度与延伸性的过渡概念，实现对文化权的某种策略性的共识理解——这一策略的目标就是，不必拘泥于对文化生活具体内容的无止境争论，但同时也可推进相关基础概论与理论的建构。

第三节　文化权的必要性：基于文化繁荣的规范证立

文化生活之于人类社会的必然性已不必怀疑，但这尚不足以回答以法律方式承认某种关乎文化生活的基本权利的必要性。即，何以文化权是如此的重要、以至于值得以此为中心建构起一整套法律制度——尤其是若干救济机制——来回应、满足个体所提出的利益诉求？社会文化生活的大繁荣与大发展显然是长期可欲的政策目标，文化法律秩序需要以符合这一目标的方式被建构，而如果文化权在其中处于某种关键地位，则该权利的基础性的必要性就可以被揭示出来。

一、文化多样性

（一）文化权与文化生活在客观上的多样性相符合

文化权与文化多样性[1]是互为因果、相辅相成的一对概念。就文化生活或社会文化生活秩序而言，多样性是其固有特征或属性。借用哈耶克的话来说，多样性的文化生活是人之行动的结果，

---

[1]　"文化多样性"是一个意义含混的表述，在文化一词被用于指代"文明"——即特定社会、族群的整体生活方式——的意义上，文化多样性是指人类诸种文明之间的差异性所呈现的整体上的人类文明的多样性，参见李志江："文化多样性与普世价值"，载《河北学刊》2007年第1期；徐家林："文化多样性与文化自由——兼论人文发展的文化观"，载《学术界》2006年第6期。但是，当文化被用于指代同一文明结构内不同阶层人群的价值观或生活方式，或者特定领域的行为模式，或者干脆成为"艺术"的同义词时，文化多样性的含义就变得极为不确定，参见徐建："文化多样性及其生态考察"，载《山东省青年管理干部学院学报》2008年第1期。根据本书的定义，文化权是限定于公民文化生活范畴之中的权利，因此文化多样性是指文化生活在内容、形式、组织方式等方面表现出的多样与丰富的样态。

却不是理性设计的结果。须注意的是，在微观层面——即以公民个人在文化生活中的偏好与选择模式为观察点的层面——理性依然是支配着文化行为的主要力量，也是我们进行分析与评价的主要标尺。所谓"人之行动的结果而非理性设计的结果"，乃是指在宏观层面——即把整个社会的文化生活所形成的复杂结构或秩序作为某种社会现象来进行研究的层面——是不存在某个"超越性的智识主体"来为之设计并建构的。此种"智识主体"之缺位是社会生活的本来面目，而这种缺位必然决定了文化生活的多样性，其包含了主体的多样性、渠道的多样性、内容的多样性以及评价标准的多样性。

值得特别讨论的是文化生活内容及其评价标准的多样性，这看似是一个含义一望即知的命题，却有可能是一个很难被真正认同的命题。我们大致可以假定，每个人参与文化生活都抱有某种良好的目的，即便不尽然是陶冶情操，也至少是娱乐身心。但是问题就在于，每个人对于何为陶冶情操或娱乐身心的看法都不尽一致甚至有尖锐冲突，因此导致对于何种文化内容为"好的"这一判断变得非常困难且容易引发争议。例如，著名娱乐节目《非常勿扰》曾经引发广电部门对于其价值导向的质疑，后者声称有观众对该节目"意见很大"。这一价值判断之争实际上引发了诸多问题，包括文化内容的评价方式是怎样的？谁来充当"权威性"的判断者？此种判断的法律意义和效力分别是什么？[1]实际上，文化生活内容及其评价标准的多样性从根本上仍然依附于文化生活主体的多样性，也就是依附于人的多样性。即便自由主义与社群主义之间对于人在多大程度上被周遭环境所定义和塑造有不同意见，但是站在法律制度建构的角度来看，有意义的问题是权利人在多大程度上能自由实践其文化偏好以及公权力能够以何种方式干预这种偏好。正如上文所

---

〔1〕 参见人民网报道："广电总局整治相亲节目，《非诚勿扰》价值取向遭质疑"，载 http://politics. people. com. cn/GB/1027/11859112. html，访问日期：2015 年 2 月 22 日；景凯旋："尊重'低俗'的权利"，载《南都周刊·专栏》2010 年 7 月 11 日。http://www. nbweekly. com/column/jingkaixuan/201007/25538. aspx，访问日期：2015 年 2 月 22 日。

述，人的多样性是不可否认的事实，因此文化生活内容以及评价标准的多样性也就是自然而然的了。但是，之所以说这一本该"自然而然"的现象却较难获得认同——在当下中国尤其如此——乃是因为很多人尚未准备好接受一种价值观多元化的生活方式与社会秩序，我们尚未习惯于宽容、理性辩论和最低限度的互相尊重等等伦理要求。中国至少在过去的半个世纪中受制于单一"指导思想"或对于单一指导思想的盲目追求的桎梏——下文将指出，文化生活中的价值观多元化与政治意识形态上的某种一致性是可以并存和平衡的两个目标——从而并未真正服膺"百花齐放、百家争鸣"的文艺工作原则。因此，如何面对文化生活在事实上的多样性，是当下公民文化权理论的基础命题。

（二）文化权保存个人转换文化偏好的机会

文化偏好是公民个人对特定文化内容的赞同态度，由此决定了相应的文化行为。尽管文化生活中各参与者完全有可能抱着各自不同的目的，但是我们大致可以假定，每个人都期待从文化生活中获得一定的积极回报。我们可以认为，决定了人们在文化生活中具体行为的文化偏好，乃是反映了个体对于其赞赏的价值观的追求，反映了其所认可的某种"美好的""可欲的"（desirable）生活要素。借用当代著名政治哲学家威尔·金里卡（Will Kymlicka）的话说，政治伦理学的探讨都可以从这样一个无争议的命题开始，即我们每个人的核心关切在于如何达至一种良善的生活（Our essential interest is in leading a good life）。[1]由此稍作引申即是，公民对其文化偏好的笃定与坚持，乃是出于相信此一偏好是其践行一种良善生活的必由之路。当然，文化偏好的多样性是由于不同人基于其性格特点、人生阅历、知识结构、所属族群或集体遗产之不同自然而然形成的，而且即便是同一个人也可以因其思想观念的变迁或人生履历的丰富而逐渐转变其文化偏好或者由单一的文化偏好转变成较复杂和多面向的文化偏好结构。于是必然引出这样一个问题——每

---

　　[1]　Will Kymlicka, *Liberalism*, *Community and Culture*, Oxford University Press, New York, 1989, p. 10.

个人是否有充分的机会转换其文化偏好？尤其是，在遭遇到周遭环境与传统的严重束缚、甚至是恫吓时，是否依然能自主地进行选择？

文化偏好的转换首先基于这样一个共识，即每个智识上与人格上基本健全的公民——尚缺乏必要认知能力的儿童或已丧失此能力的精神疾病患者需要另作别论——都拥有在其生活中独立判断何为"善"的道德能力以及相应的权利。此种价值判断自然是因应外界环境的变化或人生经历的起伏而作出。只要人生还在继续，那么对于良善生活的追求就不会停止，因此对于何者为"善"的判断结论就有可能发生变化。并且，这种判断只能由本人作出，而不能由他人代为或强迫其作出。其次，文化偏好的转换也隐含着这样一个命题，即良善生活的标准或者好的文化生活的标准并不是绝对的、静止的、僵化的或单一的。标准的转换或扬弃不能被等同于价值虚无主义或犬儒主义，这里的区别是，虚无主义或犬儒主义从根本而上不相信确定性的价值体系的存在，而文化偏好的转换过程始终以寻找和不断完善个人价值体系为宗旨，尽管在特定时刻的判断有可能在下一刻被修正，但是每一特定时刻的判断却是基于当时情境与条件之下的尽可能合理的选择。例如一个人年轻时酷爱摇滚乐，认为激情的抒发就是需要这种狂野或充满力量的形式，而到了中年之后却转而钟情于古典音乐，认为娓娓道来的音乐语言能够更好地表达复杂而含蓄的情感。虽然其艺术偏好发生了转变，但是谁也不能将其视为毫无标准，也绝不可能随便拿一些粗制滥造的音乐作品去敷衍这个人。

由此可知，文化偏好的转换一方面是个人道德自足性的充分展现，另一方面也是人生及社会之复杂性与多变性的真实写照。对于文化偏好的不当压制既是限制、剥夺了公民个人在文化生活中的自主性（autonomy），也罔顾社会现实从而抑制了社会文化生态自我演化的动力机制。遗憾的是，在社会文化秩序中，推崇特定文化偏好并压制其他文化偏好的种种观念、传统、政策和社会构造无处不在。从某种意义上讲，宽容抑或压制文化偏好转换，是一直伴随着人类精神文明发展的两股力量，而文化权正是宽容的力量在法律层面的呈现。文化权保护公民个人参与文化生活的自由，必然会包括在文化生活中评价、反思和转换既有文化偏好的自由。唯有如此，多样性的文化之间才有可能互有沟通、竞争和促进，而个人才有可能实现自我的不断完善。

（三）文化权促进不同文化偏好之间的和谐共处

文化生活固有的多样性，以及文化偏好不间断地被修正和转换的过程，使得不同文化偏好之间的和谐共处成为一个现实问题。从字面意思来看，文化偏好的差异既可以指基于不同的文化偏好而区分出来的不同群体之间的差异，也可以指个人在不同面向、不同时刻所展现的差异化的文化偏好。不过，在文化偏好之和谐共处的意义上，此处仅仅讨论前者。在当今社会，因文化偏好之差异而形成的冲突大致可以分为以下几种类型：

第一，官方主流文化偏好对于社会上其他文化偏好类型的强势管控和改造所引起的冲突。这一类型的文化冲突可以称之为"官方·非官方"文化冲突或"主流·非主流"文化冲突。按照葛兰西的文化领导权理论，任何统治阶级都不能仅仅依赖暴力机关来维系其统治，而是要借助意识形态等工具赢得民众对其统治正当性的接受，而这当中又充满了斗争、谈判、妥协与让步的过程。[1] 即，根据阶级分析的方法，包含有官方意识形态在内的官方文化偏好会持续地对被统治阶级进行宣传和渗透，以确保其统治能够获得合法性的外衣。而作为被宣传的另一方的社会固有文化偏好并不会完全被动地、静止地接受官方文化的灌输，这就埋下了文化冲突的种子。比较典型的例子是作为全国规范语言的普通话与作为岭南地区方言的粤语之间的纠葛。2010 年 7 月期间，广州市政协的一位委员向广州市政府提交了一份旨在增加广州市广播电视节目中普通话节目播出时段的议案，引发部分当地民众担心是否存在由政府主导的一轮"推普废粤"的官方行动，因而导致所谓"保卫

---

〔1〕　和磊：《葛兰西与文化研究》，中国社会科学出版社 2011 年版，第 2~3 页。

粤语"运动〔1〕的发生。尽管该次事件中普通话与粤语的对立冲突被媒体过分地放大了，但是其所反映的广东人对于岭南文化的深层焦虑则是不争的事实。普通话具有官方地位，既有《国家通用语言文字法》等一系列法律、法规和配套政策为其保驾护航，也有从中央到地方的各级语言文字工作机构负责具体执法，因此具有天然地推广与渗透的优势。粤语及其所承载的南粤文化在和掌握了国家公器之力量的普通话及其实质上代表的中国北方文化遭遇时，其竞争劣势恐怕一望即知。既然文化多样性的基本价值已经得到承认，那么如何平衡类似"保卫粤语"运动所反映的官方文化与地方文化之间的法律地位，如何对其中的公民个人的文化选择进行公平且必要地赋权，恐怕是求得文化生活之和谐有序和维系文化偏好的多样性生态的关键问题了。

第二，社会上不同文化偏好群体之间由于影响力或其他利益之竞争而形成的冲突。在国家公权力直接影响之外，社会文化生活样态的持续演进也会形成复杂的格局，不同的文化偏好群体所各自构筑的文化生活圈必然会有所交叉和重叠，因而不同文化内容会出现正面相遇和彼此竞争的状况。这一点在我国传统文化与外来文化之间的交流碰撞方面可以得到呈现。情人节作为一个西方节日，在过去的几十年当中迅速征服中国的年轻一代，迄今已然成为情侣之间互诉爱意的"法定"节日了。情人节这一外来文化的代表在我国落地生根的速度之快让人惊诧，与此同时，一些中华民族的传统节日如重阳节等却似乎逐渐淡出了人们的节庆日程表，慢慢丧失了对于人民群众的影响力。类似这种不同文化偏好之间的此消彼长，其实映射出当下社会在地域之间、代际之间、社群之间的心理疏离和行为模式的疏离，甚至在这背后还隐藏着巨大而固化的商业利益之间的角力。在某种程度上，不同文化偏好之间的竞争也是文化市场的

〔1〕 相关报道与媒体评论可参见星岛环球网："广州'保卫粤语'事件评析"，载 http://news. stnn. cc/pol_ op/201008/t20100803_ 1387360. html，访问日期：2015 年 2 月 22 日；新华网："提案引发'推普废粤'之争，看'保卫粤语'背后的文化焦虑"，载 http://news. xinhuanet. com/politics/2010 - 07/26/c_ 12371566. htm，访问日期：2015 年 2 月 22 日。

竞争和企业利润的竞争；或者，不同文化偏好之间的竞争，也反映了不同价值观在观念市场中的竞争。如何为这种竞争关系设定良性的规则和秩序，选取何种实体标准来设定秩序，都是亟待解决的问题。

第三，公民个人的文化选择与所属社群之既有文化偏好之间的冲突。社群主义理论深刻地指出了个人的心智成长与身份意识的形成对于其所属环境的依赖。这个文化土壤既可以是宽泛如民族、国家，也可以细微至家族、乡土、社团、朋友圈。毫无疑问，一个多元文化的社会在外观上一定呈现出以不同文化社群为单位的结构，个人需在其中某个或某些社群中找到归属。但是如前文已一再指出的，权利的追问不能止于群体，而必须达至个人，因为有一个终极命题在于——个人是否有挑战、反叛乃至脱离其原先所属文化社群的自由？让我们假设这样一个场景，一个京剧世家的孩子执意要学习西方歌剧，因而与父母及整个家族产生矛盾，那么个人的自由选择是否仍然是一项可欲的法律权利？或者更进一步，假设这个孩子的父亲已经被认定为国家级的京剧大师且获颁非物质文化遗产传承人之身份，而京剧表演技艺的传承不光是国家政策也是社会大众的期待，那么此时此刻的基于文化权的主张是否显得不合时宜，是否会被"公共利益"或"国家战略"所覆盖呢？正因为人作为社会动物，必然要在一定的群体中才能实现自身的人格发展，而人格发展的内核恰恰又是独立判断的能力与自由选择的意愿，所以个人与社群之间的文化偏好冲突乃是亘古有之的结构性困境。随着社会的进步、信息的膨胀，个人成长或反思过程中的新鲜选项越来越多，因此文化偏好发生改变的可能性也越来越大，这必将进一步打破过去时代可能被认为是天经地义的固定化的文化身份归属，造就出更为灵活、多面的对于文化生活的参与方式，而这枚硬币的另一面就是在文化生活中个人与社群的偏好冲突。

不同文化偏好的共存是前提，因此消弭冲突不能依靠磨平彼此的差异，寻求文化偏好的绝对统一。所谓统一的思想、统一的趣味、统一的行为模式不过是幻想或"扭曲的美学"，是违背人性与文化生活的固有规律的。文化权作为一种解决方案的独特之处在于，其以尊重个体感受与自由选择为前提，将文化偏好群体视作动态性的个人选择的结果，而不是个人选择的桎梏。即便是官方文化偏好或者借助公共资源发展自身的某种文化偏好，也必须借助正当法律程序来进行资源的分配与执法权力的授予，而该法律程序当中的基本要素是文化权利。即，一项体现特定文化偏好的公共政策的出台，实质上是反映了拥有文化权利的公民在特定议题上达成的多数，而政府乃是作为权利主体的执行人才拥有进行文化保护、文化建设或文化干预的能力。与此同时，在文化生活中处于少数派的一方——多数与少数永远是动态的、相对的地位——所能确保的底线利益也只能借由权利来表达，即在特定议题上不能主导公共资源时，至少可以保护其私人文化空间不受非法干预的自由。也就是说，文化权的内涵仍然可以遵循两个基本线索而展开——消极意义之权能与积极意义之权能。在消极意义上，其确认了公民个人未让渡于国家的私人文化生活空间与文化行动能力；在积极意义上，文化权是一种文化生活的公共行动的形成机制或组织机制，依据平等、法治与公开的原则来决定已经由个人让渡于国家的那部分资源与力量如何被组织起来以达到文化生活中的某些共同目标。显而易见，公民个人依其文化选择而形成的文化偏好群体是文化权的消极权能的社会化表达，只要遵循密尔式的"不伤害原则"，即可自由发挥，这也正是前文所述的国家力量干预之外的自生自发的社会文化生活状态得以形成的内在动因，文化的多样性也依此成为可能。至于越出了私人领域的公共文化地带，文化权则更主要是设定了一种决定"即时的多数意志"的法律框架，也就是在这个意义上我们可以明白地理解德国宪法理论上所谓"作为客观法的文化基本权"。[1]这种法律秩序或客观法所包含的法治、正当程序等要素将确保国家对于文化生活的参与或干预必须接受严格的正当性审查，从而确保其对社会文化生活秩序的修正乃是加强、而不是减损其多

---

[1] 许育典："文化国与文化公民权"，载《东吴法律学报》2006年第18卷第2期。

元化的内核。要再次强调的是，以法律或公共政策的形式对于特定文化偏好或文化内容的保护、赞助和开发绝不是要永久地固化文化偏好的差异格局；恰恰相反，文化偏好的差异格局是动态的、易变的，那种隐含了扼杀文化偏好得以自由转换的因子的法律在本质上是不符合文化权的基本价值的。

二、文化创造性

（一）文化权促进文化生活的开放性，从而保存了创新的机会

文化创造性是一种总体上的描述，例如我们说好莱坞电影产业是一个充满了创造性的文化产业。但是我们需明白，创新的过程是具体而微的，来自于每一个独立开创及生产文化产品的个体或团队（在法律上亦可视作单个人）的努力，而这努力创新的过程必然包括了不断的尝试、试错与调整。在总体上呈现出蓬勃生机的文化产业或文化事业必然由众多进行着实质创新努力的个体组成，而这一文化秩序结构当中必须包含了容许尝试、试错与调整的制度空间，也即一种开放性的制度空间。文化权是自由参与文化生活的权利，从这一基本定义即可知，处于该权利保护之下的文化产品创作者或创作团队具有充分的判断权和行动权，可以不受他人专断意志之强制（coercion）而尝试其各种新奇、别致的设想。古人云，"授人以鱼，不如授人以渔。"文化权赋予权利主体的乃是行动的自由，而不是现成的创作方案；其允许犯错，唯一的条件是由权利主体自己承担可能的风险与责任——例如创作失败、遭致批评、或被市场（潮流）淘汰掉。也就是说，所谓开放式的文化生活秩序或文化创作秩序，乃是将权利赋予处在文化创作最前线的、具体且活生生的权利主体，将尝试的机会与未知的风险一并转交给他们，从而形成一种文化创作探索模式的分散化和去中心化（decentralization）。与其说是某个单一意志——例如文化部或宣传部门——全盘设计并执行了文化创新的过程，毋宁说是社会、市场和国家在开放性的文化创作环境所提供的大量选项之上进行选择、鼓励、引导、扶持，从而达至一种文化大发展大繁荣的局面。在这个意义上，文化权必然

意味着开放性的文化秩序，而开放性的文化秩序也只有依赖以文化权为中心的制度架构才能实现。

显而易见的是，不同的文化体制安排及其深层理念对于如何达成文化生活的创造性这一基本目标是有着极为不同的判断的。权利导向的制度安排的特点是决策模式的分散化和去中心化，这恰恰是更强调统一步调的文化体制所不熟悉和存疑的。即便建设创新型国家已经被提升至国家战略的高度，但是与此相应的制度改革仍有很长的路要走。在一个广大民众及文化产业实体拥有充分自由权利的制度安排下，如何看待现有的文化生活和文化作品、如何进行文化创作、进行何种类型的文化创作等等基本决断是交由权利主体各自完成的。在这个意义上，任何全局性的、严密的文化生产计划——如同过去计划经济时代的政府指令一般——实际上是缺乏力量的，因为这个计划的指挥中枢既无法精确掌握每个创作单位所面对的具体信息、也无法代替后者进行审美、道德或市场前景等方面的具体评估。在文化权的保护与鼓励下，各种意料之外、计划之外的创意会源源不断地涌现出来，接受市场、专业界与时间的检验，而这一切再怎么牵强附会也不能被归结为文化部门的事先英明决断，奥威尔笔下那位无所不知的"老大哥"只是一个传说。当然，在当下中国文化体制的特定语境中，这一论点大概会遭遇挑战，因为其有别于我们对于政府、政策或国家战略的那种惯常的信赖甚或盲从。但实际上，哈耶克早已雄辩地指出，"那种认为人已然拥有了一种构设文明的心智能力、从而应当按其设计创造文明的整个观念，基本上是一种谬误"[1]。对于包括文化体制在内的任何社会制度而言，一种完美无暇的永久解决方案或者一份无所不包的一揽子解决方案是不存在的。文化的繁荣并不是如军事行动一般遵循事前给定的全方位的执行计划而来，而是由众多具有独立权利——因而也有独立的行动力——的主体在并不那么统一的方向上各自努力而形成的。在一定意义上讲，特定时刻文化繁荣的局面并不是任何个人所设计

---

〔1〕〔英〕弗里德利希·冯·哈耶克：《自由秩序原理》（上卷），邓正来 译，生活·读书·新知 三联书店 1997 年版，第 21 页。

或预见的，但是在一个具备基本的试错空间的制度环境下，"文化繁荣"这一结果又是可以期待的。这里的关键词是试错空间。对此哈耶克说："如果我们要进步，我们就必须为此后的发展所要求的对我们当下的观念及理想进行不断修正留出空间……为了给不可预见的和不可预测的的事项提供发展空间，自由乃是必不可少的；我们之所以需要自由，乃是因为……我们可以从中期望获致实现我们诸多目标的机会。正是因为我们每个个人知之甚少，而且也因为我们甚少知道我们当中何者知道最多，我们才相信，众多人士经由独立和竞争的努力，能促使那些我们见到便（知道）会需要的东西的出现。"[1]这里的道理其实很简单，即自由的制度使得各种新鲜事物从源头上变得丰富起来，以备我们在可能需要的时候进行选择。但是正是由于我们不知道何时需要，或者说我们不确定此刻的新创造究竟有多少价值，我们必须谨慎小心地暂且保护好这种让创新得以发生的环境，而最有效的、或许也是唯一的办法，就是以自由的原则对各种看似可有可无、甚至莫名其妙的新事物保持开放态度。甚至可以说，在开放性与封闭性之间，没有第三条路可以走。

（二）文化权为挑战者提供保护，从而制衡文化生活的既有格局

文化创新，不管是具体如艺术表现手法的创新——如毕加索的抽象画派，还是艺术生产组织方式的创新——如湖南卫视的超级女声节目，就其本质而言，乃是对现有文化生产模式的修正或者颠覆，否则创新无从谈起。在这个意义上，创新者就是挑战者或质疑者。当然，创新既可能获得成功，也可能遭遇失败，如果暂且以最简单的标准——是否获得最广大受众的承认——来衡量，创新本身也只是尝试，却不一定代表了文化生活的进步或提升，甚至在一定程度上也带来一些问题。正因如此，创新、挑战或质疑都只是中性词。也就是说，在法律框架内，文化权所提供保护，是平等地给予文化的创新者与守成者的，并不是因为我们赞赏创新，因而就赋予其更优越的法律地位。文化权及其相应的法律机制所追求的，不过

---

〔1〕〔英〕弗里德利希·冯·哈耶克：《自由秩序原理》（上卷），邓正来 译，生活·读书·新知 三联书店 1997 年版，第 21 页、第 28 页。

是任何人都有机会安全地、自由地、公开地充当挑战者——如果他愿意的话；但是文化权决不对这种挑战或竞争的结果作任何保证。然而，从另一方面讲，文化权之所以珍贵，恰恰是因为如果没有这一法律保障，首先受到损害的将是创新者和任何致力于创新的努力，这大致是符合常识与历史经验的。

基于这一常识，逻辑上的必然推论就是，文化权利虽被平等地赋予文化生活中的所有独立主体，却并不代表这一权利在现实中被"均等地使用"。我们很容易看到，最极力主张文化创作之自由的人，往往是在总体环境中处于弱势、时常遭遇打压和排挤的那群人。因此，在遭遇挑战的主流文化偏好看来，文化权利无非是惹是生非的东西，是不安分的东西。即便是在具体的文化观点、文化偏好之争中处于中立地位的大多数人而言，恐怕也是很难感受到挑战者与质疑者所承受的压力，也自然很难感受到权利之于他们的特殊意义。我们常常说，宪政主义或人权之要义就是要为少数人的权利提供保障，杜绝伪装成多数意志的暴政——这些几乎都是陈词滥调了。可是我们须时时提醒自己，当少数人权利的正当性仅仅系于广大中立者、甚至是其对手的宽容与恩赐时，这种权利是岌岌可危的。如果文化权总是被一些让多数人觉得不入流的文化内容或文艺创作者"滥用"，则恐怕会动摇我们对于平等的文化权法律制度的信心——人类的历史教训让我们不能高估此信心。例如，网络红人凤姐被一些娱乐媒体所追捧和炒作的方式恐怕在绝大多数人看来都无法认同。因此我们会被质问，纵然自由、包容、开放都是值得保护的正价值，但是同样也有其他价值——如道德、传统、公序良俗、青少年的心理健康等——是值得珍视的。于是，公共政策的选择或者政府执法的尺度就时不时地陷入种种拉锯之中，不知道文化权利的价值基点究竟在何处。或者，这个问题也可以这样表述：我们应当如何看待文化生活中那些耸人听闻的、令人作呕的、哗众取宠的内容？文化权所保护的"作为异类"的自由对于社会文化生活整体而言的意义何在？对于那些挑战者、质疑者而言，宽容的限度在哪里？

要回答上述问题，我们必须首先重温一遍社会文化生活这一整体秩序得以创新和不断发展的结构特征及过程逻辑。与市场经济秩序类似，在一个文化生活秩序中，如果分散于众多不同文化领域或产业的创作者各自都大致有充分的创作自由，那么新作品的出现就是自然而然的事。这背后的社会学或心理学机理不在本书讨论之范围，但我们将此规律作为常识予以接受。进而，新生的文化作品及其所代表的风格如何赢得生存空间并进而去影响现存的老旧风格？大致有两种路径：其一，进入开放性的文化生活空间中，接受自由的社会评价、同业评价机制或市场定价机制的检验，进而被接受、追捧或者被冷落、淘汰；其二，交由某种集中式的权力运作机制来决断，进而赢得权威性的地位和评价，抑或遭遇否决并丧失进一步发展的机会。

第一种路径本质上是遵循市场逻辑的文化创新路径，即对于某种文化创新而言，其前途命运是未知的，并不存在一个具有一次性和全局性决断权的主体来掌握其命运，或者说社会上最最有权力的实体或个人也仅仅具有相当有限的影响力；该创新是否能成为未来的主流，乃是交由分散的文化市场结构决定的，任何人均有可能对其予以评价——或支持或反对，当然，也有可能亲自参与其中并接受此一创新及其所带来的文化偏好的变化。这里所指的市场，乃是一个宽泛意义上的市场，即某种开放式的、让文化产品——包括思想、作品及其生产方式——得以接受自由检验的空间。尽管市场的特性使得单次文化创新的前途难以把握，但是换一个角度，凡是能够经历市场之检验而生存下来的新的文艺形式或文化思想必然具有坚实的基础和强大的生命力。也就是说，市场是检验文化创新是否为真正的创新的有效机制。

第二种路径则是依附于权威主体的文化创新路径，即任何创新必须经由某个单独的权威主体予以认可，方能获得继续维系之资源，甚至不被权威主体认可的创新根本就无所谓创新。在这种模式下，权威主体成为文化生产的一级独家代理，既使得文化创作成为买方市场，又使得文化的大众消费市场成为卖方市场，该"代理商"实际上掌握了社会文化秩序的生杀大权。在这种模式下，基于文化生活的自然规律而产生的文化创新不会有量的提升，但区别在于，文化创新进入到市场接受评价之前，须先行通过权威主体的审查。因此，能够进入到文化市场的创新数量只能更少。当然，须注意的是，在文化生活的统购统销模式下，文化消费行为也是具有高度的统一性的，所以经过了预先筛查而进入到大众文化消费过程中的文化创新实际上已经不需要再接受市场检验了，因为其所需资源已经由权威主体提供了。只不过，在这种情形下，文化消费者已经不具有实质性的选择权了。但是，由于存在文化创新的筛选机制，文化创新的路向似乎更易掌控，于是乎不少人基于对"少数派"文化偏好的厌恶而倾向于接受这种模式。

上述两种模型在现实中不可能是纯粹的，而且在当下中国更是共生共存，彼此交叉。可以说，并不存在完全不受权威主体制约与审查的文化创新，同时也不存在可以完全脱离于市场选择机制的集权式的文化创新行为。不过此处仅仅强调两者之间的一个显著区别，以便回应前文所提及的如何对待"文化创新中的异类"这个棘手的问题，那就是：依附于权威的文化创新模式是遵循"宁可错杀三千、不可放过一个"的原则来对待文化创新的，其仅仅能辨识出明显为多数所不认同的文化偏好并予以扼杀，却无法辨识具备引领文化走向之潜力的创新并予以扶持，更无法激励创新行为在数量上的增加，因此在本质上是反创新的。遗憾的是，但凡对当下主流文化进行挑战与质疑的，很可能看起来就是不讨喜的——至少对于掌握一定的审查权的主体而言是不讨喜的。因此，如果没有最基本的权利保障，文化创新的筛查机制会因为想要确保"尽可能地清除文化生活的垃圾"这一目标而对创新行为大开杀戒，进而使得现有的文化偏好越来越顽固、单调、僵化、停滞不前。

第四节 文化权的法律保护

一、文化权的防御权能

文化权的防御权能是指排除公权力不当干预的能力，以意义在于维护一个不受国家专断意志侵害的空间，使文化生活能够按照其固有规律自由发展。根据前面已论及的文化生活之自生自发秩序，这样一个先于国家权力而存在的文化生活空间是维持文化生活之多样性与创造性的庇护所，也是现代人得以维护其自由与健全人格的安全港，因此其在法律上的基本需要就是保持一种防御性的力量。防御权所对应的是国家的消极义务，即国家权力的克制，对文化权的不侵犯与不干预、或至少是保持中立。因此有人认为基本权利的防御权功能又可称之为"国家不作为请求权"或"侵害停止请求权"。[1]

（一）法律保留原则

无论是立法权，还是行政权，宪法上都并未禁止其对文化权作出限制，但这一限权行为的作出必须符合一定的标准。法律保留原则就是其中最为重要的一项形式性标准，作为防御权的文化权首先可以要求有关限权立法必须符合这一标准。

法律保留原则是源自德国的舶来品。一般认为，当代法律保留原则包括两个方面：就其对立法机关的规范效力而言，称之为立法保留；就其对行政机关的规范效力而言——也就是该原则的传统意义而言——则大致相当于行政法治原则。行政法治原则要求一切行政活动或行政行为皆有法律授权，且不得违反法律之规定。立法保留原则是指，对于涉及公民基本权利之限制等重大事项，纵然对行政机关进行形式上的法律授权也是不够的，而必须由立法机关亲自立法，以确保对权利的保护力度是足够的。

---

〔1〕 张翔：《基本权利的规范建构》，高等教育出版社 2008 年版，第 48 页。

德国拥有强大的行政权传统，因此在法律保留原则于 19 世纪酝酿成型的时代，其毋宁是作为一种为议会民主制争取宪法地位的学说而存在——代表了新兴的议会民主潮流或者说"人民主权"思潮的立法机关希望通过法律保留原则将传统上由君主所独占的、不受"人民"制约的行政权置于"人民"的约束之下。[1]鉴于当时对基本权利的侵害主要是由行政机关造成，因此这项原则就要求，行政机关所作出的对人民权利的任何侵害和限制都必须以法律授权为前提，否则不得为之。在这个意义上讲，法律保留原则也就是行政法治原则。

对公民文化生活的行政干预自然应当遵循法律保留原则（即行政法治原则）。如果缺少立法上的直接规定或明确授权，文化职能部门不可以对文化权予以限制或剥夺。德国传统公法理论中有所谓"特别权力关系"一说，为行政机关保留了一定的专属领域，使其拥有相对较大的自由度，[2]类似于英国宪法上的王室特权（royal prerogative）。然而这是法治国兴起时期不得已与君主权达成的妥协在公法理论中的反映，是特权遗存，象征了过去、却不能代表未来。文化权显然不能因为这一理论而被排除在法律保留原则的保护范围之外。就中国而言，更无所谓不受法律约束的特殊的文化行政领域。因此，法律保留原则就其约束行政权这一方面，与文化权的防御权能是非常契合的。

当然，法律保留原则仅仅停留于行政法治是不够的。在议会民主风头正劲的年代，人们假定立法权不会对公民的基本权利构成侵害，但事实上并非如此。随着社会生活的整体秩序日趋复杂，人们越来越依赖行政权来实现"社会正义"、提供社会福利，所以立法机关常常陷入不得不向行政机关授权的境地；不仅如此，行政机关占据了专业性、灵活性等多重优势，这更引发概括式、一般性的授

---

　　〔1〕　涂四益："宪政视野下的法律优先和法律保留——凭什么优先？而且保留？"，载《甘肃行政学院学报》2008 年第 2 期。

　　〔2〕　〔德〕康拉德·黑塞：《联邦德国宪法纲要》，李辉译，商务印书馆 2007 年版，第 259～261 页。

权立法大行其道。这样一来，"立法授权的空白化"就有可能将法律保留原则的初衷予以掏空，从而在实质上放任行政机关对基本权利的侵害。在德国，这种传统法律保留原则的空洞化引发了学者们对于法律保留范围的反思，相关理论争论也日趋激烈，诸如部分保留、权力保留、机关功能说[1]等学说皆对法律保留范围的过度扩张表达了质疑。但是与此同时，以德国联邦宪法法院为代表的一派观点则强调，对于涉及基本权利之行使或实现的"重要基本决定"，必须由议会"亲自"以法律决定，不得授权行政机关以命令处理，[2]此即所谓"重要性理论"。也就是说，尽管授权立法在当代社会治理中已经是不可逆转的趋势，但是一旦牵涉到最为根本的公民权利，立法上不得对行政权进行宽泛授权或空白授权。有学者评论说，"传统法律保留……对立法者如何处理保留范围内的事项毫不关注"。[3]而重要性理论则将关注重点转向立法者一边，力求约束其"不受限制的选择权或授权自由"。[4]因此，经由重要性理论所补充的法律保留原则也被称之为立法保留，这一层意涵在传统的法律保留原则中是没有的。

正是在立法保留的语境中，文化权得以在行政权不可逆转扩张的年代里继续保持对其的必要限制。作为德国法上特有理论的立法保留至少从以下两个方面来看是契合中国当下之现实的：第一，尽管文化权获得了宪法上的确认，但是文化立法权实际上掌握在行政权手上，并且是以政出多门的混乱状况存在着，[5]这就尤其需要我们检讨立法权（全国人大及地方各级人大）是否只是充当了行政

---

〔1〕 高辰年："法律保留原则研究"，中国政法大学 2002 年硕士学位论文，第 26 页。

〔2〕 许宗力：《法与国家权力》，月旦出版社 1993 年版，第 119 页。

〔3〕 叶海波、秦前红："法律保留功能的时代变迁——兼论中国法律保留制度的功能"，载《法学评论》2008 年第 4 期。

〔4〕 叶海波、秦前红："法律保留功能的时代变迁——兼论中国法律保留制度的功能"，载《法学评论》2008 年第 4 期。

〔5〕 承担文化事业与文化产业相关政府职能的主要是文化部、广电总局、新闻出版总署、新华社、社科院、国家工商总局、知识产权局等部委，这些部委以部门规章的形式所出台的文化立法占据了现行文化领域法律规范的大多数。

权（国务院、各部位以及地方各级政府）的"白手套"的角色，而根本未对可能的权力滥用起到真正的制约作用；第二，中国与德国具有相似的强势行政权传统，但是在行政权的司法审查方面比之当代德国又逊色很多，因此，在涉及基本权利的问题时，更要求立法权不得懈怠、放任或任意行事。我国立法法明白承认了立法保留原则，其第 8 条列举了九类"只能制定法律"的事项。虽然仅从字面予以解释的话，其中并未包含文化权利。但是对本条款而言，单纯的字面解释是不够的。首先，该条第 10 项规定了"兜底情形"，即"必须由全国人民代表大会及其常务委员会制定法律的其他事项"。那么，要判断有关限制公民文化权的事项是否应当遵循立法保留原则，就需要结合全国人大及其常委会在保护基本权利方面的地位与职能来理解。实际上，目前的文化领域立法状况对于文化权的保护非常不利，存在立法层级过低、体系散乱、执法标准不统一、以产业政策替代权利保护等诸多问题。从这个角度讲，是需要更高层级的立法来予以匡正的。其次，立法法并未排除全国人大及其常委会对文化权进行立法的权力，而只是排除了国务院染指被列举事项的权力，即前者始终享有立法的先占权与优先权，所以，如果有关问题牵涉重大的文化政策或普遍性的文化权利，那么由全国人大或全国人大常委会来亲自立法也是有必要的和可行的。更何况经过 2004 年修宪之后，《宪法》第 33 条第 3 款明白宣告，"国家尊重和保障人权"，这其中亦包含了对全国人大及其常委会的要求。鉴于我国"部门立法割据"现象的严重程度，立法保留实际上是抵挡行政权对立法权的侵害的一种有力武器。所以，按照上述目的解释与体系解释相结合的方法，文化权立法——至少是有可能对文化权造成普遍或重大限制的立法——是应当依据立法法的规定由全国人大或全国人大常委会予以保留的。

需要补充的一点是，有一种认识上的误区很可能会妨碍我们将立法保留原则适用于文化权问题。这个误区就是，我们长久以来并未从基本权利的角度来理解文化生活，而是将其归结为文化市场的行政规制或者由政府予以保障的、作为公共产品的"文化权益"。

文化生活当然包含或关联着上述属性，但是更为重要的是，文化生活是文化权得以自由展开的结果和外在表现。如果行政命令以文化产业政策及文化市场宏观调控的名义侵犯了文化权，或者政府及公营机构在运营公共性文化资产的过程中侵犯了公民的文化权，那显然就进入到德国法上的"重要性理论"的视野，从而涉及到立法保留的问题了。总而言之，立法保留原则的根本目的还是在于保护和促进基本权利之实现，只有走出上述观念误区，才能让立法保留原则发挥实效。

（二）作为实体性限权理据的"公共利益"

一般而言，"公共利益"是最为通行的用以证成对基本权利之限制的实体性理据。《宪法》第51条规定，公民在行使自由和权利的时候，"不得损害国家的、社会的、集体的利益"，这一条文可以视作我国宪法上将"公共利益"作为限制基本权利之理由的概括表述。其他国家的宪法上也有类似规定。比如，日本《宪法》第13条规定，"对于生命、自由及幸福追求之国民权利，在不违反公共福利之范围内，须在立法及其他国政上予以最大之尊重"，也就是说，因应"公共福利"之需要，可以克减此等对权利之尊重；再比如，德国《基本法》第14条规定，"财产之征收，必须为公共福利始得为之"，在决定财产征收之赔偿范围时，应"公平衡量公共利益与关系人之利益"。

不过值得注意的是，"公共利益"在宪法文本或其他法律文本中并未被严格定义，并且被极为谨慎地使用。德国《基本法》虽然在第14条提到了公共福利与公共利益，但此乃其基本权利整章（即第一章）所仅见。在多个提及对基本权利予以限制之条件的条款中，立法者毋宁采取了非常具体且列举式的、而不是模糊而概括式的语句。例如，表达自由权可以因保护少年之需要或因涉及个人名誉之权利而被依法限制，该条文中（第5条）未使用"公共利益"之措辞，也未使用常见的兜底语句——"等"。也就是说，立法机关和行政机关不能以"公共利益"为名出台限制表达自由权的法律或行政决定。实际上有学者总结说，公共利益这个概念具有极大的不确定性——包括利益内容的不确定性和受益对象的不确定性——以至于成为一个"罗生门式"的概念。[1]于是，在公共利益被用以证成对文化权的限制之前，首先要对公共利益本身进行证成。这就需要我们系统考察文化生活在何种程度上、以何种方式与公共利益遭遇，而所谓的公共利益是否能够尽可能地被具体化和确定化。也就是说，必须严防"公共利益"变成一个口袋式的概念，以至于任何语焉不详或莫须有的内容都可以往里面塞。

从文化生活的特点来看，其对于公共利益的损害可能由这样两个路径产生：第一，文化生活的内容直接挑战了现时的社会道德，以至于有人认为此种文化生活的存在是对公共道德底线的侵犯而无法接受；第二，文化生活的内容或表现形式直接且立即地诱发了对和平秩序的破坏或导致了具体的、有形的利益损失——例如煽动民族仇恨且立即引发骚乱的某部电影。此处不妨分而述之。

第一种损害是精神性的。虽然我们都承认这种损害的真实性，但是却难以对其进行精确测量。由于受众对文化内容的心理反应是一个颇为个人化、隐秘性且难以客观描述的过程，所以要想在总体上准确评价某次文化活动对于受众的精神性影响，是非常困难的。不仅如此，对于特定文化内容表示反感的情绪相对于表示赞同的情绪更容易表露或爆发出来，于是也更容易获得关注，这就进一步增加了客观评估这类精神性损害的难度——究竟是所有人或绝大多数人都遭到了道德冒犯、还是仅仅少数人以特别激烈的方式展现了他们的不满从而在表面上"绑架"了其他人的意见？由于文化生活自身的特殊性，如果受众没有充分且真实地针对单个具体的文化内容表达出褒贬之意，那么在严格意义上讲，此处并不存在"公共利益"，更遑论"公共利益之损害"。我们可以对比一下环境保护中的公共利益与文化生活中的公共利益之间的区别。一座垃圾填埋场对于周边环境的影响是可以依据科学方法进行精确计算的，该区域居民在环境利益上的损失因而是比较清楚的，不需要专门进行一次

---

[1] 陈新民：《德国公法学基础理论》（上卷），法律出版社 2010 年版，第 228～229 页。

民意调查才能确定。换句话说，无论是只有少数人进行了抗议，还是大多数人都表示了对垃圾填埋场建设的不满，此处的"公共利益的损失"——即环境质量上的损失——是清楚的、给定的，不以居民意志为转移的，因此也不需要居民专门对此作出表态（是否允许建造这个将要造成环境损害的垃圾填埋场，是可以由居民表态决定的，但这是另外一个问题，即居民愿意在多大程度上容忍这一损害以换取其他的利益）。但是在文化生活——例如一部有争议的电影——中，如果观众没有表态，很难确定地说，此间有多少"公共利益"遭受损失。在绝大多数情况下，对于文化生活是否会导致对公众的道德侵犯的评价不是一个可以在事前就被"客观化"的工作。

只有在极为罕见的情形中，文化生活所造成的道德侵犯才能够在事前予以确定化，进而在立法当中获得表达。首要的条件是，被挑战的道德标准必须具有高度一致的认受性，而不能仅仅是一部分人所抱持的道德标准，否则全体社会成员有可能被强行拉低到那些对新锐文化忍受能力最低的人群的水平，这是不公平的。当然，那些忍受能力较低的人群也不应当被强迫接受其不愿认同的文化内容，但是起码他们可以选择与之保持距离，尤其是开放给大众作选择的文化产品或文化生活方式——俗话说"眼不见为净"。但假如以立法的形式在全社会执行一套极其保守的道德标准并以此来（事前）审查文化内容，那么那些愿意接受相对开明的文化内容的人将处于无可选择的境地。进一步的条件是，这些高度一致的道德标准必须已经为现时的社会常识与大量的经验所证实。道德规范会随着社会发展变迁而逐渐演变，而文化生活尤其可能是推动这种变迁的急先锋——我们知道文学家、艺术家、思想家往往是走在时代前面的——所以正处于松动当中的既有道德标准是不适宜作为公认的底线道德而被援引来压制文化权的。或者，针对某个特定议题，道德标准已经呈现出某种变化的趋势与方向，那么与此趋势逆向而行的道德标准自然也是不适宜作为压制文化权的理由的。一般而言，社会舆论可以视作现时道德标准的即时反映，但是要保证这是未被扭曲和刻意操弄的社会舆论。

由此看来，真正能够被视为侵犯了公共道德而列入"黑名单"的文化生活是很少的，更多时候引发关注的只是所谓"有争议"的文化内容或文化表现形式。什么是争议性？尚未有定论而已！在当今中国，如果人们在文化生活中对于具有争议性的东西都无力承受的话，是让人难以置信的，人们的道德承受能力还不至于这么差！争议性的文化表现形式往往是社会道德进步的契机，它促使人们思考、沟通、争辩，这毋宁说健全了人的头脑与人格，却与所谓公共利益的损害毫无关联。因此，类似于"对公共道德的侵犯"这样的说辞如果不能满足上述两个要件而被具体化地表述出来、或者至多被宣称具有某种"争议性"的话，我们大可质疑这种说辞的真实性与正当性，进而也就无法证成任何意义上的"公共利益之损害"了。

让我们再来看看可能会导致公共利益损害的第二种情形。与第一种精神性的损害不同，如果文化生活的内容或表现形式会直接导致立即的秩序混乱或有形损失，那么这里的损失就是清楚的。可能这种文化生活本身确有其积极性或特殊价值，但是在公共政策层面需要权衡这些正价值与其所引发的损失之间的比例关系，因此通过立法来对其予以限制就可能是符合宪法的。比如，有些香火旺盛的寺庙每逢重大传统节日就会迎来大批香客，因此存在非常高的火灾隐患，如果有立法对这种活动予以限制——例如游客流量限制、敬香区域限制、进场时间限制等——那么我们就可以认为这是基于一项明显的"公共利益"的考量，而无关乎这项民俗活动本身作为文化生活之表现形式的意义与价值。实际上，刑事法律所禁止的很多具有社会危害性的行为本身都可能也是某种文化活动的一部分或是由其所间接导致的后果，但是这些禁止性规范的正当性以及在法律适用上的可操作性在于，作为其规范构成要件的危害行为或损害结果是明确的、易于认定的和毫无争议的。当然，这里需要特别强调的是损害的现实性，即必须是文化生活立即引发了此种损害，并且从因果关系上看可以把损害的发生直接归咎于该文化生活。上文所举的煽动民族仇恨并立即引发骚乱的电影就属于典型的直接损害。与此不同，仅仅是推测式的、联想式的或纯粹主观臆断地认定文化生活与这类有形损害的关系，是不可接受的。比如，一部悲情小说与某个读者因抑郁而自杀之间不能认为存在法律意义上的关联性，这不能算作是文化生活所造成的有形损失。

经由以上分析，我们可以发现，常常被不假思索地使用的"公共利益"一词在文化生活的具体场景中是极具迷惑性的。在这个词汇的众多含义中，真正可以被接受为限制文化权的实体理由的含义是非常有限的，几乎只有两种情况：其一，直接且立即引发有形的损失；其二，冒犯了全社会基本形成共识的、稳固的道德标准。舍此之外，任何借"公共利益"之名对文化权施加的限制，必须被置于高度合宪性疑虑的地位，或者直白一点说就是，极有可能构成违宪。在这种情况下，应当由国家来反向证明其所指称的"公共利益"具有确定的、合理的含义。

很自然地，当"公共利益"这个概念经由立法语言的精确表述或法解释学的建构而具有确定且具体的含义——尤其是适用环节中的具体含义——时，就会进入到与文化权基础价值的两相权衡之中。这里的难题是，文化权所促进的价值与受损的公共利益之间往往是不能通约的，我们几乎不能指望通过"自然科学式的定量分析"来论证为什么此情此景中文化权应当优于公共利益，或者相反。与其徒劳地研究如何从这个本质上是价值取舍的权衡过程中提取"科学性"的操作守则，倒不如从程序正义的角度去尽量压缩这一权衡过程中的恣意空间，这就进一步把合宪性审查推进到了"比例原则"部分的考察。

（三）比例原则

众所周知，比例原则可以分为三个次级概念，分别是妥当性原则、必要性原则和狭义比例原则。有学者指出，比例原则已经被广为接受为行政法领域中的"帝王条款"。[1]但实际上，比例原则同

---

〔1〕　王名扬、冯俊波："论比例原则"，载《时代法学》2005 年第 4 期。

样具有宪法位阶，对立法过程亦有规范效力，而不仅止于行政程序。本质上讲，所谓比例原则，就是要讨论一个涉及人权的公权力措施（可能是立法、司法及行政行为），其目的和所采行的手段之间，有无存在一个相当的比例问题。[1]在文化权的语境中，就是要考虑三个要素：（1）政府施政目标；（2）受影响的文化权；（3）可达成施政目标、但同时会影响文化权的具体手段。对这三个要素的彼此关联的考量，就衍生出比例原则的上述三个子原则。

妥当性原则所规制的是"手段·目的"考量，即政府所采行的公权力措施作为手段是否可达目的。政府在确立了某个施政目标后，需要评估其具体措施是否能达成此目标，如果所选手段根本无助于达成目标，反而造成对权利的侵害，则显然是得不偿失的。这样的考量过程是具有普适性的。在美国宪法上，政府利益（governmental interest）或重大政府利益（substantial governmental interest）作为某个限权立法的目标（类似于"公共利益"），用于帮助论证立法的合宪性。如果某部法律被法院认为根本不能达成其所定下的立法目标，即客观上不可能，则毫无疑问会被认定为违宪。从这个角度看，来自德国的妥当性原则与美国宪法上的政府利益审查（the test of governmental interest）是有着异曲同工之妙的。那么，接下来的问题是，对于立法者或行政机关所作出的妥当性判断，如何进行审查。以立法者为例，其是否拥有完全自主地判断手段与目标之匹配度的权力？其所依据的判断标准又是怎样的？德国联邦宪法法院认为："只要立法者在立法时，认为这个目的，有经由所采取的手段可以达成的确信存在时，即使以后到宪法法院裁判时，该立法目的仍无法由其采纳之方式达成时，或只一部分达成时，该法律并不当然违宪。"[2]也就是说，德国宪法法院是以立法当时的背景（即溯及式地考察）并结合对立法者主观立场之肯定态度来审查妥当性原则是否满足。当然有学者认为，这样过于放任立法者的判断

---

[1] 陈新民：《德国公法学基础理论》（上卷），法律出版社2010年版，第415页。

[2] BverfGE25，1/12；30，250/263；E. Grabitz，aaO. S. 512. 转引自 陈新民：《德国公法学基础理论》（上卷），法律出版社2010年版，第432页。

权是对权利人不利的，而应当依据客观立场来审查立法目的及与之相应的措施。例如，有持客观说的学者认为，"法院可以采取嗣后式的方式，全盘决定立法目的（预期因素）及手段，是否立法者对日后情事发展作了错误的预测"。[1]实际上，这里的"主观立场或客观立场"与"溯及式审查或嗣后式审查"是两套彼此交织的审查路径。法院可以选择考察立法者在立法当时的条件及背景下是否充分考虑了一切相关因素，而并不苛求其准确预测未来的发展变化；也可以选择考察立法者当时有否对情事发展留出空间及应变之策，从而加重立法者的负担。从实际效果来看，即便对立法者在立法时的考量过程予以宽容，但对于一部实际上根本无助于达成相关施政目标的立法，合宪性审查必须表现出对于保护基本权利的果断态度。事实上，妥当性考量如果可以成为立法者或执法者的行事准则，根本上还是因为合宪性审查将以此作为审查标准。

必要性原则是第二步的考量。当存在实现施政目标的若干个可供选择的手段时，政府应当选择其中对权利限制最小的一种。所谓必要，即指所选择之手段已经尽可能地避免了对权利的限制，以至于剩下的这部分限制是为实现施政目标所必不可少的，也就是"必要"的。很自然的是，必要性原则得以适用的前提是有若干个同样可以达成目标的手段以供选择，并且这若干个手段对于权利的限制程度是可以相对客观地或量化地予以比较的。我们以公民文化生活的一个常见场景——博物馆——为例。要控制博物馆的入馆人流量，可以用不同方法：或者要求观众提前进行网上预约，或者对馆内观众进行定时清场，或者将观众编为若干个导览小组（tour groups）并且由工作人员引导，以便精确地控制其逗留时间。上述流量控制方法对观众参观的便利性与充分性所造成的影响是不同的，因此就需要予以客观排序，以便决定最符合必要性原则的措施。当然，在实际情形中，是否若干个措施在达成目标上具有绝对

---

〔1〕 陈新民：《德国公法学基础理论》（上卷），法律出版社 2010 年版，第 433 页。陈新民教授认为，德国联邦宪法法院在晚近的核能电厂案（Kalkarentscheidung，Bverf GE 49.89/130）当中肯定了法院可以事后发展情形来决定法律是否违宪。

的同等效果也是不无疑问的，在这个问题上，立法者或执法者（即博物馆的管理方）必然要行使一定的裁量权。与妥当性原则类似，这其间的决定何种措施为必要的考量过程也将受到司法审查，也存在在多大程度上尊重立法者与执法者的必要裁量权的问题。换句话说，此处的文化权防御功能要求，立法者和执法者在作必要性考察时，不能过度牺牲公民文化权以换取自己在管理上的过于奢侈的便利。

狭义的比例原则，是总体上权衡政府目的之重要性与对权利之侵害程度，以判断是否超乎比例地牺牲了权利。也就是说，即便妥当性原则与必要性原则都被满足，公权力措施还是可能由于以较多的损失（权利）换取较少的所得（施政目的）而被否定。也就是说，这个考量过程实质上是对两个性质全然不同的事项进行权衡。有学者认为，妥当性原则和必要性原则可算是偏向客观的立场，因为特定手段是否能达成特定目的，以及若干个手段中何者对权利影响最小，是可以进行客观地评估的；与之相对，狭义的比例原则因为涉及不同法益之比较，实际上是颇为主观的判断。[1]但是，这个观点虽然部分地点出了三个原则的各自侧重点，但也有值得商榷之处。正如上文所言，不同的政府措施在达成施政目标方面的效果并不是绝对均等的，如果措施 A 对文化权的限制程度最小，但是达成目标的程度却只有 90%，而措施 B 虽然对文化权的限制程度稍高，却能够以 95% 的程度达成目标，那么 A 与 B 之间的选择过程就必然是在妥当性原则与必要性原则之间作往返协调，而不是严格的分阶段考量。甚至可以说，由于不存在能够以同样程度达成目标的多个选项，必要性原则的考量事实上无法展开。如果我们一定要把这种情形称之为"客观性的缺失"，那么也是源于一些不可避免的实际因素：我们有时不见得一定固守 100% 实现目标这一要求，或者说从来就不存在完美达成目标的措施。可见，实际情况远比理论表述要复杂得多。假设我们跳过必要性原则，用狭义比例原则来

---

〔1〕 陈新民：《德国公法学基础理论》（上卷），法律出版社 2010 年版，第 418 页。

权衡目标的达成程度与权利的受限程度，那么天平两端就变成：（1）以最少的权利牺牲换得90%的目标达成；（2）以比最少程度稍多一点的权利牺牲换得95%的目标达成。这显然仍是一个不可通约性的权衡过程。但是，上述两个选择至少都以量化的形式展现了各自利弊，在很大程度上已经减少了判断过程的主观性、或者说尽可能地展现了整个考量过程。我们可以换一个表述，即A措施对权利限制最少，获得相对较弱的目标实现，而B措施对权利限制稍多，但相应获得较强的目标实现，因此两者都是符合朴素的公平观念的。

　　我们可以看出，比例原则的上述三项子原则在实际适用过程中是彼此交叉、彼此覆盖的。借用卡尔·拉伦茨的经典描述，就是"目光之往返流转"。这是不难理解的。对于某项限制了文化权的公权力措施而言，在其进入立法程序之初，我们对其可能限制文化权之程度、幅度等的理解是不充分的。在经过立法草案的审议及公开征求意见之后，如果发现文化权受到了过度的限制（即不符合狭义的比例原则），则立法目的有可能被修订、限缩或重新设定，进而启动新一轮的妥当性考量和必要性考量。在进入到执法程序后，妥当性考量大致已经不必要（因为立法上已经订明施政目标及可由行政机关采行之措施），但是仍可能陷入必要性原则与狭义比例原则的同时考量当中。正如上文的博物馆人流量控制之例所示，执法者基于其专业优势与个案信息，应有权判断立法目标在具体情境中是否已经达成，而此时所谓必要性的判断就不是一目了然的，而是混杂了对权利之重要性的考虑。由此看来，比例原则考察的最终结论还是没有任何意外地需依赖于个案的具体情境。

二、文化权的受益权能

　　文化权的受益权能是指在文化生活中经由国家之给付义务而获得利益、福利的权能。显然，这些利益或福利就是指各类文化资源的实际获取、增加，或有利于文化权之享有的各种外在条件的创设、改善。文化权的受益权能直接对应国家在公民文化生活中应予履行的给付义务，因此，这是一项请求权性质的权能，而不是客观法意义上的功能。

文化权从防御权能扩展至受益权能的过程反映了近代以来国家在公民文化生活中所扮演角色的逐渐转变。人们修正了过度简单化的有限政府观念，承认国家在一定程度上介入文化生活以改善文化权之享有程度的必要性。值得注意的是，在功能上讲，文化权的受益权能是对防御权能的补充和加强，而不是取代。因此，受益权能的具体内容以防御权能的若干不足为限，而不是漫无边际地设定国家的给付义务，更不是对文化生活的相关资源进行国有化或集体化。同样的道理，将文化受益权与作为客观法的一般约束相区别开的重要一点是，受益权必定是具备明确的请求内容的权能。

（一）既有公共文化资源的平等获得

在当代社会，公共文化资源对于公民文化生活之展开不可或缺，有些文化资源甚至只能以公共资源的方式存在以及被维护，因此这些资源如何被运营及使用就是文化权的重要关切点。实际上，我国目前有关文化事业的政策安排就是围绕着如何提供更广泛和更优质的公共文化资源这一主题而展开。但是，公共文化资源总是相对稀缺的，面对公民平等享有的文化权，国家所负担的最主要义务就是保证公众对于既有资源的平等获得权（the right of equal access，也可称作平等接近权）。著名作家龙应台在解释其主政台北市文化管理部门期间所推广的文化平权项目时就指出，"纳税人并不只是那些买得起国家音乐厅票的中产阶级；菜市场里的卖菜的小贩也是纳税人"，[1]这句话生动地诠释了政府在分配公共文化资源时应有的立场，即倾向于最广泛、最基层的受众，实现最大可能的容纳性（inclusiveness）。很显然，公共文化资源包括博物馆、美术馆、文化宫、图书馆、社会文化活动室等等，不一而足。具体管理这些文化资产的实体也可以不是身为行政机关的文化职能部门，而是被授权组织或受委托组织，但关键是其代表公权力，为社会大众管理公

---

〔1〕 朱强："龙应台：文化权是平等的"，载《南方周末》2003 年 6 月 19 日。

有资产。

首先要强调的是，作为主观权利的文化权并不能指向尚不存在或仅仅处于预期当中的公共文化资源，而只能针对现存的公共文化资源提出基于平等权的要求。我们知道，基本权的具体保障，取决于可共支配的国家财政援助及资源，因此国家经济财政上的不可能性，就成为基本权保障的界限。[1]至于国家是否应当根据社会对于文化资源的一般需求的增长以及国家财力的实际状况，对公共文化资源的财政投入予以调整，则不属于"主观化"的请求权能，因此也不能被认为是文化受益权的一部分。在这方面，国家——主要是指立法者或政策制定者——应当享有必要的政策形成空间。简单讲，受益权能之"益"只能是既存之益。

实质上，如果把社会整体文化生活秩序视作不断发展演进的过程，在每一时刻是否能对即时存在的公共文化资源进行平等地分配才是更为关键的问题。即使有人提出这样的观点，即国家财政在文化事业上的安排不当以至于耽误了当代青少年的文化素养的发展，那么我们顶多认为这种政策上的不恰当是缺乏远见的表现，但是却不会造成明显的不公或非正义，毕竟同代人都可以获得同样的国家扶助。但是，如果对既存公共文化资源的分配制度存在结构性的不平等，那么即便国力增长能带来总体上的文化资源积累，却也不能带来真正的公平。只有保证了所有人对既存公共文化资源的平等获得权，预期中的文化资源的增长才是有利于所有人的，也才是有意义的。

既然文化权要求公共文化资源被公众平等地获得，那么国家所负担的义务就表现为，以公平和有效率的方式对公共文化资源的运营体制作出安排，以保证所有人都有平等的机会使用该资源。也就是说，公共文化资产的管理者不能以不合理的理由对权利人的身份进行分类并以此为基础限制或排除其使用文化资产的机会。申言之，在公共文化资产的客观容纳限度内，不得以公民的职业、年

---

〔1〕　许育典：《文化宪法与文化国》，元照出版公司 2006 年版，第 49 页。

龄、教育程度、宗教信仰、户籍或居住状态等标准为理由采取限制进入、限制使用权限、克减优惠待遇等任何歧视性措施。如果某外来务工人员子女因为没有当地户籍的原因而被公营的青少年活动中心拒绝接收，则属于侵犯其文化权。

从合宪性控制的角度看，上述要求实际上就是对文化资源管理中的各种不合理区分或者说歧视待遇进行审查，因此关键问题就是，如何判断特定区分方式的合理性。这里值得考量的关联因素至少包括：（1）相关区分的标准是否属于先天的、不可改变的属性，或虽可改变、但成本极高的属性，如果是，则此种区别对待的合理性就非常微弱。例如以民族、信仰、母语、户籍、职业等作为区分标准就属于此类；（2）相关区分是否导致遭受不利待遇者实质上丧失了任何获取公共文化资源的机会，即是否令有关人士"无路可走"。如果在某一项文化资源处遭遇不公平对待的人事实上有机会在其他渠道获取相关文化资源，则这种区别对待尚不至于完全不可接受。那么可想而知，越是具有垄断性、唯一性的文化资产就越不能实施区别对待。例如，大学图书馆如果对校园外市民设定某种资源限制，但同一地区还有开放式的公立图书馆作为资源补充，那么这种区别对待就很可能是合理的；（3）相关区分是否关联于某一项依一般理性标准而言可接受的原因或动机。例如，为了管理的便利，将图书馆的开放时段依不同人群作分割；再比如，档案馆为了优先为专业研究人士提供资料支持，而对非专业人士的使用设定某些限制。这些正当理由是有机会平衡掉基于文化权而对区别对待提出的质疑的。但反过来，我们可以很肯定地讲，不具备此类动机、而是以歧视性地目的实施的区别对待，当然是不可接受为"合理"的了。

（二）对有特殊价值的文化表现形式的保护

从总体上看，文化市场的逐渐发达对于文化权而言是利好的。但事情的另一面是，文化市场及其不可避免的"消费主义"特征所拥有的巨大筛选能力使得一些小众的、深奥的、异质的或陈旧的文化表现形式被加速淘汰。从全社会的文化积累乃至全人类的文化传承的角度看，因为不能适应文化市场而消失掉的文化表现形式是令人惋惜的。即便从文化生活中的个体的角度来看，一个更为丰富的、多样化的、不过度受制于文化市场的社会文化生态也会更有利于文化生活的丰富与完善。因此，在国家对公民文化生活负起更多责任的时代，文化权应当包含有请求国家对那些具有特殊价值、却又难以在文化市场中延续下去的文化表现形式予以"适当照顾"的要求。文化受益权的这一方面尤其展现出国家之文化角色的积极面，即国家被要求有意识地和有针对性地填补社会文化秩序的缺失，从而以提供更完备的社会文化生态的方式促进公民文化权的实现。

文化权的这一规范要求在法律建构上的困难在于，如何确定其救济方式。与之相关的一个问题是，文化权在请求国家保护特定文化表现形式方面是否具有可司法性（justiciability）？如果答案是否定的，那么是否存在其他救济方式？与要求文化资源供给上的平等保护有所不同的是，要求国家积极干预以挽救某种特定的文化表现形式更类似于社会权上的主张。有学者认为社会权因其内容不具体而不宜作为司法权处理的对象，但是这一论证不管其正确与否，至少不能完全套用于文化权的领域——假如限于困境的某种文化表现形式能够被明确地认定、并且所需之帮扶形式也能够被具体地提出的话。另一种观点强调了权力分立原则，指出司法机关不适宜处理需要政治决策的问题，而应当将其留给立法机关来决定。[1]这或许切中要害一些，因为法官或文化职能部门的官员显然缺少必要的规则、标准或方法来确定究竟应当向特定文化表现形式提供多大程度的保护、资助或者监督，除非已经有相关的立法或政策宣示表明了政府现时对此类给付义务的理解。所以，文化权在这一方面的主张在技术上难以获得司法救济；但是，这却不排除可以作为对立法机关的某种约束，即要求立法者针对特殊文化表现形式的保护尽速立法，以便为职能部门和权利主体提供明确标准与指引。德国学者

---

[1]　张翔：《基本权利的规范建构》，高等教育出版社 2008 年版，第 87 页。

提出过所谓"立法不作为"概念及其可能的救济方式，不妨为文化权所用。如果宪法上已经明确肯定了某项基本权利，甚至对国家的积极给付义务也有了一定的规定（例如我国《宪法》第 47 条第 2 句要求国家对文化活动予以"鼓励和帮助"），而由于立法者怠于立法使之具体化或具有可行性，以至于构成了对该权利的侵犯，则属于立法不作为。[1] 依德国宪法法院的有关判例，[2] 立法不作为可以作为宪法诉愿程序的受理诉由，因此立法机关绝不是处于完全不受制约的地位。实际上，文化权作为宪法上的权利，其对立法机关的要求既包含及时地立法，也包含以符合该权利之目的的方式立法。如果已经颁布的、用于保护特殊文化表现形式的法律法规未能实现这一目标或立法品质上有明显瑕疵，则规范性审查制度也可以成为此项权利之救济方式。

那么，国家所承担的保护义务究竟涵盖哪些内容？这取决于我们所理解的文化权的目的。对于不适应于文化市场竞争的濒于"灭绝"的文化表现形式进行抢救式干预，无非基于这样几种考量：（1）可能具有研究及教育方面的意义，丰富我们对于文化生活之发展变迁规律的认识；（2）基于某种集体性的情感因素，不希望某些文化表现形式被彻底抛弃；（3）作为此类濒于被淘汰之文化表现形式的直接传承者的文化群体，以集体权利的名义主张获得特殊照顾。相比较而言，前两种考量因素赋予了政治决策者更多的裁量空间，而最后一种考量则必须包含最基本的人道主义关怀，因此拘束力更强。显而易见的是，如果有某个可辨识的文化上的弱势社群或集体，其生活方式与文化特征在结构上是如此密不可分，以至于其文化表现形式在社会文化生态上被边缘化几乎就等于该社群的边缘化，那么其基于文化权而提出的主张就与人权具有相当程度的同构性。所以，国家需要承担更为积极与全面的义务，例如经济上的补贴、建立学校、维护特定的文化活动场所、帮助其向主流社会宣传

---

〔1〕 陈新民：《德国公法学基础理论》，法律出版社 2010 年版，第 220 页。

〔2〕 BverfGE6，257f. 转引自陈新民：《德国公法学基础理论》，法律出版社 2010 年版，第 220 页。

其特有的文化生活方式与传统等等。在这种情形中，该文化群体就构成了集体权利意义上的人格，其权利主张也属于集体性质的文化权主张。但是，不要把这种集体文化权主张与文化权作为客观价值秩序的规范要求相混淆。既然此处存在能承担权利的适格主体——集体，那么这就符合作为一项主观权利的要件。

三、作为客观法的文化权

对于当今时代的文化生活而言，上述保护尚不足够。如果我们仅有上述"消极"的保护措施，那么面对国家"不积极落实基本权的规定时，国家反而好像一点责任都没有"，[1]则公民文化生活会实质上趋于空洞化。为了保障国家在不侵犯文化权的同时，仍能用各种方法尽可能地落实基本权的价值目标，一种位于个人化的权利之外的，但仍有宪法位阶的规范约束就是可取的，这便是作为客观法、或客观价值决定、或客观价值秩序的文化权的意义。

德国《基本法》第1条第3项明确规定："下列基本权利拘束立法、行政及司法而为直接有效之权利（法）。"这被认为不仅仅是宪法至上地位的宣示，也是基本权作为客观价值秩序的表现。相映成趣的是，我国宪法有诸多条款对国家在文化生活中的任务进行了详细的规定，例如第4条第2款规定"国家根据各少数民族的特点和需要，帮助各少数民族地区加速经济和文化的发展"，第14条第3款后半句规定有"（国家）在发展生产的基础上，逐步改善人民的物质生活和文化生活"，第22条第1款规定"国家发展为人民服务、为社会主义服务的文学艺术事业、新闻广播电视事业、出版发行事业、图书馆博物馆文化馆和其他文化事业，开展群众性的文化活动"，第99条授权地方各级人大"审查和决定"地方文化建设的计划，第107条则授权县级以上地方人民政府管理本行政区域内的文化事业。很显然，这些宪法上的宣示并未创设合格的文化权主体，因此不可能作为主观权利而被援引。但另一方面，这些条款是

---

〔1〕　许育典：《文化宪法与文化国》，元照出版公司2006年版，第22页。

文化事业或公共文化服务被纳入到国家任务中的最高体现，实现了向公权力机关授权、设定职能、乃至创建具体职能部门的功能。如果我们考虑到上述条款中"文化事业""文化生活""文化活动"等概念是在尚未明确区分文化产业与文化事业的时代被选用的，则更能感受到我国宪法体制对国家介入社会文化生活秩序的要求之全面和强烈。从大历史的角度进行横向比较，我们可以发现，作为体现了德国基本法之"社会宪法"属性的客观价值秩序理论与作为社会主义宪法的中国宪法所规定的"国家任务"条款，都是为了建构一个更为负责的、更为积极的国家，两者所选取的路径可谓殊途同归。当然，就中国而言，由于国家在公民文化生活中的角色正在发生巨大的转变，因此作为客观价值秩序的文化权仍在形成过程中，这其中的若干价值立场实际上正引领着国家公权力架构及其文化职能去完成角色上的转变，其中至少包括如下几个方面：

（一）去中心化的文化公权力配置

文化公权力配置的去中心化（de - centralization）源自文化生活的去中心化需要。文化生活是否需要在全国层面保持统一步调？答案恐怕是否定的。这个命题需要几个非常重要的限定：第一，文化生活的不统一，并不是不需要全国性的文化行政职能部门，而是指真正因应公民文化生活之需要而发起、维护、发展、改进各种公共文化服务或各种文化生活之法律制度的原动力来自地方，而不是中央，因为离群众最近的地方，才最能够感受到文化生活对国家资源的真正需求。第二，文化生活的不统一，并不是放弃国家在财政上的投入、补贴和区域间平衡。中央层面的权力应限定为提供包括资金、技术等方面的帮助，但是这些辅助工具如何被运用、如何被监督、如何评估其效果，则应当是地方层面的事权。中央与地方是合作、而非命令关系。第三，文化生活的不统一，绝不是切割文化市场以至于形成地方保护主义或文化壁垒。但凡全国性的文化立法，必须能够被独立的司法机关统一地适用，而地方性的文化立法则不得违反上位法律的规定。地方层面对于特定文化表现形式的帮扶与保护，绝对不能以牺牲文化市场的公平性和文化产品的自由流通为代价。

简而言之，去中心化的文化公权力配置模式至少包含以下几个方面：（1）将地方政府作为推动公共文化服务的主要力量，而中央政府主要提供财政方面的支持；（2）对地方文化领域立法中的创制性立法采取形式审查，从而鼓励符合地方特色的文化政策和公共文化服务；（3）允许地方政府间不同文化建设模式的竞争，乃至地方政府与中央政府之间的竞争；（4）政府持续从应由市场主导的文化生活领域推出；（5）扶持致力于公共文化服务的民间组织、研究机构、非营利机构或其他组织。

（二）区分意识形态管制与文化管制

这里的"管制"一词大致相当于行政法学者惯常使用的"规制"一词。意识形态管制与文化管制在我国都是司空见惯之事物，但是两者却在很大程度上混淆在一起。而最大的悲剧在于，这种混淆是不必要的，它导致了对文化权的过度伤害。那么，作为客观法的一部分，与意识形态管制进行切割之后的文化管制如何更好地保护文化权？

从保护权利的立场出发，一个可取的路径是对意识形态进行分类，并且将其中较为边缘、次要、不敏感或过时的议题排除在限制文化权的法律过程之外。虽然这种分类操作不容易获得一致性认同，但是这却是达成意识形态与文化生活初步划界的有益尝试。显而易见，处于最核心地位的意识形态议题包括，为宪法所肯定的国家根本政治制度、政府在国家主权统一问题上的主张或立场、中华民族的集体尊严及荣誉感等等；与此相对的是，其他一些间接牵涉意识形态或依据过时标准属于意识形态范畴的议题，例如对某个历史事件或历史人物的评价、对当前国际关系的看法、对政府政策的反思或批评、对法律体制的缺陷的探讨等等。为了简便起见，我们将前者称为"硬意识形态"（hard ideology），将后者称为"软意识形态"（soft ideology）。从文化体制的角度来看，让意识形态管控部门从软意识形态议题中退出，可以为社会文化生活留出更多的生存空间，也可避免公权力与文化权主体在事无巨细间陷入无休止的争论与猜忌当中。实际上，硬意识形态与软意识形态的划分绝不是排除任何既存的对于文化权利的法律保障——尤其是司法程序的保障；而是指，公权力机关以及事实上的管控机关要遵循一种以区分为基础的机构安排和职权安排。很多时候，为文化权增加一套法律程序上的保护，其效果反不如直接撤并掉一个专司文化管控的机构，这正是文化权作为客观价值秩序的特殊功效所在。进一步说，仅仅撤并掉对软意识形态文化生活的管控仍不足够，因为如果剩余的理应仅限于硬意识形态管控的公权力未能遵守这一限制、甚至于根本无从将涉嫌违反这一限制的行为诉至独立的权威机关予以裁判，则这一划分的初衷也无法达成。因此，如果说硬意识形态与软意识形态的法律界分是以承认一定程度的"合法管控权力"为前提的话，那么必然包含在这一前提中的规范要求就是，此"合法管控权力"必须被公开化并接受包括司法审查在内的法律监督。这一点有特殊的重要性，因为在意识形态管控系统中，有些权力——乃至最终极的权力——是不受制于法律监督的。这类似于一种"躲在幕后"的管制，即真正握有限制公民文化权利之公权力的主体不必为自己的行为或决定承担责任。很显然，"躲在幕后"的管制是不符合公平原则的，因为其违背了权责统一的原则。这也导致当前很多关涉意识形态的文化管制措施遭遇极大的正当性质疑。因此，将硬意识形态管控权予以公开化并置于法律监督之下，乃是从程序上对其正当性予以补救的重要方式。我们可以把这理解为一种"阳光下的交换"，即一方面对意识形态管控予以法律上的承认，另一方面也把该权力置于法律监督之下。这里的推论之一是，即便是硬意识形态方面的文化权限制，如果其源自某个未获得法律地位的"神秘机构"，则这种限制措施是非法的、是不应予以执行的。

面向文化市场的法律机制：
文化大发展大繁荣的自由之维

第一节　文化市场的法律原则建构

一、文化市场法律机制之价值冲突的根源

（一）价值冲突的根源之一：文化市场主体的多元化

人们展开文化活动的目的是多样性的。在文化市场领域，文化产品的生产者和营销商追求的往往是经济利益，文化消费者追求的则是精神层面的愉悦、满足感以及自我素质的提高。而政府对文化市场的介入则是为了保障文化市场的秩序，维护人民的文化权益，推动文明的进步与文化的发展。

就不同的文化主体而言，他们的目标是多元的，这就意味着多种价值选择和追求，且这些选择和追求之间必然会存在某种冲突。而旨在为人民的文化活动进行指导，规范文化市场秩序、保障公民文化权益的文化市场法律机制必然面临着多种法律价值的冲突与选择。这是由文化市场中的价值主体的意识性与多元性所决定的。只要价值主体是有意识的，不同的价值主体之间，甚至是同一价值主体自身就会产生价值上的矛盾情形。[1]法的价值冲突可能是不同主体观念上的分歧，也可能是在认识上的差异，还可能是选择上的对立，也可能是同一主体在几个方面的难以抉择。

在文化市场领域当中，则具体表现为：文化产品的生产者和营销商希望政府更少地进行管制与干预，提倡文化市场的开放与自

---

〔1〕　卓泽渊：《法的价值论》，法律出版社 2006 年版，第 581 页。

由，反对政府过度垄断和控制；而作为消费者的普通民众则期望人人均平等地享有文化消费与满足的机会，希望政府能够提供更多的公共文化产品，丰富民众的文化娱乐生活；[1] 政府则更关注文化经济发展与社会效益间的平衡。[2]

（二）价值冲突的根源之二：文化市场的双重性质

文化市场法律机制的价值冲突不仅仅是由文化市场主体多元造成的，更是由文化市场的双重性质所决定的。文化市场（产业）实际上是精神创造逻辑与市场经济逻辑的矛盾统一。[3] 这就决定了文化市场（产业）的发展必须同时服从文化的逻辑和市场的逻辑，这既是国民经济发展与转型的需要，也是人类精神进步、民族文化发展和国家文化安全的保障手段。[4]

精神创造的逻辑要求尊重文化发展的内在规律，法律必须为促进文化与知识的创造提供鼓励与保障机制。同时，从文化需求的层面来看，文化市场中的大部分关乎文化休闲娱乐，它是一种普遍的内在文化需要，属于文化消费的范畴。[5] 因此，它要求政府为社会中的每个公民提供起码最低限度的文化产品供给，在此意义上，它偏重于文化发展的内在规律与机会公平，"将文化价值与社会效益放在首位，把经济效益看成文化发展与社会开发的一个经济侧面"。[6] 市场经济的逻辑则是追求效益与利润的最大化，它要求政府更少地介入（甚至退出）文化市场，让市场在调配文化资源，促进文化市场之发展中起到基础性的作用。

---

[1] 如一项调查研究表明，76%的被调查者认为"政府目前对媒体的审查和管理工作过严"；96.5%的被调查者的共识是"政府应该大力扶持文化产业"。详见祁述裕、王列生、傅才武主编：《中国文化政策研究报告》，社会科学文献出版社2011年版，第316～318页。

[2] 如：国务院《"十二五"时期文化改革发展规划纲要》（2012年）的"重要方针"和文化部《"十二五"时期文化产业倍增计划》"指导思想"中均强调"坚持（努力实现）社会效益与经济效益的有机统一"。

[3] 李思屈等：《中国文化产业政策研究》，浙江大学出版社2012年版，序言。

[4] 李思屈等：《中国文化产业政策研究》，浙江大学出版社2012年版，第7页。

[5] 孔建华："文化产业政策的制定原则及其思想来源"，载胡惠林、陈昕主编：《中国文化产业评论》（第14卷），上海人民出版社2011年版，第31页。

[6] 李思屈等：《中国文化产业政策研究》，浙江大学出版社2012年版，第7页。

　　文化市场的双重性质决定了文化市场的立法必须平衡经济效益与社会效益两大价值系统，这也就导致了立法思路上必然存在着经济效益优先与社会效益优先两种不同的逻辑基点。而文化社会效益与市场经济效益二者间的冲突可进一步抽象为自由（效率）与正义（公平）的法的价值冲突。在立法层面上，二者之间，谁居第一，是颇为值得考量的。立法者的选择不同，在具体的立法结果上会凸显巨大的差异。[1] 在执法过程中，执法者的执法活动仍然存在着对自由和平等做出选择的空间。执法者对二者的取舍既要受制于法律规范的价值取向，亦要受制于执法机关及其工作人员的价值取向。对自由与平等的取舍往往导致执法结果的迥然不同，使得案件的处理结果处于"公正"与"不公正"的境地。[2]

　　法的价值之冲突自古以来就存在，不同历史时期的学者在面对这一问题时，给出了不同的理论学说和答案。[3] 自新中国成立以来，我国在不同的时代做出了不同的选择，经历了从学习苏联到自我摸索再到取法欧美的不同实践经历，并日渐走出了一条符合中国国情、切合人民大众文化需求的社会主义文化大发展大繁荣的有效路径。

二、改革开放前的价值选择：重公平（社会消息）、 轻效率（经济效益）

　　改革开放前，我国在解决文化市场领域的社会效益与经济效益之冲突时，依据社会主义的利害关系之权衡的原则与政治思想上趋乐避苦的原则，做出了简单的一刀切的取舍。这段时间文化领域的发展深受毛泽东思想的影响，甚至宪法关于文化领域的规定也深深地打上了毛泽东思想的烙印。如 1949 年的《中国人民政治协商会议共同纲领》第 45 条规定：提倡文学为人民服务，启发人民的政

---

　　[1]　如我国国务院制定的《"十二五"时期文化改革发展规划纲要》（2012 年）强调"社会效益优先"，其后续条款则多列举政府在文化领域的指导和财政投资计划（目标）。

　　[2]　卓泽渊：《法的价值论》，法律出版社 2006 年版，第 584 页。

　　[3]　卓泽渊：《法的价值论》，法律出版社 2006 年版，第 618～630 页。

治觉悟，鼓励人民的劳动热情。奖励优秀的文学艺术作品，发展人民的戏剧电影事业。1954年《宪法》第94条规定：中华人民共和国公民有受教育的权利。国家设立并且逐步扩大各种学校和其他文化教育机关，以保证公民享受这种权利。第95条规定：中华人民共和国保障公民进行科学研究、文学艺术创作和其他文化事业的自由。国家对于从事科学、教育、文学、艺术和其他文化事业的公民的创造性工作，给予鼓励和帮助。

表4-1   改革开放前我国领导人关于文化领域的主要论断

领导人	时间	主要论断	出处	简要评价
毛泽东	1940年	一定的文化是一定社会的政治和经济在观念形态上的反映。而观念形态上作为这种新的经济力量和新的政治力量之反映并为它们服务的东西就是新文化。	《新民主主义论》	强调文化的意识形态特征，主张文化应当为政治服务。
毛泽东	1942年	基本上是一个为群众的问题和一个如何为群众的问题。	《在延安文艺座谈会上的讲话》	强调文艺为人民大众服务
毛泽东	1944年	我们的文化是人民的文化，文化工作者必须有为人民服务的高度热忱，必须联系群众，而不要脱离群众。	《文化工作中的统一战线》	

不难发现，毛泽东时代的文化政策制定之立足点是为人民大众服务，为社会主义服务，其本质是一种集体主义视域下的社会效益本位的思维，该原则以立法的形式明确规定在宪法当中。这是适应当时的政治斗争形势的需要，符合意识形态之控制与斗争的需求。

在社会主义公有制建立的过程中，文化领域亦摒弃了市场化的运作方式，讲究文化艺术必须"为社会主义服务，为人民群众服务"，文化的发展成为了国家的职责，文化产品必须经由政府提供，并由政府做出安排。这种简单机械的冲突解决办法片面强调了"文化为政治服务"的思想，忽略了文化发展的一般性规律和个人文化需求的差异，压抑了文化的发展和思想的成长。"文化大革命"的悲剧历史也表明，这种利用国家强力解决文化领域价值冲突的做法，虽然方便快捷，但是"更能为统治者随心所欲，更有利于统治者的专横，其危害巨大，可能破坏人类的整个价值体系，阻碍社会文明的发展，甚至在精神生活方面导致人类的倒退"。[1]

三、改革开放后价值本位的变化：由公平优先到效率优先兼顾公平

相对于物质领域的改革与开放，由于我国文化领域具有一些固有的特殊性，其改革步伐要缓慢得多，而文化领域政策的制定与立法的价值本位之转变亦经历了漫长的过程。自20世纪90年代我国宣布推动建立社会主义市场经济体制以来，始终强调文化具有意识形态属性和社会教化功能，把社会效益作为重要的衡量指标。而文化产业作为社会主义市场经济条件下满足人民群众日益增长的文化需要的重要途径，既有文化内容的意识形态属性，又有满足文化娱乐需要的文化消费属性，都强调社会效益第一，经济效益与社会效益有机统一，并在这个前提下追求经济效益。[2]自2001年国家允许非公有资本进入文化产业领域后，文化产业的经济效益作为文化市场立法与政策制定的价值本位之重要性才日渐突显。

表4-2　1990~2012年文化产业的主要政策文件及其简评

发布主体、时间和文件名	简要评价
国务院1996年9月5日颁布《关于进一步完善文化经济政策的若干规定》（国发〔1996〕37号）	中国第一个促进文化事业发展的文化经济政策，它拓宽了文化事业投入渠道，形成适应市场经济要求的多渠道的投入机制。

---

〔1〕　卓泽渊：《法的价值论》，法律出版社2006年版，第615页。

〔2〕　孔建华："中国文化产业政策的制定原则及其思想来源"，载胡惠林、陈昕主编：《中国文化产业评论》（第14卷），上海人民出版社2011年版，第37页。

发布主体、时间和文件名	简要评价
文化部2001年10月18日颁布《文化产业发展第十个五年计划纲要》（文政法发〔2001〕24号）	中国文化部第一个指导文化产业发展的全国性五年规划纲要。强调市场和经济效益。
国务院2005年4月13日颁布《关于非公有资本进入文化产业若干决定》（国发〔2005〕年10号）	中国国务院第一次对文化领域的投资作出系统性的梳理和规定，标志着文化领域投资走向规范和透明，是文化市场开放的一个重要标志。
国务院办公厅2006年4月25日转发财政部、教育部、科技部、信息产业部、税务总局、工商总局、广电总局、新闻出版总署《关于推动我国动漫产业发展若干意见的通知》（国办发〔2006〕21号）	中国为扭转境外机构对国内动画市场倾销而采取的支持国产动画生产的政策文件，是中国在单一文化产品领域以举国体制扶优扶强、振兴国内市场、扶持本土原创的一个成功案例。它表明政府的大力投入确实可以对扩大文化生产起到带动作用。
中共中央办公厅、国务院办公厅2007年颁布《关于加强公共文化服务体系建设的若干意见》（中办发〔2007〕21号）	中国制定的第一个关于基本文化服务的核心政策文件，体现对文化民生问题的关注，标志着将文化基本权益的保障摆在重要的位置。
国务院办公厅《关于印发文化体制改革中经营性文化事业单位转制为企业和文化企业发展的若干规定的通知》（国办发〔2008〕114号）	中国经历试点后全面推进文化改革发展的指导性文件，它同财政部、国家税务总局等《关于支持文化企业发展若干税收问题的通知》（财税〔2009〕31号）和《关于文化体制改革总经营性文化事业单位转制为企业的若干税收优惠政策的通知》（财税〔2009〕34号）等形成配套，对文化产业的发展施行税收优惠的鼓励政策。

续表

发布主体、时间和文件名	简要评价
《"十一五"时期国家文化发展规划纲要》	中国制定的第一个全面推进文化建设的五年规划纲要。……
国务院 2009 年 8 月 17 日颁布《关于印发文化产业振兴规划的通知》（国发〔2009〕30 号）	中国国务院发布的第一个系统的指导文化产业发展的规划，目的是发挥文化产业在调整结构、扩大内需，增加就业、推动发展中的作用。它标志着中国文化产业成为重要的产业部门和新的经济增长点……
《"十二五"时期国家文化发展规划纲要》	
文化部产业倍增计划	

（一）当前文化市场法律机制存在的问题

改革开放以来，出于对文化意识形态的把握以及经济、文化发展的需求二者之间的考虑，我国在文化市场法律制度的价值选择方面一直慎之又慎，踟蹰不前。而立法价值本位的选择的左右摇摆严重滞碍了文化市场领域立法的速度。这也是我国至今为止尚未推出一部综合性的文化市场法律之根源所在。[1]而高位阶的综合性立法的缺失，导致我国文化市场领域法律机制存在诸多缺陷。

我国关于文化市场领域的立法，目前只具有水平立法的模型，[2]总体上接近于一种行业导向的垂直立法模式，即以文化市

---

〔1〕　我国学者多呼吁政府尽早出台有关文化产业方面的综合性法律，如《文化产业促进法》。

〔2〕　目前我国政府虽然已经立项展开文化市场综合性立法的工作，但立法成果尚在酝酿之中，只有《文化产业促进法（草案）》。

场中的各类文化行业或产品进行个别、垂直的专门规制。法律不应当对文化市场的内在规律性和文化的特殊性质进行过多的干涉，而是对文化产品的研发和创造、流通与经营以及消费等不同阶段持续性地进行规制，而这一过程的规制往往又是由不同的政府部门主导，因而文化市场领域的立法就比较明显地具有垂直立法的特征，即以行业或产品为导向，针对不同领域或类型的文化产业/产品进行分别的专门立法。这就无法避免文化市场领域立法存在如下三个方面的问题：

（1）我国现在并无完整的文化市场领域的水平立法，已有的法规效力层次太低，无法承担文化市场综合立法的重任。而水平立法的缺位，导致各个文化行业的立法指导思想与基本原则难以相互协调统一，文化市场难以真正形成一种公共交易的市场意识形态，文化市场主体难以依据具体的法律作出合理的预期，民间力量进入文化市场领域面临一定的风险，抑制了民间的积极性。

（2）现行文化市场领域的立法（多为国务院或各部委制定的规范性文件）位阶普遍较低，相互间缺乏协调，缺乏法律化的透明规则和刚性约束，无法遏制地方机会主义，甚至存在地方立法和中央政策之间的不良博弈。[1]因事立法较多，现行法具有公法和行政法性质的多是行政法规、文化规章，缺少诸如《文化产业促进法》、《文化市场法》等基础性法律。且这些法律法规、规章大多是义务性规范和禁止性规范，权利性规范不足，内容缺乏可操作性。

（3）文化市场各行业的立法发展不均衡。文化管理方面的政策法规较多，而公共文化事务和规范文化行为方面的立法却很欠缺。如针对著作权的保护只有《著作权法》，目前上缺乏一部完善的《新闻法》。甚至某些领域依然还存在着立法的空白。[2]

---

〔1〕 详见傅才武、赵苏皖："'十二五'我国文化产业发展的法律基础"，载胡惠林、陈昕主编：《中国文化产业评论》（第13卷），上海人民出版社2010年版，第14页。

〔2〕 详见"网络实名举报呼唤'法律支点'"，载《民主与法制时报》2012年12月17日。

（二）可能的改革路径

文化市场立法的分散，与我国目前由多个部分分散管理文化市场具有因果的关系。现行的文化管理体制还存在着体制分散，多个部门对多个文化市场均具有部分的管辖权。由于各部门之间的协调机制不健全，导致各部门缺乏统一协调、作用有限、职权重叠和模糊、没有明确的牵头部门等问题，同时经常会导致各部门之间的职权重叠甚至冲突，这也就消耗了大量的行政资源用以进行各个部门的沟通和协调，造成了行政效率的低下。

对此，应当尽快理顺和完善文化市场管理体制，确立多部门协调的主管模式，明确界分各部门之间的职权管辖范围，防止各部门间因为越权管辖或双（多）重管辖而导致的利益和管制的冲突，成立一高层次、多部门参与的协调机构对各部门行使职权的活动进行协调。更理想的管制模式应当是成立大文化部，以文化部牵头，其他部门协同合作，全面负责文化市场的管理事物。

（三）文化市场立法的价值选择：效率优先、兼顾公平

文化市场立法的落后和管理体制的缺陷导致我国文化市场领域缺少必要的统一指导规范和约束规则，各市场主体难以明晰自己的文化权益与义务，也难以依据现有的文化市场法律规范和政策对自己的行为作出合理的预期和理性的判断。各文化市场主体的活动和行为经常出现失范的情况，政府也难以定位自己在文化市场中的具体地位和职能。凡此种种，严重阻碍了我国文化市场的发展，不利于社会主义文化的大发展大繁荣。因此，文化市场法律机制的价值本位之抉择势在必行。

要解决法的价值冲突，必须首先确立一些基本原则，并据以进行综合的价值测评来寻找方案，解决价值冲突。[1]立法者在面对文化市场法律领域社会效益（公平）与经济效益（效率）之价值冲突的难题时，不能忽视"人民群众日益增长的物质文化需求与落后的社会生产力"这一社会主义初级阶段的基本矛盾。故而文化市

---

〔1〕　卓泽渊：《法的价值论》，法律出版社 2006 年版，第 622 页。

场领域的立法当秉持有利于丰富人民群众的文化生活，推动文化大发展大繁荣的准则。具体而言，立法应当利于文化市场活动之规范与文化市场秩序之构建，利于保障人民群众最低水平的文化消费需求，利于人们平等地享受文化发展的成果，利于文化的发展与经济的繁荣。

在此基本原则的基础上，应当考虑不同价值本位的立法模式带来的成本问题以及其达到的整体效益。[1]若以社会效益优先，则有政府主导文化发展的倾向，政府在文化的发展中承担更多的义务，这种模式更有助于文化和教育领域的公平发展，同时也利于政府对文化意识形态的控制以及国家文化主权之安全。但是，"任何美好的价值追求，其成本都不应该超出主体的实际支付能力，否则就是好大喜功，劳民伤财且得不偿失"。[2]再者，政府不是万能的，政府主导的文化发展会存在管制过严和"政府失灵"的情况。政府不可能了解社会生活的方方面面，也不可能完全清楚社会个人不同的文化需求，因此，政府在文化领域的盲目投资和浪费的情况就在所难免，可能会出现某类文化产品供给过剩，而某类文化产品又严重短缺的现象。同时，"政府同样存在缺陷，也会犯错误，也常常会不顾公共利益而追求官僚集团自身的私利"。[3]

---

[1] 在法的价值之间发生冲突时，最必要之举在于对各种方案进行测算。期目的在于尽特定主体之所能，以解决法的价值冲突：确定取舍，确定位列，实现最佳的价值取舍或最有效的位列组合，以达到最佳的效益。详见卓泽渊：《法的价值论》，法律出版社 2006 年版，第 626~627 页；另：依据公共选择理论，文化市场中的不同主体，如文化产业投资商、文化产品提供商、政府等，期行为均是理性而自私的，期目的是为了追求最佳效益。故法的价值冲突中，以最佳效益原则来解决，无疑相当重要。

[2] 卓泽渊：《法的价值论》，法律出版社 2006 年版，第 626 页。

[3] ［美］波斯纳：《法律的经济分析》（第 7 版），蒋兆康译，法律出版社 2012 年版，第 59 页，译者序言。

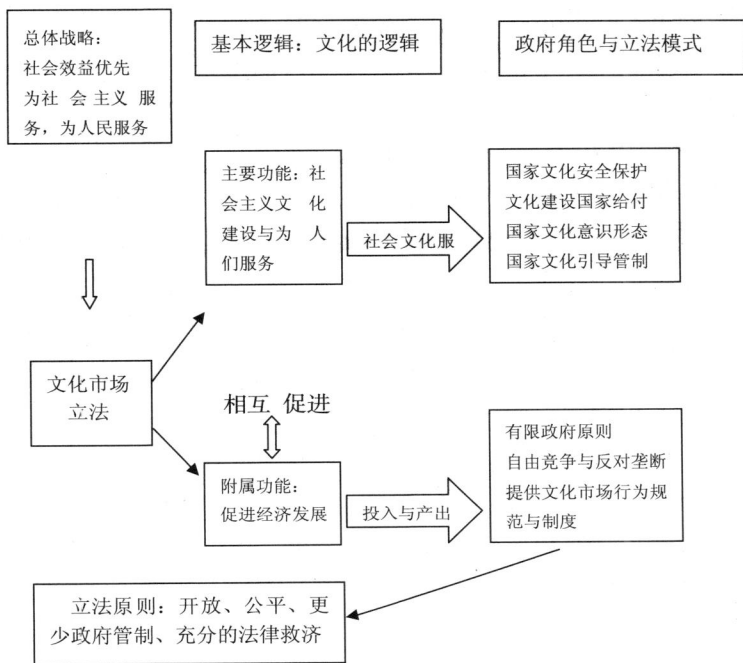

图 4 − 1　社会效益优先价值本位下的文化市场立法流程与效果

长期以来，我国政府在文化领域财政投资的一直不足，已经表明坚持社会效益优先，由政府主导的文化发展模式在现实中已经难以维系。政府必须转变文化市场立法与政策制定的价值本位。

以经济效益为本位，让市场在文化资源的配置当中起到基础性的作用，则可在很大程度上缓解政府财政投入的不足和政府投资低效率的问题。市场是一种有效配置资源的方式，起着沟通需求和供给的作用，"其魅力在于通过对供求关系的自动调节，从而以最低成本实现资源的最优配置"。[1]市场要求充分的竞争，反对任何不

---

〔1〕　供求的变动能通过价格及时反映，价格的变动能市场主体能够及时根据市场供求之变化，调整产品结构或者经营方向，促成供求平衡、市场配置的优化。价格机制的实现取决于价格信号是否灵敏地反映供求变动的真实情况，而敏感的价格信号来源于充分的竞争。完备的市场调节机制是这样一个过程：市场—充分的竞争—灵敏的价格—供求关系平衡—资源配置的优化。详见钱弘道：《法律的经济分析》，清华大学出版社2006 年版，第 63 页。

合理的垄断，尤其是政府的垄断。在此意义而言，政府应当更少地介入文化市场的发展，并尽可能少设置文化市场的准入门槛或将门槛调低。

我国自 2004 年后，将市场化的运作方式完全引入到了文化领域，其中标志性的事件就是《国务院关于非公有资本进入文化产业的若干决定》的发布，它的出台实际上寓示着我国文化立法与政策的价值本位已经完成了由社会效益优先到经济效益优先的转变，但它又不是片面地强调经济效益而忽略社会效益，它实际上是一种"效率优先，兼顾公平"的价值取向。[1] 直到现在，我国实际上已经确立了一种"市场主导，政府补充"的文化市场发展策略。

市场经济是一种法治经济。市场的政治逻辑是有限政府和民主政治。[2] 政府和市场都需要独立的生存空间，要推动文化市场的发展，必须对政府在文化领域的职权和干预进行明确的规定与限制，只有政府权力在文化市场领域有所收缩，才能为文化市场的发展腾出必要的空间，"没有权力受到限制的政府就没有自由的市场经济"[3]。因此，文化市场领域的立法、执法必须贯彻有限政府的原则。法治在经济层面上具有两层含义[4]：一是约束政府对经济活动的任意干预；二是约束经济人的行为，包括产权的明确与保护，市场的公平竞争等。前者意味着政府不仅应该对文化市场进行

---

〔1〕 在此，有必要针对国务院《"十二五"时期文化改革发展规划纲要》（2012年）和文化部《"十二五"时期文化产业倍增计划》（2012年）中均强调"社会效益优先"的情况作出说明。"社会效益优先"的价值准则是针对国家和整个文化发展而言的。在我国，文化领域可以划分为文化事业和文化产业两个部分。（1）对于文化事业的发展政府无疑会起到主导作用，政府投资兴建博物馆、艺术馆、科技馆、图书馆等文化事业，以满足人民大众的文化需求，促进全民文化素质的提高，让民众不论贫富都享有均等的消费文化的机会。因此文化事业的发展必然遵循社会效益优先的价值准则；（2）文化产业的发展讲究的是市场化的运作，讲究市场在文化资源的配置中起到基础性的作用，以期实现资源的最优配置和让市场各类主体达到效益的最大化。因此，文化产业的发展必然强调经济效益优先，但由于文化产业的文化属性，这就必然要求政府合理的介入和管制，以兼顾公平。
〔2〕 钱弘道：《法律的经济分析》，清华大学出版社 2006 年版，第 67 页。
〔3〕 钱弘道：《法律的经济分析》，清华大学出版社 2006 年版，第 67 页。
〔4〕 钱弘道：《法律的经济分析》，清华大学出版社 2006 年版，第 68 页。

更少管制，且必要的管制必须法律化；后者要求政府应在立法和执法层面上保证文化市场的不同主体机会均等，为文化市场主体提供预期的稳定的法律或政策环境，如市场准入门槛的明确设定和执行的公平。在此意义而言，就是要求文化市场的立法者和执法者必须秉持文化市场开放与公平的原则。

在解决法律的价值冲突时，或许不得不因追求某种价值而在一定程度上损害另一种价值。[1]文化市场领域的立法者和执法者在遵循基本价值目标——满足人民群众日益增长的文化需求、考虑适当成本、追求最佳效益的过程中，可能会造成文化领域的不公平问题。如果将文化市场的发展比作一块蛋糕，那么效率就像"文化蛋糕"的大小，而公平意味着如何分割这块"文化蛋糕"。法律既要追求效率的目标——使蛋糕做得又大又好，又要追求公平的目标——使蛋糕得到合理分配。[2]理想的状态时以最经济的方式来实现公正的目标。然而不能否认，蛋糕分配的前提是有蛋糕可分，如果没有效率，也就没有公平可言。因此，不论从历史实践之经验层面还是从理论逻辑层面上看，文化市场法律机制的构建，均应当以经济效益为优先，以兼顾社会公平为价值本位。

四、文化市场法律机制的开放原则

就文化的发展而言，它极具开放性。而文化市场的开放是人类文化发展的要求和当下我国社会主义先进文化发展的必然结果。从历史的视域审视人类文化发展的历程不难发现："先进生产力的发展要求获得了文化的形态和肯定，……它使社会底层的最广大的劳动者获得了文化消费和以文化消费的方式拥有文化、阐释文化的权利，进而获得了了解世界、文化地把握自己与世界的关系，继而唤起自身作为文明主体存在的权利与义务的关怀。"[3]文化市场的开

---

〔1〕　卓泽渊：《法的价值论》，法律出版社 2006 年版，第 628 页。

〔2〕　钱弘道：《法律的经济分析》，清华大学出版社 2006 年版，第 52 页。

〔3〕　胡惠林：《文化产业发展与中国新文化变革（1998～2008）》，上海人民出版社 2009 年版，第 150 页。

放是顺应文化从精英文化的发展模式向大众文化的发展模式转变的趋势的要求。从某种意义而言，只有文化产业的发展与市场化运作，才可能使文化从精英走向大众转变为现实，才可能使得文化权力由少数人拥有回归到多数人拥有成为可能。在此意义上，文化产业（市场）作为一种先进文化形态的出现，揭示了人类文明发展的趋势，毫无疑问，是一种历史的前进方向，历史地反映了作为社会文明主体的最广大劳动者的根本文化利益。

文化市场的开放依据地域来区别可以分为对外开放与对内开放。依据文化市场的要素来划分可以分为文化市场主体的开放、内容的开放、资本的开放等。

（一）对外开放：学习先进文化，借鉴成功经验，繁荣我国文化

我们必须要清醒地认识到我国与发达国家在文化产业实力上的巨大差距。文化市场对外开放就是要坚持以我为主，将我国文化市场的发展纳入到世界市场的范围之内，充分吸收和借鉴外国先进的文化发展成果和经验，充分利用外国有益的文化文化素材、金融资本、运作模式等要素，促进我国文化市场的发展，为我国社会主义文化的大发展大繁荣提供充分的条件。我国文化的发展不能离开人类文明的进程，"只有把中国先进文化的前进方向置于世界文化和人类文明发展的整体前进方向当中，中国文化的创新和先进文化的坚持才能获得一种文化多样性所应有的文明价值和文明支持"。[1]

文化市场对外开放也是我国加入世界贸易组织后所应承担的国际义务之一。"世界贸易的规则所体现的是人类文明取向的先进性要求与市场经济发展的客观规律之间的一致性，它体现的原则精神是建立在对市场经济发展规律把握的基础上的。"[2]应该说，"文化的全球化趋势，世界文化市场的全面开放是不以个人的意志为转

---

〔1〕 胡惠林：《文化产业发展与中国新文化变革（1998～2008）》，上海人民出版社2009年版，第153页。

〔2〕 胡惠林：《文化产业发展与中国新文化变革（1998～2008）》，上海人民出版社2009年版，第153页。

移的，没有文化的开放与融入，使中国经济完全融入世界经济一体
化当中是不可能的"。〔1〕因此，按照市场经济的规律来发展自己的
文化是当代中国的一个基本文化态度和战略选择。

　　事实上，我国历代领导人对于文化领域的对外开放均有深有见
地的论述。精彩地回答了"学什么，为什么学，怎么学"这三个问
题。如表4－3所示：

表4－3　历代领导人对文化领域对外开放的论断

领导人	时间	论断	回答的问题
毛泽东	1945 年	应当尽量吸收进步的外国文化，以为发展中国新文化借镜。〔2〕	学什么，为什么学
毛泽东	1956 年	外国有用的东西，都要学到，用来改进和发扬中国的东西，创造中国独特的新东西。搬要搬一些，但要以自己的东西为主。〔3〕	学什么，为什么学以及怎么学
邓小平	1982 年	照搬照抄别国经验、别国模式，从来不能得到成功。〔4〕	怎么学
江泽民	1996 年	学习和借鉴的目的在于博采众长，丰富自己的民族文化。〔5〕	为什么学

　　文化市场领域的立法应当秉持对外开放的态度，接受和借鉴外
国成功的文化立法经验，与世界潮流同步，依据世界贸易组织的有
关规则，结合本土的文化发展样态与知识产权保护情况，修改和调
整我国原有的文化产业政策和相关立法，重构我国文化市场法律体

---

〔1〕　参见傅守祥："文化经济视野中的文化产业发展"，载何敏等编著：《文化产业政策激励与法治保障》，法律出版社 2010 年版，第 7 页。

〔2〕　参见毛泽东："论联合政府"，载《毛泽东选集》（第 3 卷），人民出版社 1991年版，第 1083 页。

〔3〕　参见毛泽东："同音乐工作者的谈话"，载《毛泽东选集》（第 7 卷），人民出版社 1999 年版，第 82 页。

〔4〕　参见邓小平："中国共产党第十二次全国代表大会开幕词"，载《邓小平文选》（第 3 卷），人民出版社 1993 年版，第 2 页。

〔5〕　参见江泽民：《在中国文联第六次全国代表大会和中国作协第五次全国代表大会上的讲话》。

系和文化市场运行机制，建立公开、透明、非歧视性的市场准入机制，营造公平、公正、自由的文化发展生态环境，依据市场经济的规律，建立健全文化企业制度和文化市场管理体制。

（二）对内开放：打破区域壁垒，消除行业垄断

在传统体制下，我国文化资源是按照行政方式配置的，无论是文艺社团、影视剧院、电台电视台、书报刊社、艺术馆、博物馆等，从中央到省、市甚至到县乡都是按照行政区划和部门配置的。这种体制人为地造成了文化市场的区域封锁和行业壁垒，日渐不利于文化产业的大繁荣大发展。改革开放以来，随着文化体制改革的深化，文化产业的开放步伐和进程虽历经坎坷但仍摸索前行。以传媒市场为例，近年来有不同传媒市场主体之间跨区域合作试图打破区域垄断的尝试，也有相同行业市场主体间在战略目标制定和文化实践活动中选择以多媒体、跨媒体和全媒体等融合媒介为主要媒介平台、打破行业垄断的努力。然而，虽然文化市场的竞争结构有所变化，但是这种竞争也只是在区域壁垒和行业垄断下的有限市场竞争，普遍的情况仍然是垄断有余而竞争不足。

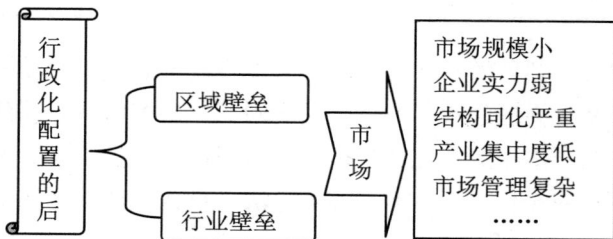

图4-2　文化资源行政化配置的后果

所以在文化市场立法上必须坚持优化所有制结构，实现以公有制为主体，多种所有制共同发展。必须打破条块分割、地域封锁、城乡分离的封闭格局，努力建立统一开发、竞争有序、健康繁荣的全国性的文化大市场。最终依靠市场在文化资源配置中发挥基础性的作用，促进文化资源和要素在更大范围内有效流动，推动文化企业跨地区、跨行业、跨所有制兼并重组，促进文化市场竞争。合理

调整和优化文化产业区域布局，鼓励各地在突出特色、体现差异的基础上推动文化产业的发展，同时引入产业机制突破城乡文化二元结构，[1]让改革开放的文化成果为更多人所享有，加强社会发展成效的普惠性，逐步实现城乡公民基本文化权益的平等。

（三）文化市场主体的开放

文化市场经济运行中，大致存在着三种经济主体，即生产主体、经营主体和消费主体。[2]随着现代科学技术的进步和文化领域的繁荣发展，三个主体也各自发生着相应的变化。从文化产业的具体行业来划分，则可以分为出版市场主体、演出市场主体、广播电视电影市场主体、网络文化市场主体和文化娱乐市场主体等。我国的文化市场实行许可经营制度，文化市场主体资格的取得必须遵循《中华人民共和国行政许可法》规定的核准设立原则，即市场主体除必须符合相应的法定要件外，还必须经过行政机关审批许可，再到登记主管机关依法登记注册后才能宣告市场主体的设立，取得市场主体的资格。文化市场的所有领域应当对符合法律规定的资格条件的单位或组织开放，让更多的市场主体参与到文化建设领域中来。文化管理部门不能再增设法定条件以外的门槛，对于符合条件的申请主体应当依法给予批准。

以出版市场为例。我国的出版单位大致包括报刊社、期刊社、图书出版社、音像出版社和电子出版社等。出版社的设立由国务院新闻出版总署依据核准设立原则，通过对出版单位的审批、登记管理活动来进行。出版单位的设立必须符合下列法定要件：（1）有出版单位的名称、章程；（2）有符合新闻出版总署认定的主办单位机器主观机关；（3）有确定的业务范围；（4）有30万元以上的注册资本和固定的工作场所；（5）有适应业务范围需要的组织机构和符合国家规定资格条件的编辑出版专业人员；（6）法律、行政法规规

---

〔1〕　关于"城乡文化二元结构"的详细论述请参见林玮："城乡文化二元结构的破解之道及其社会指向——以乡村文化产业的发展路径为着眼点"，载胡惠林、陈昕主编：《中国文化产业评论》（第15卷），上海人民出版社2012年版。

〔2〕　傅才武、宋丹娜：《文化市场演进与文化产业发展——当代中国文化产业发展的理论与实践研究》，湖北长江出版集团、湖北人民出版社2008年版，第82页。

定的其他条件。依据文化市场的开放原则，只要符合上述法定条件的申请主体提出申请，新闻出版总署应当给予批准，使其获得相应的出版资格。

（四）文化市场内容的开放

我国对文化市场内容主要采取"明令禁止的立法＋事前审查的控制＋事后追究的惩戒"三者结合的管理控制模式。以出版物的出版为例，法律明确规定任何出版物不得含有下列内容：（1）反对宪法确定的基本原则的；（2）危害国家统一、主权和领土完整的；（3）泄露国家秘密、危害国家安全或损害国家荣誉和利益的；（4）煽动民族仇恨、民族歧视，破坏民族团结，或侵害民族风俗、习惯的；（5）宣扬邪教、迷信的；（6）扰乱社会秩序、破坏社会稳定的；（7）宣扬淫秽、赌博、暴力或教唆犯罪的；（8）侮辱或诽谤他人，侵害他人合法权益的；（9）危害社会公德或民族优秀文化传统的；（10）有法律、行政法规或国家规定禁止的其他内容的。出版物在刊印发行前，必须经过主管部门的审查与核准。未经批准而擅自出版发行的，依照相应的行政法规甚至刑事法律进行追究。演出市场、广播电视电影市场、网络文化市场和文化娱乐市场等均有类似规定，原则上文化市场中的文化产品之内容，除了受此类禁止性规定限制外，不受任何其他方面的限制，文化市场的内容面向所有市场主体开放，文化主管部门不能设立任何法律规定以外的限制条件。

（五）文化市场资本的开放：拓宽融资渠道，实现投资主体多元化

目前我国文化产业的投资融资渠道虽然可以分为政府投资、民间投资和引进外资三大板块。但我国文化市场之发展在投融资方面还是存在着投资渠道单一、信息不畅通、投资效率低和风险大等问题。[1] 近年来，中央和地方政府虽然不断加大文化领域发展的投资，但财政的投入与文化发展的需求相比，明显不足。且由于文化领域的特殊性，非公有制资本进入文化市场的某些领域存在着体制

---

〔1〕 详见张军："文化产业投融资法律问题刍议"，载胡惠林、陈昕主编：《中国文化产业评论》（第15卷），上海人民出版社2012年版，第140～141页。

性的障碍，政府文化主管部门对某些领域的准入作出了限制（如电影的进口业务一直由中国电影进出口公司垄断），甚至把部门出身、行业出身、地域出身等变成了文化市场的准入条件，而外资的引进又受到政策和地域的制约，导致非公有制资本投资效益低下，投资积极性不高，进而导致文化市场发展资金严重不足，不利于文化产业的发展壮大和文化的大发展大繁荣。

因此，应当在文化市场的立法当中贯彻资本开放的原则，消除制度性障碍，降低文化市场准入门槛。制定文化市场投融资规范，原则上允许各种资本进入文化市场领域，"规定民间和外来投资的法律地位、权益保护和退出机制等，坚持'谁投资，谁受益，谁承担风险'的市场原则，以立法打破文化资源的不合理垄断，鼓励社会各方面加速投资和保护开发，贯彻'积极保护，合理开发，有效利用'的立法准则"，[1]实现投资主体的多元化与投资渠道的畅通，通过多样化的融资形式，为文化市场的发展筹集充足的资金。

五、文化市场法律机制的公平原则

公平原则是宪法与行政法中的平等原则在文化市场法律机制中的具体化。我国《宪法》第 33 条规定"公民在法律面前人人平等"，可见平等原则系宪法位阶的法律原则，可拘束行政、立法和司法。"作为拘束行政的基本原则，平等原则在行政法中具体化为'平等对待原则'，是行政主体针对多个相对人实施行政裁量行为时应遵循的原则。"[2]文化主管部门在对文化市场进行管理时，必须遵循公平的原则，它包含"禁止恣意"和"行政自我拘束"两项子原则。具体而言，文化主管部门在对文化市场展开综合执法时，对文化市场主体作出的限制权益的行政行为（如罚款、吊销经营执照等）必须合法、合理且适度，不能选择性地执法。

文化市场乃是经济市场的一部分，故文化市场中的公平应当属

---

〔1〕　详见张军："文化产业投融资法律问题刍议"，载胡惠林、陈昕主编：《中国文化产业评论》（第 15 卷），上海人民出版社 2012 年版，第 149 页。

〔2〕　周佑勇：《行政法基本原则研究》，武汉大学出版社 2002 年版，第 214 页。

于经济法中的公平范畴。经济法中的公平是指：任何一个法律关系的主体，在一定的物质利益为目的的活动中，都能够在同等的法律条件下，实现建立在价值规律基础上的利益平衡。在文化市场领域则具体表现为不同的文化市场主体在文化经济生活中具有同等的地位和权利，包括平等地享有文化市场竞争的机会、平等地参与文化市场竞争的过程、平等地拥有享受文化成果的机会。它体现在如下内容：

1. 竞争起点的公平

即竞争机会和条件的公平。法律在对文化市场之自资源进行调配时，所有的文化市场参与主体地位均应平等。为保证出于不利地位的非公有制文化市场主体能有参与文化市场活动的均等的机会，立法首先应当保证其在法律地位上的平等。即市场准入门槛设置时，应课以相同的标准（如电影制作商主体地位的取得……），允许民间资本和外国资本进入文化市场领域。同时，市场鼓励自由竞争，反对垄断，文化市场领域的立法应当保证不同文化市场主体在竞争中处于平等的地位。政府管理部门不能因某一主体具有政府投资的色彩而在政策上有所倾斜。不同市场主体所为的相同行为在法律上应当得到同等对待，受到同等保护。[1]

2. 竞争过程的公平

也可称为"规则公平"或"执法公平"，即文化市场主体在竞争中应严格遵守统一的法律和制度。这就要求立法者除设置统一的非歧视性规则外，作为直接执法部门和管理部门的文化部、广电总局、新闻出版总署等单位在管理和执法的过程中，应一视同仁，对符合文化市场准入门槛的经营申请者，应当批准许可（许可法上之公平原则）；对不同文化市场主体在违反相关管理法规、条例时，应课以相同的处罚（处罚法上的公平）。目前我国政府对文化市场的控制相对较严，主要采取垄断经营的模式，对民间资本的进入范围和条件设置了诸多有别于对公有制文化企业的限制，这种做法是

---

〔1〕 曹平、高桂林、侯佳儒：《中国经济法基础理论新探》，中国法制出版社2005年版，第384页。

与公平原则相悖的。

3. 结果与内容上的公平

文化市场中，公平应当成为市场主体进行市场交易的基本追求和基本条件。文化市场中的每个主体都应平等地享有文化发展带来的成果。文化市场的各类资源应当平等地向市场主体开放，他们应当平等地享有享用文化资源的机会，而不是被歧视性地差别对待。如在旅游景区和历史文化景点，不应针对不同地域的游客收取不同的票价。

文化市场的发展往往无法避免其盲目性，市场中主流文化的甚嚣尘上会对其他非主流文化产生极其严重的压制性影响。而市场主体为了追求文化上的经济效益，会将绝大部分文化资源向主流文化领域或流行文化领域倾斜，致使其他非主流文化或处于"冷板凳"上的文化"曲高和寡"，应者寥寥，不利于文化的多元化发展。因此，为了避免文化发展到非理性的市场化与流俗化，国家在引导和支持此两类文化发展时，不能忽视辅助非当代社会所喜闻乐见的艺术创作或文化活动。因为今天的非主流艺术或文化，可能成为明天的主流艺术与文化。

4. 贯彻公平原则的基础上，落实有条件的差别待遇原则

我国文化市场发展较晚，政府部门管制色彩浓厚，文化市场中公有制市场主体地位显赫，拥有绝大部分的文化资源和政策资源，但其经济效益差强人意，而财政投入的绝大部分都倾向于公有制的文化企业。由于市场主体自身能力、资源占有事实上的不平等，对那些被市场淘汰的群体，政府有必要予以特殊的保护，这是现代市场经济理论的言中之意，也是现代公共行政与民主政治理念的基本共识。[1] 而差别待遇的原则就是要求社会资源根据人（市场主体）的具体情况作出具体的分配，即法律对权利和义务进行分配时，要给予某类人适当的倾斜，使市场上处于不利地位的那部分人获得一定的补偿和救济，当然，这种补偿和救济必须保持在公平合

---

〔1〕 曹平、高桂林、侯佳儒：《中国经济法基础理论新探》，中国法制出版社2005年版，第398页。

理的范围内。[1]

具体而言，在文化市场中，非公有制文化市场主体乃是弱势主体，而政府管制色彩浓厚的文化企业则是强势主体，甚至处于市场中的垄断地位。在地方保护色彩的区域壁垒环境中，外来文化市场主体相对于本地文化市场主体则是弱势主体。因此，政府的文化政策要体现公平公正，理由要充分，标准要明确，政策设计应当长远规划，文化政策特别是对财政资金的支持标准要严格规范，对文化企业和产品的支持不能造成新的不公平。政府当重点支持文化产业的薄弱环节，如公共服务平台的建立、创意研发的投资等。文化市场之立法应通过对不同主体的权利义务的倾斜和平衡，尤其是对弱势主体的特别帮助和保护，最大限度地缩小弱势主体和强势主体的差距，以纠正政府的政策倾斜与财政投入明显失衡和实质不公的现象。

首先，通过立法和制度设置，对权利义务进行合理的差别分配。具有优势地位的文化企业应当承担更多的社会义务，严格地禁止和限制其滥用市场支配地位、联合限制竞争或合并的行为；而对中小文化企业的联合或者合并采取宽容和鼓励的态度，通过对中小文化企业的政策照顾和税收优惠，促进中小文化企业的发展和壮大。其次，应当对文化市场中不同的行业之强弱地位和发展状态进行评估和区别。对于那些投资巨大、效益周期长但对民众的精神文化生活与教育具有重大影响的文化行业（如图书馆、美术馆、体育馆的建设等），政府应当加大投入，并鼓励民间资本积极参与。最后，应当打破文化市场的区域壁垒，谋求文化市场发展的区域平衡，实现不同区域文化市场主体间的公平竞争。

六、文化市场法律机制的更少政府管制原则

宪法在课予国家保护和促进文化发展之义务的同时，也开启了国家影响和形成文化的可能性。而文化市场的发展有其内在规律，

---

〔1〕 李昌麒主编：《经济法学》（第 2 版），法律出版社 2008 年版，第 18 页。

文化事务亦具有根源于社会的自由开展的性质，所以国家的有限干预与价值引导不可能取代社会与市场的基础作用，应让市场自由去发展，社会自由去形成，社会文化主体与市场主体可以自行发展的，国家不应越俎代庖；如果社会文化主体与市场主体无法自行发展，国家则应适当介入，给予引导和扶助。

（一）政府为什么要管制

1. 管制的目的

文化市场领域中国家倡导的主流文化是表达国家意志和正统意识形态的文化。它往往反映一个国家意识形态和社会道德的基本取向，反映一个国家主流社会的基本意愿。[1] 而文化市场则是国家维护和调整其主流价值观的基本场域，对文化市场的管理和控制自然也成了国家维护和调整其主流价值观的重要手段。国家往往通过对文化市场发展方向的规定、引导、投入、倾斜等方式，对主流文化价值进行维护。例如为维护社会主义核心价值观，维护传统道德观念，营造健康又有活力的网络环境，我国政府越来越重视对网络文化市场的管理，近年来纷纷出台了《关于维护互联网安全的决定》、《互联网上网服务营业场所管理条例》、《互联网文化管理暂行规定》等政策法规。

另一方面，全球化带来了资本的自由流动和信息传播的自由交流，全球性资源的再分配拉动和刺激了规模空前的文化商品流动和文化形态对撞，传统意义上的文化形成和传承在全球化的语境下越来越失去固定的空间，国家和民族文化界限正在被消解，国家文化主权也受到了一定的挑战。[2] 而在文化市场领域通过政府的合理控制，针对国内文化市场主体和国外文化市场主体采取合理的差别对待，积极应对以美国为代表的西方强势文化利用其资本、技术和市场优势对我国弱势文化的渗透、控制和强行的"市场准入"，无

---

〔1〕　傅才武、宋丹娜：《文化市场演进与文化产业发展——当代中国文化产业发展的理论与实践研究》，湖北长江出版集团、湖北人民出版社 2008 年版，第 110 页。

〔2〕　胡惠林：《中国国家文化安全》（第 2 版），上海人民出版社 2011 年版，第 2 页。

疑是保障国家文化安全的有力措施。

2. 市场失灵

在市场经济的环境下，市场对于资源起到基础性的调节作用，但是这种调节机制并非万能的，它有其局限性。主要表现市场障碍、市场机制的唯利性和市场调节的被动性与滞后性三个方面。[1]在文化市场领域，不可能实现充分的自由竞争，总会存在一些阻碍市场机制发挥作用的因素，如基于国家公权力的文化市场区域垄断，又如大型文化集团的限制竞争或是不正当竞争等。文化市场主体的唯利性更会使得投资者往往只重视眼前可实现的利益，对于眼前盈利低、无利可图甚至亏本的，或者投资周期长、风险大的文化产业，他们往往不愿意投资，这容易让文化发展流俗化。市场各行业信息的滞后性和不对称性往往又使得投资者很难免于盲目，使得某些文化产品可能大量滞销，而有些文化产品则长期供给匮乏。

3. 传统文化管理体制的路径依赖

文化管理体制的核心问题是资源配置以及与资源配置相关的制度安排。传统的文化管理体制模式是政府通过自上而下的资源调控配置机制，有计划、有步骤、有组织、有效率地整合和配置各种资源，推动社会主义文化的发展。然而随着市场经济的发展和文化环境的变迁，传统的体制已经难以适应当下的文化市场的发展要求。政府虽然不断放松对文化市场的直接管控力度，文化行政职能也日渐转变，逐步由传统体制下政事不分、管办不分向市场体制下政企分开、政事分开、管办分离的改革目标推进，但是传统的管理模式影响犹在，文化市场在这样一种管理体制的路径依赖下尚未获得足够广阔的发展空间。

（二）当前政府如何管制？——宏观调控与微观规制

政府对文化市场的管制必须有所为有所不为，其管制方式必须合法、合理，符合文化发展的规律和市场经济的规律。政府对市场

---

〔1〕 详细的分析参见漆多俊：《经济法基础理论》（第4版），法律出版社2008年版，第12页。

的管制行为必须在承认市场对经济关系的基础性调节作用的基础之上进行，政府对文化市场进行管制时，必须尊重价值规律，考虑文化发展的内在精神独立之要求以及普罗大众对文化产品消费的需求。

政府对文化的管制主要体现在如下两个方面：

1. 宏观调控

制定和执行可以妥善完成一定目标的公共政策或立法，如十二五文化体制改革纲要中的目标。

理想的宏观调控方式是制定一部综合性的文化市场领域的法律。宏观调控旨在利用间接的倡导、鼓励和利益诱惑等手段，引导和促进文化各文化市场主体的利益走向，从而达到文化战略目标，引导社会主义文化产业的发展，推动社会主义文化的大发展大繁荣。

2. 微观调控

政府针对不同的文化产业与文化市场主体，制定具体的规章和制度，克服不同主体间的意思表示、利益最求多元化与市场秩序的冲突，设立一个统一的文化市场行为规范、统一的评判标准，最终建立一个公平、开放、竞争有序的统一的文化大市场。具体表现为：（1）对市场主体进入文化市场的规范，如广播电视条例/演艺业市场主体资格条件的法律设定等；（2）对市场主体行为的规范，如文化产品内容中的法律禁止性规定等；（3）对市场秩序的规范和维护，如对文化市场无证经营的取缔和责任追究的规定等。

微观规制的手段对文化市场主体而言是直接而强烈的，能对其权益产生直接的影响。如果程序和力度把握不好，往往会干预市场的自由，限制文化市场发展的空间，不利于文化市场主体的成熟与发展。

（三）为什么更少政府管制？

1. 有限政府原则

文化领域很大程度上属于民众的精神自由的范围，政府对于文化的管制能力往往只及于文化的载体的控制。文化是先于国家而存在的，国家出现以后又对文化施加了重大的影响，而文化在国家体制下，会受到一种对于国家而言十分陌生的原则的支配，同时作为原本自足的制度体系，文化特定的目标追求和事务逻辑，开始受到国家的干预和限制，这种现象在文学艺术领域体现得尤其明显。而这种干预和限制是有限的，不能违背文化本身的内在规律性。因此，政府对于文化市场的管制应当遵循"有限政府"的原则，政府对于文化市场的管制权力、管制范围、管制方式和管制程序均应由法律加以具体规定，法律没有规定的则政府无权介入。

2. 政府失灵

政府对于市场的调节只有在市场本身失灵的情况下才具有其合理性。而"权力与经济的结合，容易产生腐败和侵犯民众正当经济权益的情形……国家调节也有种种风险，调节不当也会发生失灵的现象"。[1]政府对文化市场的调节如果缺乏有效的法律规制和市场经验，容易发生违背客观经济规律和文化发展规律，把社会文化市场结构与文化市场运行搅乱的不良结局。

3. 思想市场的自由

文化市场中的文化商品，其本质乃是一种思想或观念，它只能被认识和理解而无法触摸、感知，而我们所见的文化产品如图书、录像带等不过是其载体而已。"在一个高度竞争的市场当中，思想是一种被大量生产的有用商品"，[2]政府对文化市场的管制之实质乃是对思想市场的管制，而这种管制"会造成这种危险——破坏民主程序，从而导致最大危险的垄断——政府权力的垄断"[3]。政府对思想市场的过度管制会限制和垄断言论和信息市场，这将造成壁垒，提高成本以及消费价格，从而降低社会有效产出和福利。由此，"对任何言论、观点和信息的不合理限制将对社会的发展极为有害，而且是对个人尊严生活方式的侵害"。[4]

---

〔1〕 漆多俊：《经济法基础理论》（第4版），法律出版社2008年版，第24页。

〔2〕 ［美］波斯纳：《法律的经济分析》（第7版），蒋兆康译，法律出版社2012年版，第999页，译者后记。

〔3〕 ［美］波斯纳：《法律的经济分析》（第7版），蒋兆康译，法律出版社2012年版，第1000页，译者后记。

〔4〕 ［美］波斯纳：《法律的经济分析》（第7版），蒋兆康译，法律出版社2012年版，第1002页，译者后记。

（四）如何更少政府管制？——间接管制与管制方式的法律化

1. 管制目标必须明确

政府对文化市场的管制必须具有明确的目标，在当下的文化环境背景和市场经济条件下，政府管制的目标除了十二五规划纲要中强调的内容外，还必须具体化为：（1）促进文化产业和经济的发展，不断培育文化市场主体和扩大并统一文化市场；（2）增加就业，不断吸收高学历的人才进入文化产业，充分利用高校毕业生等智力因素；（3）保证提供丰富的文化产品，满足人民日益增长的文化消费需求，改变当下文化产品稀缺，将供方提供什么民众消费什么的卖方市场转变为民众消费什么供方提供什么的买方市场，提高全民族的文化素质水平；（4）促进文化产品的输出，提高国家文化软实力和国家文化竞争力；（5）保障国家文化主权之安全，凝聚民主共识，增强民族文化归属感和认同感。

2. 减少直接管制，采取间接管制

由于政府公权力的扩张性、侵略性和自利性，官僚科层制的低效率、政府公权力寻租等原因，政府的干预可能存在失灵的状况。[1]文化市场领域政府管制的失灵主要表现为对文化市场某些领域的过度干预、管制过严或者管制的不合理甚至违法，在某些领域又缺少必要的规制。[2]这就导致某些公共文化产品的供应不足，文化市场无法寻到资源优化配置的最佳状态，致使我国文化产业发展落后，难以满足人民群众日益增长的文化消费需求。因此，政府不宜直接干预文化市场的微观经济行为和经济活动，而是要综合利用各种宏观政策与经济杠杆对市场进行调节，让市场引导企业按照宏观调控的方向活动，而政府干预的内容主要是协调社会总供给和总需求的矛盾。[3]

---

〔1〕　详见陈婉玲：《经济法原理》，北京大学出版社 2011 年版，第 50～57 页。

〔2〕　管制过严的例子如电影进口，缺少必要管制的例子如：缺少对动漫市场与网络信息传播市场的等级划分管制。

〔3〕　曹平、高桂林、侯佳儒：《中国经济法基础理论新探》，中国法制出版社 2005 年版，第 390 页。

3. 管制方式的法律化

相对于法律管制和促进，政策管制和促进的方式对于政府而言可谓驾轻就熟，且政策的制定成本低（主要是决策成本低，但决策失误的成本更高）、见效快、修改的程序简单。我国文化产业的发展与政策推动的作用息息相关，但必须认识到，就长远发展而言，法律的促进是更为重要、基础的方式，有利于构建良好的文化市场制度，形成稳定的制度化、规范化的文化市场秩序，[1] 让文化市场主体能够依据法律作出合理的预期和判断，有利于提高文化市场主体参与文化创造和消费的积极性。其推动效果要远远优异于政策推动的方式，且其决策失误的成本更低，对文化市场的负面影响极小。

政府对文化市场的管制多以行政性质的政策干预为主，这与市场经济法治化的发展要求是相悖的。行政权力具有扩张性，单纯地运用行政手段是一种无节制的、危险的活动，使政府对文化市场的管制法律化、程序化、责任化，才能杜绝行政手段的随意性和无制约性。同时，"政府对市场的干预必须摆脱国家主义的倾向"，[2] 摆脱"文化为政治服务"的意识形态色彩，不能将政府塑造成一个文化市场法律体系中的管理者、调控者或规制者，而应将文化市场主体当成被管理者、被调控者和被规制者，为此政府应当转变其地位和职能。

因此，政府对文化市场的干预政策必须法律化，政府干预经济的手段必须转为法律手段，形成"以法律为基础，以政策为补充"的管制模式，这是改善我国文化市场管制方式的必然选择。

七、文化市场法律机制的充分救济原则

宪法赋予国家在文化事务上的义务：一方面要求国家与文化事务保持距离，只有这样文化事务才有可能不受国家干预自由发展；另一方面只有国家创造一个自由、多元而开放的客观文化环境，提

---

〔1〕 详见祁述裕、王列生、傅才武主编：《中国文化政策研究报告》，社会科学文献出版社 2011 年版，第 14 页。

〔2〕 详见陈婉玲：《经济法原理》，北京大学出版社 2011 年版，第 63 页。

供一个切实有效的公民文化基本权益保护和救济制度，社会主义文化的大发展与大繁荣才可能在国家文化法律制度与政策的规制下由国家目标变为社会现实。

"但凡权利，必有救济，无救济则无权利！"国家文化职责的履行，必须以文化基本权的保护为准。[1]公民文化基本权作为宪法明文规定的基本权利之一，必有相应的救济程序予以保障，诉讼则是权利救济最为核心的、终极性的手段。而作为保护公民实体性权利的诉讼权利，其核心内容是权利救济最低的可能性[2]，其目的是使实体权利在遭受侵害时有恢复的可能性或使应予实现的权利能获得真正的实现。此时，诉讼权这一程序基本权本身不但要求国家消极地不予侵犯（作为防御权），更积极地要求国家应建立一套保障权利的诉讼制度。[3]

由于我国宪法诉讼制度付之阙如，作为公民宪法权利或准宪法权利的文化权（主要从国家－公民在文化领域的权利义务关系而言），在遭受到来自行政权、立法权甚至是司法权的侵害时，受害人在现有法律框架内往往无法找到恰当有效的权利救济途径，[4]使其被侵害的权利处于长期不能恢复或排除妨碍的状态。此外，对于公民的经济、社会和文化权利是否具有可司法性，[5]学界尚无定论，而我国司法实务届则持否定态度。[6]再者，宪法上的文化

---

[1]　许育典：《宪法》，元照出版有限公司2006年版，第83页。

[2]　我国台湾地区"大法官释宪令"第574号称：以人民于其权利遭受侵害时，得依政党法律程序请求法院救济为其核心内容。

[3]　李惠宗：《宪法要义》，元照出版有限公司2004年版，第261页。

[4]　典型的例子就是"齐玉玲案"，在该案中，齐玉玲的受教育权遭受侵害，当事人却不知依照什么具体法律（宪法上的受教育权条款或是侵权法中的条款）向法院申请实现其权利的救济，法院在判决过程中也犹豫难决。

[5]　关于"经济、社会、文化权利的可司法性"的全面论述，参见秦前红、涂云新："经济、社会、文化权利的可司法性研究——比较宪法的视角"，载《法学评论》2012年第4期。

[6]　直接的证据请看最高人民法院2008年12月18日发布公告：该院审判委员会第1457次会议于2008年12月8日通过了《关于废止2007年底以前发布的有关司法解释（第七批）的决定》，其中包括以"已停止适用"为理由，废止了最高人民法院《关于以侵犯姓名权的手段侵犯宪法保护的公民受教育的基本权利是否应承担民事责任的批复》。

权之规定极为抽象，全国人大及其常委会针对《宪法》第46、47条规定的相应文化权条款虽然制定了诸如《教育法》（1995年）、《义务教育法》（1986年）、《高等教育法》（1998）、《科学技术进步法》（1993年）等具体法律来加以保障，但仍然缺乏系统性的文化基本法，使得公民文化权的保障和救济呈现因法律的碎片化而碎片化的状态，其中的漏洞和缺失也就在所难免了。最后，私法层面的平等主体间在文化领域因文化权益引发的纠纷大多能在私法领域的纠纷解决机制内获得解决，但由于科学技术尤其是传媒技术的发展，私法上的救济机制也因为知识产权领域的日新月异和网络文化的异军突起而捉襟见肘。

因此，为保障公民的文化权益，使其在遭受侵害时能够得到及时、充分的救济，在现有法律框架可欲可为的空间内，有两种路径：其一，构建我国的宪法诉讼制度，探索文化权利的可司法性路径，使文化权利获得切实有效的制度保障；其二，完善私法领域现有的文化权益保护与救济机制，针对公民文化权益面临的侵权类型，在将来的文化基本法立法中，针对文化领域名目繁多的侵权行为作出类型化的划分，允许受害人就自己受到的损害直接提起损害诉讼，并且规定相应的民事主体侵权责任制度或政府侵权责任制度，对公民的文化权益进行特别的保护。

当然，宪法权利诉讼之目的主要在于防止公权力对私权利的侵害，但它并不局限于国家权力侵害个人权利的情形，对于一般社会主体或个人对他人宪法权利的侵害，受害人可以根据普通法律的规定特别是侵权行为法的规定来寻求救济。这实际上体现了宪法权利的司法保护原则。受害人可以用现存的民事诉讼或行政诉讼权利来主张权利。[1]

---

〔1〕 陆平辉：《宪法权利诉讼研究》，知识产权出版社2008年版，第67页。

第二节 文化市场受众的法律地位

一、文化受众——文化市场中被遗忘的群体

由文化市场所提供的文化生活方式实际上处于一种三方结构之中：市场主体、监管者及市场受众。市场主体，即遵循市场规律、提供文化产品从而获取经济利益的主体。前文中论及的文化市场法律机制的若干原则在通常语境下都以市场主体作为规范要求的来源，即上述法律原则主要服务于市场主体对于一种理想的文化市场秩序的期望。然而很明显的是，作为文化产品提供者的市场主体与作为文化产品消费者的受众是构成共生关系的，并且文化市场在更广义上的功能恰恰在于为文化消费者提供多元、富足的文化生活。检验特定社会文化生活的发展与繁荣程度的尺度自然包括了文化市场的发达程度，而一个获尊重、受保护且活跃的受众群体则是此处隐含的标准。文化市场对于文化受众而言，在根本意义上是手段与目的的关系，若忽视了受众在文化市场中的恰当地位，则文化市场的发展亦可能偏离正当性的轨道。

实际情况是，文化受众在很多时候都只是"沉默的大多数"，只是充当文化市场或文化产业高速发展过程中的配角。尤其是，当文化市场建设或文化产业发展被上升为某种具有宏观指导意义的国家战略的时候，其作为服务于受众之文化生活的手段属性将愈发被削弱，而作为自身即创造巨大商业价值的经济部门的目的属性则被愈发加强。在巨大的经济利益面前，受众可能异化为实现产业利益链条上的一个环节，甚至成为"被遗忘的群体"，以至于文化生活呈现本末倒置的格局。

受众在文化市场中的弱势地位可以有如下几种具体呈现：

（1）在产业政策的制定过程中无权置喙，被动接受市场主体与国家职能部门的安排。例如，国家为支持国内电影产业发展，采取了进口影片配额制度，客观上阻碍了电影受众自由获得国外影片资源的机会（通过其他渠道实际获得影片资源的情况除外）。这种限

制政策的主要考虑是，预留出国内市场的特定空间供国内产业来挖掘和占领，免于遭遇国外文化产品的强大竞争，从而扶持国内产业的发展壮大。显然，这一政策考量中没有受众的观影倾向的位置。政策制定者没有寻求在支持国内产业和尊重受众选择权之间达成平衡。实际上，受众群体的趣味和选择权在支持国内产业发展这一更高的政府利益（governmental interest）面前毫无对抗能力。

（2）市场的日常监管中无法有效参与，不能表达正当的利益诉求。对于一档引发社会热议乃至争议的电视娱乐节目，如果监管者运用法定权力予以限制或调整，是否需要听取受众的意见？当授予监管权限的法律规范存在较大解释空间，因此监管者掌握有较大的裁量权的时候，受众的利益与意见是否能够成为正当的考量因素呢？实际上，目前的文化市场监管体系缺少与受众之间的联系，几乎只是监管者与被监管者之间的猫鼠游戏。吊诡的是，监管者的某些监管行为——例如对特定电视娱乐节目的封杀——恰恰是以保护受众利益的名义作出，但却未能提供受众意见表达的平台或相关意见的证据。实际上，受众并不具有参与监管或表达相关意见的正式管道，监管者依法无需依赖受众意见进行执法，而这在文化生活中已经引发若干次"正当性危机"。

（3）在构成垄断的特定文化领域中遭受不公平待遇。文化市场如果存在垄断，受损的不只是被剥夺竞争机会的其他市场主体，更有任凭垄断者予取予求的受众。相对而言，受众更缺少在这种情形下维护自身利益的手段，除了放弃对于该领域文化产品的消费。在一个文化市场尚未得到充分发展，而国家垄断文化生活的格局仍未被彻底打破的情况下，文化受众的不利地位更为加剧，而这就是当前中国文化市场的特征之一。尤其值得注意的是，市场主体的垄断地位有时是由与市场监管者的特殊利益关联造成的，例如国有的文化产业实体进入市场时所获得的特别优惠或垄断式的权利。

由此可见，如何在文化市场中真正展现受众的特殊的利益诉求，避免这一最最庞大的群体沦为"沉默的大多数"，是文化市场的法律机制设计中不能回避的部分。

二、受众的文化权利

前一章已经对文化权利的规范内涵与属性进行了必要论述。受众并不是一个严格的、特定的文化权主体类型，因为文化权的一般主体必然在一定情况下以文化受众的形象出现。实际上，文化权的核心规范要求，即自由参与文化生活的权利，很自然地包括了作为受众而参与文化生活这一面向。同一个文化权主体，可以在此时作为文化产品的创造者，而在彼时作为文化产品的消费者；更重要的是，只要有文化产品的创造者，就必然对应着文化产品的消费者。因此当我们依照文化市场中的基本主体类型来探究文化权的规范内涵时，受众的文化权与市场主体的文化权在某种意义上是一致的。

此处值得强调是，受众的文化权所指向的义务主体是谁？在市场主体与受众之间，一般而言是构成民事法律关系，前者并不能运用任何公权力或类似公权力的实质权力来压制后者。但是，在市场主体处于垄断地位时，文化权能否被用于保护受众免于前者的侵害是一个值得思考的问题。应该说，受众免于文化市场垄断的权利的本质是要求市场监管者对于垄断情势予以干预，从而使受众回复至能够自由、公平地进行文化产品选择的状态。如果市场主体与受众之间并不存在经由垄断而形成的不公平法律关系，那么受众的文化权在这样一个相对法律关系中就是不存在的。

因此，与文化权作为一项基本权利的属性相一致的是，受众所主张的文化权主要是针对公权力机关的，即文化市场的监管者。具体而言，受众的文化权包括这样几个方面的权能：

（一）自由选择文化产品

受众的终极目的在于消费文化产品，而遵循真实自由的意愿选择文化产品就是基本前提。作为文化市场的受众，其面临的最大威胁莫过于被剥夺选择权，即要么被迫接受一种违心的文化产品并为此付出——可能是不公平的——对价，要么被迫放弃此领域文化生活的享有。对文化市场的监管者而言，保障受众的自由选择就是其重要义务。实际上，此一规范要求已经包含了上述消除市场垄断情势的要求。当然，构成对自由选择权之实质剥夺的情形不至于垄断，也包括监管者对于市场的关闭或其他情形。也就是说，文化权将确保市场受众既免于商家的垄断所造成的不自由，也免于"官家"的不当干预所造成的不自由。质言之，受众的文化权之首要意义，就是保证一个持续的、可以对文化产品进行自由选择的外在条件。

（二）投诉或表达利益诉求的机会

文化市场监管不仅仅是监管者与市场主体之间的事，也与受众利益密切相关，因此仅仅基于公平原则，受众就应当获得表达其利益诉求的机会，如同消费者有权向职能部门投诉或举报市场上的侵权行为一样。从反向逻辑来看，如果受众没有在监管制度中发表看法、表达不满或关切的正式渠道，那么其利益的维护只能依赖监管者的依职权主动执法，但事实上这是远远不够的。向监管者进行投诉或表达利益诉求，实际上是建立了最直接、最快速的权利救济通道，使得受众以一种间接的方式参与到文化市场执法中来。这不仅会提高监管的效率与品质，也会因为给予受众必要的表达渠道而增加监管者乃至整个法律制度的认受性。值得强调的是，投诉或表达利益诉求的渠道的建立需要具体的制度建构，应当依循法定程序完成。在这个意义上讲，国家首先需要履行保护义务，提供制度性保障。

（三）免于文化产品的事前审查或参与此种审查

文化产品投放于市场，在实质上就是交由受众来评判其品质，从而决定其命运。也就是说，只有受众才是文化产品的最终的、最合格的审查者，而这种审查绝不是"事前审查"，而是自由地接受多元、开放地评价。换句话说，那种事前审查制度（Censorship）对于文化市场而言，等于剥夺了本应由受众所享有的评判权，转而将受众能获得什么文化产品的问题交由某种公权力机关来决定。而如果这种审查机关不具有足够的代表性或审查程序缺少足够的程序正义，那么实质上就侵犯了文化权。也就是说，除非通过某种代表机制将受众的评价标准注入审查机制，否则任何的事前审查都是违宪的。

三、文化受众与文化市场法律机制的建构

如前文所述，文化市场绝不只是追求经济效益而已，其根本目的是经由一个繁荣的文化市场来为每个人的文化生活需求服务，而在文化市场中，就是为受众的需求服务。因此，文化市场的法律机制，不只是市场主体与市场监管者的行政规制关系，还有市场受众与市场主体的关系以及与监管者的关系。从根本上讲，受众的法律地位取决于对其文化权的承认，因此文化市场的法律机制必须是能够提供给这种权利以恰当保护的机制。

就保护受众的文化权而言，该权利的不同规范要求导致相应的法律机制建构将遵循不同路径展开。受众的文化权并不是某种新型主体的权利，也不是集体权利，但是该权利的实现在一定程度上需要制度性保障，而不仅仅体现为国家的消极义务。例如，要确保受众拥有表达利益诉求的正式管道，就需要先行建构必要的法律程序、机构。又例如，要将受众的意见纳入到某种类型的文化产品审查机制中去，也只能通过特定的制度建构才能完成。当然，受众的文化权当中依然体现自由权属性的一面，对国家仍旧提出消极、克制的义务要求，不过这并不是受众文化权的主要部分。

第三节 文化产业的自律、自治及其法律保障

一、文化产业的自律与自治

文化资源，通过文化产业的手段转化成现代生活价值，它才有意义。然而，无论是法兰克福学派于 20 世纪 40 年代对文化工业的批评和抨击，还是我们现在耳熟能详的文化产业，都是以大众传播媒介（包括出版、报刊、广播、电影、电视、音响、广告和网络传媒等）为核心的产业集合。[1]

---

〔1〕 康小明、向勇："产业集群与文化产业竞争力的提升"，载《北京大学学报（哲学社会科学版）》2005 年第 2 期。

改革开放以来，随着经济的快速发展，为文化产业建设提供了有效的经济基础。不难发现，我国的文化政策也从行政管制到产业自律自治，有了较大的转变。

1979年，邓小平在《在中国文学艺术工作者第四次代表大会上的祝辞》中提出："继续坚持毛泽东同志提出的文艺为最广大的人民群众、首先为工农兵服务的方向，坚持百花齐放、推陈出新、洋为中用、古为今用的方针。"[1]小平同志为新时期文化艺术的发展定下了崭新的基调。

1992年中国共产党第十四次代表大会提出建立社会主义市场经济体制。我国经济的复苏，为文化产业的发展培育了繁荣的市场经济大环境。

十五大报告中党中央提出依法治国，即"广大人民群众在党的领导下，依照宪法和法律规定，通过各种途径和形式管理国家事务，管理经济文化事业，管理社会事务"。[2]因此，文化的建设，同样应当被纳入到法制的轨道中来，它要求政府对于文化的管制也不得脱离于法律。

十六大首次提出文化事业与文化产业的概念，"国家支持和保障文化公益事业，并鼓励它们增强自身发展活力"。[3]"发展文化产业是市场经济条件下繁荣社会主义文化、满足人民群众精神文化需求的重要途径。完善文化产业政策，支持文化产业发展，增强我国文化产业的整体实力和竞争力。"[4]该报告指出文化产业不同于文化事业而独立发展，体现出了文化产业在文化建设中的重要性。同时，政府对于文化产业的管理政策也应区分于文化事业，做以相应的转变。

在2011年10月18日中国共产党第十七届中央委员会第六次

---

〔1〕 邓小平："在中国文学艺术工作者第四次代表大会上的祝辞"（1979年10月30日），载中共中央文献研究室编：《三中全会以来重要文献选编》（上册），人民出版社1982年版，第244页。

〔2〕《江泽民在中国共产党第十五次全国代表大会上的报告》1997年。

〔3〕《江泽民在中国共产党第十六次全国代表大会上的报告》2002年。

〔4〕《江泽民在中国共产党第十六次全国代表大会上的报告》2002年。

全体会议通过的《中共中央关于深化文化体制改革推动社会主义文化大发展大繁荣若干重大问题的决定》，提出加快发展文化产业的大战略。它具体指出，要健全现代文化市场体系，促进文化产品和要素在全国范围内合理流动；要创新文化管理体制，深化文化行政管理体制改革，加快政府职能转变；要完善政策保障机制，扩大公共财政覆盖范围，保障公共文化服务体系建设和运行；要积极吸收借鉴国外优秀文化成果，并推动中华文化走向世界。[1]

特别是 2001 年我国加入 WTO 以来，为了满足入世的要求，中国在制定诸多文化产业相关法律的同时，也转变了先前保守的文化政策，从而与国际接轨。2001 年 12 月 18 日，入世后刚刚一周，中国国家广电总局和文化部联合发布《关于改革电影发行发放机制的实施细则（试行）》，其中规定院线制成为主要发行机制（发行公司和放映单位直接向院线公司供片）。然而之前采用是的行政区域计划供片模式。另外，入世前的电影分为体制内（八一电影制片厂、长春电影制片厂）和体制外（保利等）两种。2002年，随着新的《电影管理条例》的实施，我国开始实行单片许可证制度［电影制片厂以外各类文化应是单位均可申请领取一次性《摄制电影许可证（单片）》］，打破了先前的垄断。诸多相应的举措，不仅使票房获得了激增，电影产量也创造出前所未有的繁荣景象。

不难发现，我国的文化产业经历了由管制到开放，由全能政府干预到有限政府扶持的阶段。文化产业内部的自律自治为促进新时期文化大繁荣大发展创造了良好的条件。

相比于行政管理，文化产业的自律自治具有自发性、灵活性和道德性等特征。在高度市场化运转下的文化产业，增强内部自律自治，既有助于预防行政管理的过度干涉，将政府的管制限定于一定程度之内，又可高效灵活地对自身予以完善。在现实生活中，对于一些文化产业的侵权案件，往往通过诉讼来处理。但是有些诉讼，

---

〔1〕《人民日报》2011 年 10 月 26 日。

特别是那些还够不上追究法律责任，或现有法律无法究其责的新闻诉讼，通过行业自律仲裁机构进行内部自我调整和纠正也不失为一种好办法。[1]

对于文化产业的自律，大体可以从以下两个方面来入手。

（一）文化产业主体自律

早在20世纪40年代，西方学者就曾建构社会责任理论，用以修正自由主义报刊理论的自身缺陷。社会责任论的理论前提是：人的理性并不完善，仅靠辩论不可能得到结论，没有任何人能宣布自己是胜利了还是失败了，人们有时难以从无休止的意见交锋中摆脱出来。人不可能绝对或天生的有一种动力来寻求真理，在他们厌倦的时候，思想懒惰的时候，容易被人操纵或智力退化。人的生存目标也不是寻找真理，而是满足直接的需要和欲望，在这种情况下，容易被动地接受所见、所闻和所感觉的东西。[2]因此，强调媒体权利与义务的统一，是该理论的核心。媒体在享有言论自由的同时，也应对社会负以责任。现今社会，不仅仅是一些媒体产业，其他文化产业的主体在自我发展的同时，同样应当做到自觉、自省、自查、自纠，主动担当起文化大繁荣大发展的社会责任。

具体到中国而言，企业承担多元社会责任还有一些特殊的原因。社会主义倡导并坚决肯定集体主义和奉献精神对社会进步的积极作用。只要由员工组成的企业都能对社会公益事业有所贡献，社会将更加和谐、进步、文明。[3]因此，对于中国而言，文化产业的社会责任不仅体现于学术理论的追求，也符合于自身发展的内在要求。

（二）行业组织的监督

拥有像时代华纳、沃尔特·迪士尼、维亚康姆等多家大型媒体公司的美国堪称世界文化产业的巨无霸。以美国的电影产业为例，

---

〔1〕 郑保卫："建立监督仲裁机构强化行业自律机制——关于我国组建新闻评议会的建议与构想"，载《新闻记者》2002年第8期。

〔2〕 陈力丹："自由主义理论和社会责任论"，载《当代传播》2003年第3期。

〔3〕 李炳毅、李东红："企业社会责任论"，载《经济问题》1998年第8期。

在高度市场化运作下，政府的干预极其少见，其主要由两个协会对电影业进行管理——美国电影协会和全美影院业主协会。1968 年，美国电影协会和全美影院业主协会推出了分级制，把在美国发行的影片按其内容对不同年龄观众群的适宜度进行了分级。大部分制片人都不希望自己的影片被评为 NC－17 级（它意味着色情和暴力），主流影院也大都拒绝播放此类影片。[1] 对于英国而言，其新闻申诉委员会是英国报业典型的一个自律机构。它成立于 1991 年，是英国报业的一个全球性新闻仲裁机构，它保持独立而不受制于其他任何人和机构，同时根据一套法规确立了对新闻纠纷进行仲裁的权威，这个法规就是邀请报界 11 位总编起草的有 16 条章程组成的《行业准则》。[2]

对于我国而言，文化产业的监督主要来自于外部的行政管理，内部自发组成的行业组织却发育缓慢。以新闻评议会为例，它是一种新闻行业自律的监督和仲裁机构，是新闻行业实行集体自律的一种有效组织机构，也是目前世界上许多国家通行的一种行业自律组织形式。它依据国家宪法和条例，对涉及新闻职业道德问题和新闻侵权所引发的新闻纠纷进行仲裁，并监督裁定决议的执行。[3] 我国香港和台湾地区也都设有新闻评议会组织。然而在大陆地区，该监督机构却是呼之未出，现存的中国记者协会，也并非实质意义上的监督机构，很难实现行业自律。

同样，我们也深知，若想真正赋予行业组织监督权，就应匹配相应的惩罚措施。因为行业协会惩罚权来源于成员的让渡，所以，行业协会惩罚权行使的主体是行业协会自身，而不是外部的国家机关，该权力主体地位也得到了国家法的确认。如我国《体育法》第 49 条规定："在经济体育中从事弄虚作假等违反纪律和体育规则的行为，由体育社会团体按照章程规定给予处罚……"《律师法》第

---

〔1〕　孙有中等编著：《美国文化产业》，外语教学与研究出版社 2007 年版，第 124 页。

〔2〕　侯隶瑶：《法国文化产业》，外语教学与研究出版社 2007 年版，第 39 页。

〔3〕　转引自孙桂杰："西方社会责任论对当代新闻实践的启示"，载《新闻爱好者》2010 年第 2 期。

46 条规定律师协会应当履行的职责有"制定行业规范和惩罚规则"、"对律师、律师事务所实施奖励和惩罚"。[1]对于该权力的设置，可以分为以下三个层面来讨论：第一层面，行业组织不可设置有关限制成员生命权、人身自由权的惩罚种类，这属于"加强型"法律保留。第二层面，对于惩罚金、公开谴责、取消会员资格、取消注册资格等惩罚种类，可先由国家法律作出原则性规定，后由行业协会作出具体化规定，这属于"框架性"法律保留。第三层面，行业协会无需法律保留可自行创设的惩戒种类，包括警告、训诫、内部通报批评、一定期限的暂停职业资格、剥夺协会章程所赋予的利益等。这在一定程度上也体现出国家对于行业组织自治权的尊重。[2]

二、文化产业自律自治的法律保障

（一）立法保障

文化产业的"自律自治"发展仍需立法的保障，只有在一定的引导和限制的基础上，文化才能获得更健康的发展。[3]

然而我国对文化产业自律自治的立法保障，却很难尽如人意。首先，我国的文化立法层级较低。我国尚缺乏文化基本法，其他法律中对文化产业自律自治的保障也十分罕见，大多出现在部门规章以及产业内部的制定的规则章程之中。中国广告协会就曾于1990 年制定了《广告行业自律规则》，对广告应当遵循的基本原则和广告主、广告公司、广告媒体所应体现的道德水准，作出了相应的规定。[4]因此，我国应尽快与西方发达国家相关文化法律法规以及国家法相接轨，建立完善的法律服务与保障体系。其

---

〔1〕 谭九生："职业协会惩罚权边界之界定"，载《法学评论》（双月刊）2011 年第 4 期。

〔2〕 谭九生："职业协会惩罚权边界之界定"，载《法学评论》（双月刊）2011 年第 4 期。

〔3〕 李怀亮、刘悦笛：《文化巨无霸——当代美国文化产业研究》，广东人民出版社 2005 年版，第 24 页。

〔4〕 张海金、姚曦主编：《广告学教程》，上海人民出版社 2003 年版，第 306 页。

次，我国立法的时效性严重不足。它往往滞后于文化产业的发展现状。因此，当相关文化法律法规与社会发展进程不相匹配之时，最终往往通过行政手段来调节。最后，我国地方立法薄弱。从文化资源角度来看，我国拥有五千年的悠久历史文明，拥有着多民族各具特色的风俗文化，不可谓匮乏。一些立足于当地原生态文化传统的文化产业，更加需要地方的因地制宜的立法保护。充分发挥地方立法权，为保护当地文化产业的发展发挥着积极有效的作用。

（二）行政保障

政府应通过法律对文化产业加以管理，这是最合法也是最有效的手段。

文化产业的发展应交由市场规律来调节，但对于一些特定的文化产业，在必要时政府也应通过税收调节与国家资助等措施给予相应的扶持。同样，国际上一般把文化产业分为两类：一类是具有强烈大众需求的通俗性娱乐，对这类文化产业的生产组织，一般强调其营利目的而不是过分强调其艺术价值。这类文化产业需要完全市场机制的商业运作。另一类是文化艺术附加值较高的行业，包括音乐、戏剧、诗词欣赏、古典与现代舞蹈、文学出版、美术、艺术电影、高雅艺术等，该类文化产品更强调其艺术价值，同时对人的精神影响也更大。对这类产业组织来说，在文化消费市场没有形成一定的消费规模时，组织自身在市场的环境下生存和发展的处境也很艰难，考虑到产业发展未来的收益，政府应给予扶持。这也是发达国家对文化产业所采取的政策的基本导向。[1]

以美国为例，为了保护公民的言论自由，它并不设立文化部之类的文化管理部门，但政府对于文化产业却给予了鼎力的扶持。政府为其提供了宽松的外部环境和严格的法律保障，他们用于资助文化事业的经费亦有严格的审批程序，先有政府核定，再由议会审议批准，如果政府和议会就某一文化议题产生争议，那么，法院将出

---

〔1〕　赵彦云、余毅、马文涛："中国文化产业竞争力评价和分析"，载《人民大学学报》2006 年第 4 期。

面对冲突予以裁决。显然，"三权分立"原则在文化领域亦贯彻到底了。[1]同样，对于欧洲人民，特别是法国人民来说，"采用电子手段向公众传播信息"这个服务又触动了一些非常敏感的问题：保护和发扬本国语言及文化，保存和发展本土创作及制作环境。因此，面对图像和音响服务的商品化，整个欧洲为了贯彻和实施对视听制作及传播的特殊规定，提出了著名的"文化例外"原则。[2]

对于英国而言，英国政府采取的主要措施包括，在组织管理、人才培养、资金支持和生产经营等有关方面逐步加强机制建设，对文化产品的研发、制作、经销、出口，实施系统性扶持。在面临国内创业环境中关键的金融及投资问题时，英国文化、媒体和体育部门出版了"银行经营（业务）"手册，指导相关企业或个人如何从金融机构或政府部门获得投资援助。[3]

我们的邻国韩国与日本对于文化产业的扶持力度也是相当大的。因此，对于我国而言有许多借鉴意义。我国政府可以通过制定相关的保护政策和健全相关法律法规，根据各种产业所占的市场份额、税收比例采取相应的扶持政策；为鼓励企业为文化产业发展提供赞助，政府可为相关企业提供减税的优惠政策；用管理经济市场的方法管理文化市场，通过机制化的法律法规手段来调控文化市场，逐步建立起完备和成熟的文化市场体系和网络。[4]

因此，我国应建立完善的文化产业法律服务体系。法律服务是由法律服务主体、法律服务行为、法律服务市场、法律服务领域、法律服务管理及法律服务环境等子系统组成的有机整体。构建完善的法律服务体系是一项庞大、复杂的系统工程。它要遵循竞争发

〔1〕 李怀亮、刘悦笛：《文化巨无霸——当代美国文化产业研究》，广东人民出版社 2005 年版，第 26 页。

〔2〕 侯聿瑶：《法国文化产业》，外语教学与研究出版社 2007 年版，第 146 页。

〔3〕 佟贺丰："英国文化创意产业发展概况及其启示"，载《科技与管理》2005 年第 1 期。

〔4〕 安宇、沈山："日本和韩国的'文化立国'战略及其对我国的借鉴"，载《世界经济与政治论坛》2005 年第 4 期。

展、统一开放、政府调控与市场调节相结合等原则，将政府职能由管制转换为培育，减少行政审批程序，进一步开发、开放文化市场。[1]

（三）司法保障

文化产业内部的自律自治，最终无法脱离司法的最后防线式的保障。

一方面，对于一些文化产业的侵权案件，特别是那些还够不上追究法律责任的，往往可以通过行业自律仲裁机构进行内部自我调整和纠正。然而，即便将裁判职能社会化甚至"私有化"，也同样面临如何保证裁判公正中立的问题——究竟谁有权裁判？社会又为什么信任私人裁判？在适当的制度保障下，规范化的国家裁判是国家的基本功能之一，也是国家不可推卸的责任。[2]

另一方面，当文化产业面临行政的违法干预之时，也只有司法权才能与之相抗衡。由一个政府机构裁判政府和人民之间的冲突，必然违反"任何人不能做自己案件的法官"的基本原则，因而无法使裁判结果得到公众信任。[3]因此，司法保障为文化产业的自我发展提供了最后一道屏障。

"资本主义，从消费文化的视角看，就不仅仅是个经济系统，而且是一种几乎使每种事务都服从于消费的文化。"[4]美国凭借各种先进的技术，打破自身历史积淀不足的局限，把各种思想文化统统纳入到自己的经营视野，销往五大洲；日本借由图画的力量，传播自身文化；韩国则以影视为突破口，创造出一股韩流。然而，中国的文化远未爆发出自身真正的实力。保障文化产业自律自治，促进文化大发展大繁荣，已成为当今中国亟待解决的问题。

---

〔1〕　王雪野："中国参与国际传媒秩序重构进程中的法律服务体系建设"，载《法学杂志》2010年第1期。

〔2〕　张千帆：《宪政原理》，法律出版社2011年版，第172页。

〔3〕　张千帆：《宪政原理》，法律出版社2011年版，第172页。

〔4〕　Arthur Asa Berger, *Cultural Criticism*：*A Primer of Key Concepts*, Thousand Oaks, Cslif：Sage Publications, 1995, p. 55.

第四节　文化产业发展与政府职能转变

　　当今世界，文化赖以发展的物质基础、社会环境、传播条件发生了深刻变化。文化的建设、发展和管理成为世界各国政府面临的难题，各国政府正在试图通过制度创新，抵御外来文化的渗透，发展属于自己的优秀文化。我国也正在通过部分地区、部分单位的文化体制改革试点，探索一条符合市场经济体制和文化发展规律，保证先进文化发展方向的文化体制改革之路。其中改革的一项重要内容，就是政府如何通过职能转变和制度创新，建立有效的文化宏观管理体制，为促进文化整体繁荣创建良好的发展环境。

　　长期以来，我国的文化建设始终强调其意识形态属性，一直处于执政党和政府的双重领导之下。因此，我国政府的文化职能，当然包括了执政党和政府对文化的统一、综合管理体制和职能。党中央把坚持先进文化的前进方向作为"三个代表"重要思想之一，将文化的作用和地位上升到历史的高度。党的十六大报告又对于这个思想进行了系统的总结，提出将"文化建设和文化体制改革"作为"全面建设小康社会"发展任务的不可缺少的组成部分，明确提出"大力发展社会主义文化，建设社会主义精神文明"，要"积极发展文化事业和文化产业"。在党的十八大报告中再次深化了文化的重要作用，提出"文化是民族的血脉，是人民的精神家园。全面建成小康社会，实现中华民族伟大复兴，必须推动社会主义文化大发展大繁荣，兴起社会主义文化建设新高潮，提高国家文化软实力，发挥文化引领风尚、教育人民、服务社会、推动发展的作用"，要"深化文化体制改革，解放和发展文化生产力"。这既是执政党对于文化建设和发展的纲领性要求，也是政府在管理工作中遵循的方针和原则，充分体现了执政党和政府对于文化建设和发展的重视。因此，在我国，推进文化建设和文化体制改革，执政党和政府对于文化管理职能的转变是文化体制改革的核心问题，也是改革成败的关键。

一、我国政府管理文化产业的传统模式

党的十一届三中全会在我国历史上具有里程碑式的意义。在这次会议上确立了以经济建设为中心的总路线和改革开放的主要政策，使我国的国民经济得到恢复并取得初步的发展。与此同时，文化产业开始起步。通过约三十年的发展，我国的文化产业在社会中的作用日益凸显，发展日益迅猛、规模初具、效益渐显，已经成为国民经济的重要组成部分，党的十六大报告确立了其合法性和独立性的地位。但不容忽视的是，随着文化产业的飞速发展，我国政府对文化产业的管理模式仍带有一些计划经济体制下"统包统揽式"的特征，这种传统模式的具体表现为：

（一）管理体制：条块管理

在我国，条块管理是随着计划经济体制的确立，中央集权的形成而出现的。1953 年以前，工业企业除华北地区以外，基本上是由各大行政区管理的。1954 年撤销了大行政区，主要工业企业陆续归中央各部直接领导。由此，我国就开始逐步形成条块结合，以"条条"为主的经济管理体制。到了 1957 年，这一体制基本确立。简单地说，条块管理是指既按职能又按属地进行的管理。它由两个系统构成：一是部门计划系统；二是地方计划系统。部门计划系统通称"条条"，它是由国务院各部、委、总局、总行，部属各管理局、公司以及所属企业、事业单位的计划管理机构组成。地方计划系统通称"块块"，它是由地方各级人民政府及其所属各管理机构（厅、局、处、科）以及所辖企业、事业单位的计划管理机构组成的。我国的文化产业由电影、广播影视、报刊、出版、音像、娱乐和广告等七大门类构成，政府对这些领域的管理通常被分散到文化部、新闻出版总署、广电局、旅游局、体育局、版权局、信息产业部、工商行政管理局、税务局等管理部门中，上级部门指导业务，同级地方政府统管人事和财政，形成条块结合的管理体制。

（二）管理手段：行政手段

行政手段，是政府管理文化产业的手段之一，主要是国家文化

行政机构采取行政命令、方针、政策、指示、规定、决议等措施，来调节和管理文化产业，使文化生产经营活动顺利进行。它是政府针对某些具体的对象、为达到某个直接的目的而采取的强制性手段。由于行政手段具有具体性、直接性的特征，所以它在政府的宏观调控中应该是作用较小、运用较少的手段。但是在我国却恰恰相反，对于文化产业的管理采取了过多的行政手段，这种行为忽视了市场机制、价值规律及法律手段在文化产业发展中的积极作用，造成文化企业的持续低效益、低效率以及资金与人才资源的严重浪费。

与之相对的是，法律和经济手段运用却较少。首先，文化产业中某些行业的运行缺乏必要的法律保障，文化活动的管理缺乏法律依据。近年来文化立法工作虽然有明显进展，但仍不能满足文化产业发展和政府管理文化产业的需要，执法机制很不健全，文化产业管理部门难以有效地履行检查监督的职能。其次，文化产业管理缺少必要的经济手段。文化产业方面的税收、赞助、信贷等文化经济手段的利用还不完善，无法起到引导文化产业良性发展的作用。已经制定的有关文化经济政策也没有得到很好的落实，致使文化行政主管部门难以有效地运用经济政策对文化产业进行区别对待，分类指导。文化产业经费过低，严重阻碍了文化与经济协调发展的步伐，也严重降低了文化行政主管部门对文化产业的管理调控能力。

（三）管理内容：全面管理

在文化管理上，政府事无巨细地照顾文化企业单位，扶持其生产并直接参与各种文化生产组织的管理，政府与文化经营单位之间的责、权、利尚未理清。长期以来，文化全部事业化，政府职能全能化：政府统管各项文化事业，充当着文化事业的所有者、举办者、管理者、经营者多重角色。文化单位的目标任务、人员编制、活动经费、岗位设置、人事任免，均由上级行政部门负责，文化事业单位事实上成了政府部门的附属物。与事业体制相伴的是，文化单位的产品实行计划供给，政府通过计划形式确定每年文化产品供给的数量和类型。此外，由于现有国有文化经营单位大多数采取事业单位企业化管理，既有事业单位属性，又有企业运营特征，有关主管部门，从社会效益出发，要求这些单位完成公益任务，而一旦这些单位出现收不抵支、经营亏损时，又放手不管，认为是企业化运作，投入也十分有限。

二、西方国家管理文化产业的经验

我国已经加入 WTO，与国际市场接轨成为文化体制改革的一个重要推动因素，国外发展文化的经验也值得我们借鉴和思考。国外发展文化的一个最有效的经验就是产业化、市场化、企业化，企业通过市场经营文化产品，适应不同层次的文化需要，最后形成社会文化的繁荣。而要了解各国政府在文化发展中的作用和效果，就应该对当代文化发展政策的源流和典型模式有所认识。

1982 年，联合国教科文组织（UNESCO）在墨西哥召开"世界文化政策大会"，会议明确把人文－文化发展纳入全球经济、政治和社会的一体化进程，并把推动文化发展当作各国政府面对新世纪所应当做出的承诺。1997 年联合国教科文组织又出台《联合国世界文化发展 10 年（1988～1997）》，明确提出要提高全球人类共同体的人文－文化关怀，进一步促进经济－政治－文化的融合。1998年 3 月，联合国文化和发展委员会在斯德哥尔摩举行题为"促进发展的文化政策"的政府间会议，并同时出版两年一度的《世界文化发展报告》。此次会议的行动方案敦促世界各国"设计和出台文化政策或更新已有的文化政策，将它们当作可持续发展中的一项重要内容"。[1] 1998 年，随着欧盟理事会文化指导委员会确定将建设"创造性的欧洲"当作自己的战略目标并推出了欧盟文化政策的框架模式后，欧洲各国在 1998 年后相继推出了自己的官方、半官方的文化政策。连加拿大也接受了欧盟的这种文件框架，从而加入到"创造性的欧洲"的行列。

西方国家文化产业的繁荣与发展，与它们的文化管理体制紧密

---

〔1〕 Culture & Unesco, "Cultural Policy Recoul CCS", available at http://www/unesco. oig/culture/policy.

相关。由于各国国情不同，西方各国文化管理机构呈现出不同的特点。美国政府对文化的管理采取"无为而无不为"的思想，机构中没有单独设立文化部，只是通过联邦艺术暨人文委员会、国家艺术基金会、国家人文基金会和国家博物馆委员会，作为联邦政府的文化代理机构，负责对全国重要的文化艺术活动的计划协调和对非营利性的文化团体和个人的财政资助等。

法国政府没有采取美国式的通过中介代理机构实行间接管理，而是通过文化部集中管理全国文化事业。文化部在每个大区都设有文化事务管理局，以作为文化部的派出机构，统一对全国的文化事业实行"一竿子插到底"的协调管理。法国政府对文化部门的管理有别于对一般行政部门的管理，它并非采用行政命令，而是通过签订文化协定的契约形式确保管理目标的实现，这是法国的独创。在这种模式下，许多公共文化部门拥有很多自主权，有自己的人事制度和收入。

英国吸收借鉴了美、法国的经验与有效做法，建立了直接管理与间接管理相结合的三级管理体制。中央一级是文化、新闻、体育部，负责制定文化政策和统一划拨文化经费及审核使用情况。中间一级统称"官歌"，是各类文化艺术委员会，负责执行文化政策和具体分配文化经费。基层一级是基层地方政府和地方艺术董事会，具体使用文化经费。上述三级架构，各自相对独立行使职能，无垂直行政领导关系，但通过制定和执行统一的文化政策，逐级分配和使用文化经费，相互紧密地联系在一起。"官歌"具体负责国家艺术经费和基金的分配和使用，避免了文化主管部门直接干预文化艺术，防止资金分配上的政治影响。[1] 这种"一臂之距"的做法，是英国文化管理的法宝。此外，在 1997 年 5 月英国还专门成立了包括了主管英国文化、外交、金融等 3 个重要部门的负责人以及部分文化产业的商界人士在内的文化产业行动小组，体现了政府对这一特殊产业的重视程度以及扶持、协调文化产业发展的决心。[2]

---

〔1〕 范中汇：《英国文化管理》，文化艺术出版社 2001 年版，第 23 页。
〔2〕 范中汇：《英国文化管理》，文化艺术出版社 2001 年版，第 305 页。

三、政府职能转变对文化体制的启示与影响

20 世纪 70 年代至 80 年代，世界范围兴起了"新公共管理"的思潮和运动。日益加剧的全球经济竞争、第三次民主化浪潮、突飞猛进的信息技术革命和政府的绩效赤字是促进全球化政府改革运动的主要原因。综合各国的改革措施，这次新公共管理改革的主要内容包括：一是政府出台私有化或带有私有化倾向的措施，通过国有股份的减持和社会服务的私营化，大大减轻政府的财政压力，而且有利于社会逐步摆脱对政府的过分依赖；二是政府引进市场理念和私营部门的管理模式，改革政府的传统官僚行政观念；三是调整决策与执行的行政架构，满足社会对社会服务的动态需求；四是实现政府在公共服务方面由直接提供者转变为监督者；五是政府将自己的职能定位于"掌舵"而不是"划桨"。随着新公共管理理论和实践的发展，从 20 世纪 90 年代开始提出的"治理理论"的兴起，又不断地调整政府与市场、政府与社会的关系，以弥补国家和市场在调控和协调过程中的不足，使新公共管理的内涵和理论不断丰富完善。

与世界各国面临的形势相同，在经济全球化和体制转型的背景下，我国的经济结构、社会结构和社会组织也都发生了重大的转型，我国的公共管理受到了来自内外两个方面的挑战。我国政府在积极应对加入 WTO 以及经济体制转型的过程中，积极推进自身的机构改革和职能转变，使政府的角色发生了很大的变化。特别是在经济领域，历次政府机构改革从配合经济体制改革、适应市场经济的发展要求，强化宏观管理职能，淡化微观管理职能，改变政府对经济的干预方式，把政府管理的重心转变到宏观调控、社会管理、公共服务等方面，管理的方式从直接管理为主转变为间接管理为主，管理的手段从以行政手段为主转变到以经济、法律手段为主。2003 年 3 月《政府工作报告》中将政府的职能概括为经济调节、市场监管、社会管理、公共服务四个方面。

通过这些改革措施，我国在经济建设和体制改革方面取得了重

要的进展，表现为：市场在资源配置中的基础性作用进一步加强，市场供求关系由供给约束为主转向需求约束为主，企业依法自主经营的体制环境和法制环境开始形成，国有企业转变机制和建立现代企业制度迈进了一大步。这些变化使政府在微观层面和浙江大学公共管理（MPA）硕士专业学位论文政府职能转变与文化体制创新运行层面上直接干预经济事务的必要性大大减少，为改善宏观调控、加强市场监管和深化国有资产管理体制改革奠定了重要基础。这些改革措施不仅减少了对经济的直接作用，也削减了对民众日常生活的干预，但这并不意味着政府重要性的下降，而是意味着政府工作进入了新的层面。政府仍然在经济社会中起积极作用，只是不再诉诸全面干预。

体制创新是理论创新、观念创新的实践支撑体系。新公共管理理论和我国经济体制改革为文化体制改革提供了可借鉴的理念、经验和方法。我国经济体制改革决定了社会各方面的转型，其中一个重要方面就是政府的职能从计划经济条件下的全能政府，转向市场经济条件下提供公共服务的政府。我国进行的经济体制转轨，最根本的变化是将资源配置方式从行政配置为主转向市场配置为主。市场经济体制下，政府职能从原来以管理经济为主，转向以管理社会为主；从实施全面管理的全能政府变为实施公共管理的有限政府。政府承担提供公共产品、公共服务和弥补市场缺陷的角色，做市场做不到或做不好的事情，改变政府以往在市场方面介入过多的"越位"和在提供公共产品方面明显的"缺位"现象，使政府的社会公共管理职能得到加强。[1]

长期实践已经证明，以市场的手段发展经济，以计划的手段发展文化，在体制上保持"两张皮"不仅不利于缓解，而且只会加剧矛盾；不仅不利于提高发展速度，还会抑制发展速度的提高。过分强调文化的上层建筑和意识形态特点，是使文化建设脱离经济和社

---

〔1〕 谢锐："深化文化体制改革，推进文化产业发展"，载张晓明、胡惠林、章建刚编：《2004年中国文化产业发展报告》，社会科学文献出版社2004年版，第22页。

会生活、发展受到抑制的主要原因。因此，进入 21 世纪，我国政府在继续深化经济体制改革的基础上，提出了深化文化体制改革的任务。中共十六大报告指出："要继续深化文化体制改革，抓紧指定文化体制改革的总体方案。深化改革同调整结构和促进发展结合起来，理顺政府和文化企事业单位的关系，加强文化法制建设，加强宏观管理，深化文化企事业单位内部改革，逐步建立有利于调动文化工作者积极性，推动文化创新，多出精品、多出人才的文化管理体制和运行机制。"文化体制改革的动力同样来自国内和国际两个方面，文化体制改革也同时面临"两个适应"，既要符合文化产业的自身发展运行的经济规律，又要充分保证和体现政府对于文化建设和发展的主导权。从政府职能的理论和实践发展看，政府对文化的社会管理应定位于保证法律、法规公平公正地执行上，对文化的产业管理应定位于政策引导和产业扶持等宏观调控上；对文化的市场管理应定位于监督职能上。在充分肯定市场机制作用的基础上，实现政府在文化产品供给和文化公共服务方面由直接提供者转变为监督者，为文化市场的良好运转提供民主和法治的制度框架。

四、我国政府文化管理职能转变的方向和路径

（一）我国文化管理体制改革的基础与方向

1. 调整政府干预与市场取向的关系

社会主义市场经济是通过市场机制的作用来配置社会资源的经济形式，作为社会资源内容之一的文化资源的配置也应该更多地受制于市场的力量。将市场机制以及产业运作方式引入大部分文化领域，将有助于这些文化领域转变自身运作机制、方向和方法。"文化市场以及文化产业机制通过需求价格关系，发出灵敏的市场信号，形成有力的竞争机制，对文化市场和文化产业的投资者、生产者、经营者形成经常性的激励和压力，迫使文化企业不断降低生产经营成本，优化生产要素的配置，提高文化产品的数量和质量，不断创新文化创作和表现形式，满足人们日益提高的多样化文化需

求。"[1]

发达国家和地区的经验以及改革开放以来的实践已经充分表明，市场经济以及产业运作方式，不仅是使一个国家摆脱贫困、实现经济腾飞的最有效的途径，而且也是一条可以促进文化产品繁荣的有效通道。同时，将市场机制和产业方式引入某些文化活动领域，对后者进行市场化、产业化的经营，无疑将有助于这些文化活动领域转变自身运作机制、方向和方法，有助于其发展。文化产业只有在市场经济的条件下才可能存在并发展，文化的经济属性只有在市场经济的时代才可能被充分地认识和发掘。因此政府管理职能的转变在文化建设中显得越来越重要。而政府与市场同样作为文化体制改革的重要推动力，两者关系的调整在于：两者作用的大小、程度和方式应随文化体制改革的推进作相应的调整。在改革之初，政府的"第一推动力"尤为重要，如果没有政府的推动和引导，文化体制就不可能冲破长期形成的计划体制的藩篱和现有的利益格局，真正解放和发展文化生产力。但是，在文化日益走向市场的条件下，文化改革的真正动力来自于市场，市场是决定文化企事业单位兴衰成败的最后决定力量，即便是政府推动也必须以市场导向为基础，只有符合市场经济的推动才是真正有效的推动。

2. 理顺政府宏观调控与企业微观运行的关系

在现行的体制中，长期存在的政事不分、政企不分，是影响政府部门和文化单位之间到理顺关系的最大障碍。一方面，政府在微观层面的"越位"的现象严重。虽然许多文化单位已经取得了独立法人的资格，具备了独立经营的资格和能力，但政府仍然依靠行政手段掌握着包括资源分配、生产范围、再生产比例、分配奖励、人事任免等一系列企业经营和运行的重要权力，这严重影响了文化单位的自主经营和参与市场竞争。政府在微观层面管得过多过细，管了许多不该管、管不了、管不好的事。另一方面，政府在宏观层面的"缺位"现象同样严重。突出表现为：政府部门虽然拥有大量的

---

[1] 参见陈立旭："发展文化产业对浙江建设文化大省和现代化的作用研究"，载陈立旭等：《解读文化和文化产业》，浙江人民出版社 2003 年版，第 8 页。

行政审批事项和行业管理政策，但对于文化事业和文化产业的发展缺乏整体规划、战略研究、科学方法和长效机制。因此，要理顺政府宏观调控与企业微观运行的关系，就是要强调政府部门逐步退出文化单位的微观运行，从大量行政审批事项中摆脱出来，把属于企业生产和经营的权力还给企业。退出微观领域，并不意味着政府的"无所作为"。政府同时要逐步加强政府的宏观调控，集中精力把属于政府自己的宏观调控、政策引导、依法行政、市场监管、社会管理和公共服务等管理职能做好，有效地保证文化单位健康有序的微观运行。

3. 实现限制政府权力与提高调控能力的平衡

在改革的进程中，我们会发现市场的"软权力"正在不断扩展其空间，政府的权力越来越受到市场这只"看不见的手"的制约，企业、公司的行为方式不仅直接影响国家政策的制定，而且变更着社会的消费心理。政府长期干预侵蚀市场领地的状态将得到转变，政府与市场之间的计划、管制等强制性关系将面临解体，政府的权力在很大程度上或被动或主动地受到限制。但是，政府不能成为被动承受者，政府必须对文化的导向、市场的变化作出即时的反应，必须适应新的市场条件下管理职能的转变，甚至在某些领域要强化和创造新的职能，这使得政府行为受限的同时政府权力也得到调整和更新。政府职能的变化要求在政府和市场的运作之间保持平衡，全面提高政府自身的管理和调控能力。只有提高能力，才能扩大树立政府的权威性，才能保证政府在文化发展和建设中保持主导作用。

（二）我国政府文化管理职能转变的路径

1. 政府从经营性文化产业的微观运行领域"退出"

要实现管办分离。首先，政府要实现管办分离，政府在经营性文化领域要逐步减少直接供给文化产品和文化服务，按照"政府主办、政府参与、政府指导"进行区分，把办企业、办活动的权力真正交还市场主体，减少政府对它们的不恰当的干预，同时使社会、民间资源有机会进入更多的文化领域。而对于必须由政府办的，要遵循"政府目标负责、行政管理规范、私人消费拉动、扩大经营竞争"的原则，将政府直接办企业的比重控制在一个恰当比例范围内，并在运行过程中积极引入竞争机制，通过内容和形式的创新和市场化手段谋求高的效益。[1]其次，政府要帮助重新塑造文化市场主体。以国有文化单位为重点，改变它们长期以来对政府拨款和补贴的依赖，把经营性文化企业逐步推向市场，进一步完善其法人治理结构，使文化企业真正成为法人实体和市场竞争主体，去接受市场的考验，在市场竞争中增强综合实力和市场辐射能力。从经营性文化资源配置的严格控制中退出，发挥市场的调节作用。政府要放松对文化生产资源的控制，将至今仍然掌握在手中的文化企业的生产资源配置权交还给企业，让企业更多地依据市场需求的信息组织文化产品的生产和文化服务的提供。政府要促进文化生产资源的流动，构成文化资源的各种要素——文化劳动力、文化生产资料、文化人才等都应进入市场，这些要素之间必须是开放的，各种要素处于流动的状态，因此政府要打破阻碍文化资源整合的行政壁垒，推动文化资源跨地区、跨行业、跨所有制的流动和重组，这样才能使资源配置不断优化。政府还要设法增加对文化资源的投入。增加文化资源的投入和进入，政府就必须改革文化投融资体制，扩大文化市场准入，在国家政策允许的范围内，鼓励外资、民资和社会资本投资兴办文化产业，建立多元化的文化投资机制，形成全社会共同参与文化产业发展的新格局。

从经营性文化企业内部运行的控制权力中退出，给予企业充分自主权。政府要将文化企业经营和运行中的一系列的重要权力还给企业，包括资源分配、生产范围、再生产比例、分配奖励、人事任免等，要积极鼓励和推动文化企业内部的各项制度改革，不要让人事编制、干部额度、工资总额等规定成为限制和障碍，让企业在经营性活动中，拥有充分的自主决定权，实现企业的责、权、利相统一。对于国有文化企业的管理，政府要实现从全面管理模式向新型

---

〔1〕 谢锐："深化文化体制改革，推进文化产业发展"，载张晓明、胡惠林、章建刚编：《2004 年中国文化产业发展报告》，社会科学文献出版社 2004 年版，第 22 页。

国有资产管理模式的转变，建立既有利于国有资产管理，又体现文化产业特殊性的新型国有文化资产管理模式。要对国有文化单位实行国有资产授权经营，同时制定体现社会效益和经济效益相统一的国有资产经营业绩考核办法，加强对国有文化资产的监管，确保国有资产保值增值，实现政府导向和市场需求的统一。

从具有自然垄断属性的文化产业经营中退出，保护竞争、提高效率。由于文化的特殊性，在某些经营性文化产业当中，还存在着具有自然垄断性质的业务，而这些业务也不可避免地存在高成本、低效率、高利润的问题。政府要推进这些领域的改革，首先要让政府自身从这些业务中独立出来，将政府与垄断经营业务的利益分开，并将其作为政府规制的重点，着重强调社会效益等公共目标的考核和监督。同时，政府在这些领域要积极引入和保护业内竞争，进一步打破业务垄断，降低成本、提高效率，努力实现社会福利的最大化。

2. 政府在文化宏观管理领域作用的"强化"

加强文化产业的宏观调控。文化具有的意识形态特殊性，应该体现在政府应始终注意把握社会舆论导向，建立保证党的领导、强化政府管理，调控适度、运行有序的文化宏观领导体制。文化的产业属性也要求对于文化的发展应该加强整体规划，合理调整产业布局与结构。因此，政府要根据经济发展的适应水平和文化市场的预测信息，制订文化事业和文化产业中长期、近期发展规划和阶段性发展目标，通过科学规划，运用综合手段，促进文化产业集聚，培育文化产业区块，支持高新技术的开发运用，发挥文化产业的联动效应，以减少市场失灵的不利影响。

加强文化发展的政策引导。对于文化发展的调控和引导，应主要体现在各类文化经济政策制订和完善，以确定经济杠杆的运用尺度和范围。要制定和完善文化单位在转企改制、走向市场的相关配套政策，比如社会保险、职工离退休、资产处置政策、公共财政补助等。要落实和完善财政、税收、物价、土地、投融资、编制、人才等方面的政策，支持文化产业的发展。特别是在税收方面，应该根据文化产品生产和经营的具体性质和作用，实行减税或免税政策、差别税率政策、税利返还政策等；在融资方面，实行包括低息、无息、贴息等资助性信贷优惠、资产抵押等金融信贷政策，扶持文化单位的经营活动和硬件改造；在多元投资方面，要积极、稳妥地引进外资发展文化产业，积极鼓励民营文化企业的发展，特别是要通过政策引导，鼓励民营资本对文化事业、文化企业、文化设施的投入，逐步形成政府投入和社会投入相结合，多渠道、多元化的文化产业投入机制。完善文化管理的法律体系。加强法治的前提是必须制定和完善维护国家文化安全、保障公民文化权利、规范文化市场秩序、促进文化事业和文化产业发展的健全协调统一的法律法规体系。建立体现宣传文化特点，适应法制建设总体要求的法律法规体系，不但体现了执政党对于文化管理意志的保证，也是实现政府职能方式转变的基础。要理顺党委和政府的文化管理的职能关系，党委系统着重于对意识形态导向的研究、把握和对社会舆情的掌握分析，并将党的意志主要通过司法渠道体现在法律、法规体系之中；政府部门则着重于对法律法规体系的维护和具体执行，并强化经济手段，间接调控文化市场。

强化文化流通的市场监管。首先，政府要着力建设完整的市场流通体系。文化市场体系建设在文化体制改革和文化产业发展中具有举足轻重的作用，是文化企业进入市场后，文化资源在文化企业之间合理流动的重要条件，也是政府职能转换后，实现对文化企业宏观调控的必要中介。建立完整的市场流通体系，必须改革传统流通方式，大力发展连锁经营、物流配送和电子商务等现代营销方式，促进文化商品和生产要素在统一市场中合理流动。其次，要营造公平竞争的市场环境，制订明确的市场准入和退出机制，打破市场分割和地方保护，建设统一、开放、竞争、有序的文化市场。再次，要加大对非法活动的执法力度，由于文化产品的特殊性，政府必须严厉打击文化侵权和非法经营活动，坚决禁止制造和传播不良文化的行为，大大增加非法活动的成本，维护合法经营，保护知识产权，确保文化市场规范、有序、健康发展。

发展文化行业的社会组织。为了弥补政府和市场在文化的调控和协调过程中的不足，应该不断地调整政府与市场、政府与社会的关系，政府应该清醒地认真到两个事实：即自身职能范围的局限与社会组织很不发达。文化中介机构是文化生产、供应、销售、消费链中不可或缺的重要一环，政府应该积极发展现代文化市场社会组织，鼓励、扶持社会组织承担起一部分职能，如文化信息咨询机构、广告服务机构、文化产品评估检验机构、文化经济行业协会、文化经营资格审定机构、文化经纪机构、文化市场举报机构等，充分发挥他们在维护行业权益、进行行业自律、制定行业标准、提供资格认证、规范文化市场、调节经营行为等方面的积极作用，在文化产品与文化服务的生产者和消费者之间充当重要的桥梁角色，把文化产品和服务推向市场，也使文化市场中的服务、沟通、公证和监督机构尽快建立起来并正常地投入运作，实现文化治理模式的创新。

加强文化产品的公共服务。无论是从满足人们的文化需求角度，还是从保护民族文化的独特性角度，政府对文化的投入都是非常必要并且应该不断加大力度的。政府要加大公共财政对文化的扶持力度，特别是对公益性文化事业、基层文化设施、重要新闻媒体、重要文化遗产、优秀文化艺术建设的投入，既扶持体现民族特色、优秀传统的高雅文化、精英文化，也扶持具有广泛群众基础、体现公共文化服务的大众文化，满足文化生态学的多样性要求。同时，还应不断改革政府的投入方式，变单纯增加投入为鼓励有效产出，建立新型公共财政支持模式，提高公益性文化事业和重点文化项目的投入效益。

3. 政府管理职能思路、范围、方式的转变

文化管理的总体思路，实现从"高门槛、重审批"向"低门槛、重监管"转变。以往，政府对文化市场的管理思路是：设置较高的准入条件、严格区分资本性质和行政级别，严格控制文化单位的总量，还有诸多内部控制的因素，是典型的"审批型政府"，但同时对于市场准入以后的监管却往往"缺位"。这使得文化市场的

准入很难，但一旦进入却没有严格的行为规范。而在新的时期，政府应该转变管理的思路，在降低文化市场准入门槛的同时，加强事后的监管力度；在明确市场法定准入条件的同时，明确市场退出的条件和规定，体现"宽严有序"，强调管理实效，真正实现从"审批型政府"向"监管型政府"转变。

文化管理的职能范围，实现从权力高度集中向限制权力、提高能力转变。在改革的进程中，政府长期干预、侵蚀市场领地的状态将得到改变，政府的权力和行为要主动地受到限制，同时着力提高管理和调控能力。政府自身必须大力推进市场取向的改革，淡化"政绩意识"，强化成本意识、效率意识，提高公务员素质，减少决策失误，降低政府行政的间接成本，变管理型、领导型政府为指导型、服务型政府，并通过政府与社会机构、公民之间相互交流、协调合作，开展社会综合治理。

文化管理的职能方式，实现从行政方式向主向法律、经济手段为主转变。政府在实施文化管理中，应综合运用经济、法律、行政的手段，而对于主要运用的手段，则要根据从直接管理向间接管理、从微观管理向宏观管理的要求转变。行政手段的直接、快速有其独特的优势，但往往是直接的、微观的干预；而法律和经济手段则能够更好地体现现代政府管理的公正、公平、透明原则，避免政府失灵的不利影响。而在经济手段和法律手段的选择上，也应区别不同的情况：对于市场监管和行政执法方面的管理，应主要依靠法律手段进行；而对于企业扶持和公益服务方面的管理，应主要依靠经济手段进行。

最低文化权益保障的法律机制：
文化大发展大繁荣的公平之维

第一节　文化事业的法律原则

我国《宪法》第 20 条规定："国家发展自然科学和社会科学事业，普及科学和技术知识，奖励科学研究成果和技术发明创造。"第 22 条规定："国家发展为人民服务、为社会主义服务的文学艺术事业、新闻广播电视事业、出版发行事业、图书馆博物馆文化馆和其他文化事业，开展群众性的文化活动。国家保护名胜古迹、珍贵文物和其他重要历史文化遗产。"这些条文都是对我国文化事业的规定。文化事业是公共事业的有机组成部分，是人类精神文明实践的重要形式。广义的文化事业既包括文化产业，也包括难以或尚未进行产业化运作的公益性文化事业；[1]狭义的文化事业主要是指公益性文化事业，本章中仅指狭义的文化事业。

文化事业的法律原则是指贯穿于整个文化事业立法、执法、司法以及文化事业建设过程中，都必须遵循的某些基础性或本源性的规则或原理。基于文化事业的固有属性、文化事业建设的规律以及我国现阶段的基本国情，我们将文化事业的法律原则界定为以下三个原则：最低限度供给原则、文化平权原则和文化项目高效、透明

---

[1]　十五届五中全会通过的《中共中央关于制定国民经济和社会发展第十个五年计划的建议》中首次使用"文化产业"这一概念，十六大报告中提出"发展文化事业与文化产业"，2003 年 9 月文化部下发的《关于支持和促进文化产业发展的若干意见》将文化产业界定为："从事文化产品生产和提供文化服务的经营性行业。文化产业是与文化事业相对应的概念，二者都是社会主义文化建设的重要组成部分。"以后的规范性文件基本上都采用了文化事业与文化产业二分的界定方式。

原则。这三个文化事业的法律原则是相互影响、相互制约的。而且，文化事业的法律原则是一种开放性的体系，随着我国经济社会发展水平的提高、文化事业建设的深入推进、人们文化需求的日益增长，它还可以涵摄其他法律原则。

一、最低限度供给原则

（一）最低限度供给原则产生的基础

十七大报告首次提出"人民基本文化权利"，十七届六中全会决定提出："要以公共财政为支撑，以公益性文化单位为骨干，以全体人民为服务对象，以保障人民群众看电视、听广播、读书看报、进行公共文化鉴赏、参与公共文化活动等基本文化权益为主要内容，完善覆盖城乡、结构合理、功能齐全、实用高效的公共文化服务体系。""满足人民基本文化需求是社会主义文化建设的基本任务。必须坚持政府主导，按照公益性、基本性、均等性、便利性的要求，加强文化基础设施建设，完善公共文化服务网络，让群众广泛享有免费或优惠的基本公共文化服务。"从上面的论述中我们可以看出，我国在发展文化事业过程中，将政府的供给义务界定为"满足人民基本文化需求"，这种文化权益的供给仅仅限定在最低限度。最低限度文化权益的供给，在范围上指"看电视、听广播、读书看报、进行公共文化鉴赏、参与公共文化活动"，也就是参与文化活动的权利，享受文化成果的权利。[1]我国《宪法》第47条规定："中华人民共和国公民有进行科学研究、文学艺术创作和其他

---

〔1〕 1948年12月10日联合国大会通过的《世界人权宣言》第27条将文化权利界定为："（一）人人有权自由参加社会的文化生活，享受艺术，并分享科学进步及其产生的福利。（二）人人对于由于他所创作的任何科学、文学或美术作品而产生的精神的和物质的利益，有享受保护的权利。"1966年12月16日联合国大会通过的《经济、社会及文化权利公约》第15条将文化权利界定为："一、本条约缔约各国承认人人有权：（甲）参加文化生活；（乙）享受科学进步及其应用所产生的利益；（丙）对其本人的任何科学、文学或艺术作品所产生精神上和物质上的利益，享受被保护之权利。二、……"可见，国际公约上将文化权利界定为以下四个方面：一是享受文化成果的权利，二是参与文化活动的权利，三是进行文化创造的权利，四是文化成果受保护的权利。而我国的"看"、"听"、"读"、"赏"、"参"等几项，只是指前两项权利。

文化活动的自由。"这是文化权利在宪法上的文本依据，基本上也界定在参与文化活动、享受文化成果等基本文化权利范围之内。从上述规范性文件上来看，我国将政府文化给付义务限定在最低限度，这是最低限度供给原则的规范依据。与此同时，文化事业的发展还受一系列环境因素的影响，其中经济环境的影响制约尤为重要，经济实力是文化事业发展的物质条件，它决定文化事业的政府公共财政的投入。[1]改革开放三十多年来，我国经济总量已跃居世界第二，综合国力显著增强，人民生活水平明显提高。但是，"我国将处于并将长期处于社会主义初级阶段"的基本国情仍没有发生根本性变化，而且处于经济社会转型期、矛盾突发期，政府的公共财政支出能力无法面面俱到。相对于具有广泛内涵的公民文化权利，政府只能保障公民的最低限度的文化权益。权益具有时代特征和层次之分，对权益的认识、追求和保障是一个不断进步的过程。[2]就现阶段而言，宜界定在最低限度的供给，这是该原则确立的现实基础。此外，文化事业的公共性、公益性、均等性等也要求将文化给付限定在最低限度。

（二）最低限度供给原则的内涵

最低限度供给原则是文化事业的法律原则的起点，是其他两个原则的基础。最低限度供给原则是指，贯穿于文化事业建设过程中，规定政府应根据经济社会发展水平以及公共财政承受能力，通过必要的手段，提供某些基础性的公共文化产品与公共文化服务，并以此来满足公民最基本的文化权益需求。人民群众的文化需求具有多样性，既有基本层次上的需求，也有较高层次上的需求，本着实事求是的原则，从我国现阶段经济社会发展现实出发，发展文化事业应着力建设基础性公共文化设施，生产和提供基础性文化产品和文化服务，以此满足人民群众普遍的、基本的文化需求。比如，

---

[1]　参见胡筝编著：《文化事业管理概论》，中国统计出版社 2010 年版，第 11～17 页。

[2]　杨惠芳、刘芳彬："试论保障人民基本文化权益是当代文化建设的价值目标"，载《河北社会主义学院学报》2008 年第 4 期。

我国现阶段有关公民受教育权的规定，就是最低限度基本文化权益的供给原则的体现。[1]

对于文化权的理解，我们可以借鉴德国宪法中基本权利的双重性进行分析，德国宪法中基本权利被认为具有"主观权利"和"客观法"的双重性质。[2]作为主观权利的文化权，是指个人依据宪法上有关文化权的规定而要求国家为或不为一定行为的权利，当要求政府不得为一定行为时，这即是传统意义上的消极权能，即公民可以自由行使文化权而免受国家任意干涉的权利；当要求政府必须为一定行为时，这即是现代意义上的积极权能，即公民因自由行使文化权而有权要求政府提供必要的条件。作为"客观法"上的文化权，则意味着构成一种"客观的价值秩序"，它又可以分解为制度性保障功能、组织和程序保障功能以及保护义务功能。[3]最低限度供给原则最终的落脚点在于公民文化权益的保护，因此也可以借鉴德国基本权利的二重性来具体阐述。

首先，从制度性保障角度上看，最低限度供给原则要求国家立法机关积极立法，为公民在行使宪法上的参与文化活动、享受文化成果的权利提供具体的法律保障，明确政府在公共文化基础设施建设上的责任，如《中华人民共和国促进科技成果转化法》为公民能够及时享受科技进步所产生的福利提供制度性支持，国务院颁布的

---

[1] 我国《宪法》第46条规定："中华人民共和国公民有受教育的权利和义务。"我国现阶段的教育形式主要有：学前教育、初等教育、中等教育、职业教育、高等教育和成人教育等。我国《义务教育法》第2条规定："国家实行九年义务教育制度。义务教育是国家统一实施的所有适龄儿童、少年必须接受的教育，是国家必须予以保障的公益性事业。实施义务教育，不收学费、杂费。国家建立义务教育经费保障机制，办证义务教育制度实施。"国家在教育领域，仅仅规定了九年免费义务教育制度，而将其他形式的教育排除在免费外，正是基于最低限度供给原则的考量。

[2] "主观权利"是指个人得依自己的意志向国家提出要求，而国家必须按此要求作为或不作为；"客观法"是指基本权利出了事个人权利之外，还是基本法所确立的价值秩序，这一秩序构成立法机关建构国家各种制度的原则，也构成行政权和司法权在执行和解释法律时的尚未知道原则。参见张翔："基本权利的双重性质"，载《法学研究》2005年第3期。

[3] 上官丕亮、孟凡壮："文化权的宪法解读"，载《学习与探索》2012年第1期（总第198期）。

《公共文化体育设施条例》具体规定了政府在公共文化体育设施建设、管理和保护方面等一系列的义务。这些法律法规的出台，为保障公民最低限度的文化供给构建了一个客观的法律秩序。其次，从组织和程序保障角度上看，最低限度供给原则要求国家应当支持学校、科研院所、文艺团体及职业协会等组织或者机构从事科学研究、文艺创作，积极将研究成果转化为文化产品和文化服务，设立与维护文化基础设施，如图书馆、博物馆、剧院和电影院等。同时，国家应当为公民参与文化生活、享受文化成果权利的实现提供法律上的救济程序。最后，从保护义务功能角度上看，最低限度文化权益的供给原则要求国家保障公民参与文化生活、享受文化成果的权利免遭第三方的任意侵害，对侵害人给以一定的法律惩戒，维持最基本的法律秩序。当然，国家对公民参与文化生活、享受文化成果的权利的保障，必须根据经济社会发展水平量力而行，切不可实行北欧国家"从摇篮到坟墓"式的福利政策，应当把人民群众需求最迫切的文化权益作为文化事业建设的出发点和落脚点。

（三）坚持最低限度供给原则必须处理好的一个问题

坚持最低限度供给原则，必须在文化权利的实现上处理好政府职能与市场职能的关系。最低限度的文化权益凸显了这些文化权益的公益性、基础性、福利性，强调政府的职责和公共财政的义务，使得这部分文化权利从法律上自在的"自由"变成了由政府保障的"利益"。但是，公民根据自己的兴趣爱好，还需要更高层次的文化需求，这就要求文化市场予以供给。政府只确保最低限度文化权益的供给，文化市场则提供更高层次的文化产品与文化服务。发展文化事业更多地依靠政府的扶持，繁荣文化产业则更多地依赖文化市场的自我调节作用。政府与市场二者的良性互动，共同保障公民文化权益的实现。值得一提的是，最低限度供给原则有其时代性特征，将最低限度文化权益的供给界定在"看电视、听广播、读书看报、进行公共文化鉴赏、参与公共文化活动"范围之内，是根据现阶段我国基本国情确定的。当然，随着国家经济社会发展阶段与总体水平的提高，还将会有新的、更多的内容纳入国家保障的最低限度文化权益的供给体系中。

二、文化平权原则

（一）文化平权原则产生的背景

文化平权，简而言之，就是指文化上的平等权。平等权与生命权、自由权、财产权被西方社会并称为四大传统权利，它更多指涉政治上的平等与经济上的平等，而文化上的平等权多被统摄于文化自由权之中，平等权扩展到文化领域则是晚近的事情，文化平权是随着社会经济的发展而逐渐形成的。首先，"仓廪实而知礼节，衣食足则知荣辱"，人们只有在基本生存需求得到满足之后，才会把追求更高的精神境界作为社会生活的目标。人类经历了三次科技革命的洗礼，近百年来所创造的社会财富比以往任何时候所创造的社会财富的总和还要多。随着物质生活的改善，人们对意义、价值等文化方面的追求也与日俱增，这种追求必然也会反射到文化平等权的追求。其次，文化由精英走向大众，大众文化的兴起是文化平权原则产生的群众基础。在阶级社会中，文化是属于精英阶层的，只有他们才有能力真正关心并参与文化生活与文化事业的建设，而普通大众没有属于自己的文化且对文化艺术产生了距离感和冷漠感，往往忽视对文化平权的追求。随着经济的发展、城市的兴盛、民众受教育水平的提高，尤其是大众传媒的出现，为大众文化的传播提供了便利条件，大众文化悄然兴起，"下里巴人"对"阳春白雪"产生了一定的挑战，大众文化平权意识觉醒。而且，对文化平权的追求更寄托了他们扩大话语权以及社会影响力的期盼。最后，随着全球化的勃兴，后工业化时代的到来，以及后现代主义对人类历史的反思批判，人们越来越重视文化的多样性，[1] 对于文化多样性

---

〔1〕 2001 年联合国教科文组织通过《世界文化多样性宣言》指出："文化多样性——人类的共同遗产文化在不同时代和不同地方具有各种不同的表现形式。这种多样性的具体表现是构成人类的各群体和各社会所具有的独特性和多样性。文化多样性是交流、革新和创作的源泉，对人来讲就像生物的多样性对维持生物平衡那样必不可少。从这个意义上讲，文化多样性是人类的共同遗产，应当从当代人和子孙后代的利益考虑予以承认和肯定。"参见单世联："论全球化时代的文化多样性"，载《天津社会科学》2005 年第 2 期。

所要求保障的少数团体、少数族群的生活方式、语言宗教、传统习俗等文化权利如何在全球化的浪潮中得以保存和尊重，是当代文化平权的重心所在。对西班牙的加太罗尼亚人、加拿大的魁北克人、澳大利亚的原土著居民等，这些国家往往都实施文化多样性的政策，对这些少数人群的文化权利给以特殊的保障。其中，美国20世纪60年代至70年代对黑人、原著印第安人、亚裔等少数人群开展的肯定性行动更是文化平权原则的体现。[1]至此，文化平权原则在全社会获得了广泛的认同，更是成为我国文化事业建设的指导性原则。

（二）文化平权原则的内涵

文化平权原则是指，在文化事业建设过程中，政府应遵循文化权平等的价值理念，保障公民平等地保留文化传统、参与文化生活、享受文化生活成果以及文化成果受到平等保护等方面的根本性准则。文化平权原则是文化事业的法律原则的核心，它是文化事业公益性、均等性的必然要求，公益性强调政府投入并把社会公平放在首位，均等性要求政府发展文化事业必须满足社会各个群体的文化权益，而不能仅仅只满足部分社会成员的文化需求，不能有不合理的差别性待遇。文化平权原则是平等权在公民文化权利保障上的要求。一般认为，平等包括形式（机会）平等与实质（结果）平等。按照这种理解，文化平权原则的内容也包括两个方面的内容，即形式上的文化平权原则与实质上的文化平权原则。

1. 形式上的文化平权原则

形式平等要求在各种社会活动中，人们在起点上都是一样的，其核心是"无差别"，反对以当事人身份、社会地位为基础的特权。它只关注每个"人"在人格的形成或者权利的实现过程中机会上的平等，而不考虑由具体个"人"的差异所产生的结果上的差异。具

---

[1] 肯定性行动，是对那些曾在美国受到过不公正待遇的黑人、原著印第安人以及亚裔等少数人群，在大学入学、就业等方面给以相较于白人更多的优惠政策。如加利福尼亚大学戴维斯分校医学院曾在一项大学录取政策中规定100个录取名额中要为特定的少数族裔学生保留16个名额，华盛顿大学法学院为缩小种族差异而采取的"优先入学方案"，即在分数相同的情况下优先录取黑人等少数族裔的学生。

体到文化权利层面上，这种形式上的文化平权原则，要求政府在发展文化事业时，其生产或者提供的公共文化产品和文化服务必须面向社会大众、面向社会各个群体，使每个人都能享受到因文化事业的发展而获得的文化权益，确保人们在追求文化权益的起点上没有差异。形式上的文化平权原则不是指文化权利上的平均主义，平均主义强调的是"干好干坏一个样，干多干少一个样，干与不干一个样"，这反而会破坏形式上的文化平权原则，而文化平权原则所强调的是反对文化特权的存在、反对歧视性待遇。

2. 实质上的文化平权原则

实质平等是现代宪法对形式平等的一种修正和补足，指的是为了纠正形式上的平等导致的结果不平等的问题，考虑到每个人不同的属性、处境以及其他特殊的方面，而对各个人的人格形成以及权利实现的前提性条件进行实质意义上平等的保障。英国学者米尔恩教授将实质上的平等归纳为"比例平等"，简言之，就是指相同情况应当相同对待，不同情况应当不同对待，待遇的相对不平等必须与情况的相对不同成比例，并指出"比例的平等允许给优者以不利和给劣者以优待，以便是能力不等的竞争者获得同样的机会。但是，给予这种不利和优待必须是公平的。换言之，它必须与竞争者不相等的能力成比例"。[1] 具体到文化权利层面上，由于文化事业的公益性特征，必然有实质平等上的要求。实质上的文化平权原则，要求政府应加大公共投入，加强文化基础设施建设，确保文化事业的普惠性，尤其是要向处于弱势地位的群体实施倾斜性的扶持政策，推行"工业反哺农业，城市支持农村"、东部支持中西部等措施。由于各地经济条件的制约，文化事业在我国发展极其不平衡，城乡之间、东西部之间、不同群体之间文化权利的实现程度存在较大的差异，实质上的文化平权原则显得尤为重要。实质上的文化平权原则是对形式上的文化平权原则的升华，把对公民文化权利的保障上升到一个更高的层面。

---

〔1〕〔英〕米尔恩：《人的权利与人的多样性——人权哲学》，夏勇、张志铭译，中国大百科全书出版社 1995 年版，第 62 页。

　　坚持文化平权原则，必须处理好文化自由与文化平权的关系。如前所述，文化自由有两个方面的内容，即"免于……的自由"与"从事……的自由"。同样，文化平权也有两方面的内容，即"无差别"与"按比例"，前者是指所有人的文化权利都应该受到同等的对待，而不管他们的年龄、健康状况、财产状况、受教育状况、人格、身份、民族、种族等如何；后者是指人们的文化权益应该得到与自己的优点、贡献、需要、身份等相称的待遇。在法学一般理论上，自由与平等尽管都是法律所追求的价值，但二者内在地存在一种张力。诚如我国学者张文显所言："在静态上，自由和平等都是抽象的理想，因而他们是兼容的与和谐的。但在动态上，由于人们之间自然力量（智力和体力）的不平等，更由于人为的或社会的不平等，自由的结果是更大的不平等，这就体现出了自由与平等的矛盾和冲突。"[1] 具体到文化自由与文化平权上，也存在同样的问题，由于人们经济实力、受教育程度的差异，也会导致他们对文化的理解能力与重视程度的不同，文化自由可能会导致文化平权上更大的差异。如何协调自由与平等的价值冲突呢？西方学者罗尔斯提出了"公平的机会均等论"，李普森提出了"自由与平等的相对论"。[2] 在处理文化自由与文化平权时，我们也应该借鉴上述两种

---

　　[1]　张文显：《二十世纪西方法哲学思潮研究》，法律出版社2006年版，第452页。

　　[2]　罗尔斯的"公平的机会均等"理论是对"机会均等"原则的修正。在传统的政治哲学中，机会均等原则意味着：职位对有能力的人开放，每个人都有平等的资格去凭着自己的能力去长蛆自己所要的东西。罗尔斯认为这个理论没有照顾到能力这一范畴乃是后天的社会因素造成的，一个人的聪明才智在很大程度上取决于其所成长的家庭及社会环境，若将作为社会分配的原则显然是不道德的。因此，"公平的机会均等"原则要求必须提供一系列社会制度上的安排，尽量地将自然及社会环境对人所造成的不平等减少到最低限度，使大家在竞争中的出发点上平等。李普森的"自由与平等的相对论"理论是借鉴爱因斯坦时空相对论所形成的。他认为"自由主要是一种个人主义的观念，而平等则是一种社会观念，平等意味着一种社会关系"。洛克以天赋人权为重点的个人主义与卢梭以"全体意志"来表达的社会主义，将二者推向了极端，而极端的东西又具有不可调和的特征。但是，创立理论的目的都是在民主社会中明确人与人之间的关系，而自由与平等在某些领域是可以重合的，公共政策的目的就是要根据不断变化的情况来找出办法以求适当安排自由与平等。自由与平等是一个不可分割的观念。参见张文显：《二十世纪西方法哲学思潮研究》，法律出版社2006年版，第456～460页。

理论，不可把文化自由与文化平权放到截然对立面，应通过国家与社会提供某些制度性的安排来消除大家在文化起点上的差异，根据不断变化的情况来适当安排文化自由与文化平等，二者处在一个比较协调的状态。

（三）坚持文化平权原则必须认真对待的几个问题

1. 异地中、高考问题

近期江西籍上海女孩占海特因在微博上公开"约辩"争取异地中高考的权利，使异地高考问题备受新闻媒体关注。异地高考问题的形成有其特定的历史背景，由于各地经济发展水平、户籍制度、教育资源、教育质量以及大学录取比例等方面的差异，使得同一考生在不同地方参加高考会有巨大的悬殊。这一问题引起了人们有关平等受教育权的广泛讨论。

2. 大学招录中男女生不同分数线的问题

2013 年上海外国语大学公布的全国高考提前批录取分数线中，首次出现了男女不同分数线的情况，其在广西的分数线男女差距竟达 65 之巨。无独有偶，华东师范大学、上海海事学院等高等院校在提前批录取分数线中也出现了男女单列线的现象，这一问题引起了人们有关包括平等受教育权在内的文化平权问题的讨论。

3. 少数民族文化权利保护问题

我国是一个由 56 个民族组成的多民族国家，其中汉族人口居多数。由于历史与经济以及特殊的地理环境的差异，导致了少数民族地区文化事业发展普遍落后。为此，我国在坚持民族平等的原则下，对少数民族发展文化事业给予了一系列的扶持政策，如在高考中实行少数民族学生加分政策，对少数民族地区的文化事业实行倾斜性财政补贴政策，这些都涉及汉族与少数民族之间文化平权的争议。

上述三个问题，都是我国在发展文化事业过程中，就如何贯彻文化平权原则所面临的问题。根据对文化平权原则内容的分类可知，这三个现象都违背了形式上的文化平权原则，但它们是否就违背了文化平权原则呢？显然，必须将文化平权原则的高级原则——

实质上的文化平权原则纳入考量范围，并以此来衡量是否违背文化平权原则。这三个问题都涉及一个文化权利上"差别对待"的问题，但什么样的"差别对待"才算是合理的呢？有的学者指出，合理的差别对待必须具备以下几项条件：一是必须符合立法目的；二是必须以客观的分类为依据；三是必须以实质性的差别为基础；四是必须以促进事实上的平等为目标；五是必须公正。[1] 若以此观之，异地高考违背了实质上的文化平权原则，仅仅凭借户籍所在地的不同，就对同属于中华人民共和国公民给予不同的待遇，且受教育权的差异导致他们在今后人生发展上的更大差异，不符合上述标准；大学招录中男女不同线问题也违背了实质上的文化平权原则，尽管这一政策可以缓解高校男女比例失调问题，但仅仅以性别上的差异就划定不同的分数线，科学上尚未证明性别与某些专业的学习和掌握能力有关，并且这种划分也没有促进实质上的正义，只使得女生处于更加不利的地位，违背了《妇女权益保护法》的规定；相反，少数民族文化权利的保护则符合实质上的文化平权原则，无论是从形成这种现象的原因来看，还是从文化多样性来的保护看，我国对少数民族特殊的保护都符合实质上的文化平权原则，而且也符合我国《宪法》上有关少数民族有权使用和发展本民族语言、有权保持和本民族文化传统、有权保持和改革本民族风俗习惯的规定。当然，上述问题的妥善解决，不是一朝一夕的事情，它需要其他社会条件的匹配，文化平权原则只是其中的一个方面。

三、文化项目高效、透明原则

（一）文化项目的定义

项目并不是法学概念，ISO9000：2000 上将项目界定为："是由一组有起止日期的、相互协调的受控制活动组成的独特过程，该过程要达成符合包括时间、成本和资源的约束性条件在内的规定要求的目标。"我国于20世纪60年代初引入项目管理的理论和管理

---

［1］　中国社会科学院法学研究所资料室编：《论法律面前人人平等》，社会科学文献出版社2003年版，第110页。

方法，起初主要运用于国防和航空等领域，20世纪90年代开始突破传统领域而运用于社会各行各业。项目运用于文化领域，是伴随着我国文化事业的发展以及文化事业体制改革而出现的。在一般意义上，文化项目是指，特定的组织为实现既定的目标，在一定的时间、人员和其他资源约束性条件下，所开展的具有独特性、综合性、社会性的文化活动。文化项目，尤其是重大文化项目是文化资源与文化产品和文化服务之间的重要环节，可以实现本地区、本部门特色文化资源的科学、有效、合理配置和开发利用。文化项目作为一种特殊的项目，有其区别于其他一般项目的特征：文化项目的高创新性，文化是一个以创造性为主题的知识密集型活动，文化项目提供以精神内容为核心的文化产品和文化服务，其项目投入除了资金和实体资本外，更多的是大量的创新、创意、版权和人力资本等无形的资源要素；文化项目的艺术性和技术性，文化项目所提供的文化产品和文化服务，内在地要求项目负责人必须具备较高的艺术水准，而且现代文化活动尤其是大型文艺演出多借助于大型舞台，舞台的设计及调配需要具备较高的技术能力，如灯光、音响以及显示屏的运用等；文化项目价值的综合性，文化项目提供的文化产品与文化服务所具有的意识形态和商品形态的双重属性，使得文化项目有着社会效益与经济效益并存的多元化的目标追求，它不仅仅能给相关各方带来一定的利益，还能带来巨大的社会效益，甚至包括提高城市形象、拉动城市经济发展、带动城市全面治理与建设、提高城市综合竞争力等方面的作用，而且这种作用很难量化。

文化项目一般包括以下几个阶段，文化项目的立项与决策阶段，文化项目的实施与控制阶段，文化项目验收与评价阶段。立项与决策阶段的主要任务是提出文化项目提案，对其进行必要的机遇与需求分析、项目可行性分析，并对文化项目的投入及产出物和文化项目的工作作出全面的设计与规定。实施与控制阶段主要任务是按照项目的规划，逐步地将文化项目设计的内容落实到具体活动中，并可将其细化为一系列具体的项目进度、成本、质量管理等工作，而且还要在文化项目实施过程中根据实施的情况对文化项目的计划作出适当的调整。验收与评价阶段主要任务是对文化项目实施后进行验收，先由文化项目团队全面检验文化项目工作和文化项目产出物，再由文化项目的业主或用户进行验收，检验文化项目目标的实现程度、文化项目的实际效益以及总结实施过程中的经验教训等。至此，一个完整的文化项目才算最终结束。

经过近年来的努力，文化项目建设与营运取得了一定的成就，现阶段仍面临一系列的问题，如文化项目设立的随意性、不公开性，项目实施效率低下等。为此，在文化项目建设与营运中必须确立文化项目高效、透明原则。

（二）高效、透明原则的内涵

1. 高效原则

文化项目高效原则是指，贯穿于文化项目的立项与决策、实施与控制、验收与评价等文化项目建设与营运的全过程，政府必须坚持成本效益的分析方法，争取以最少资源的投入获得最大效益。成本效益分析方法原来主要针对企业组织，公共事业的成本效益分析始于20世纪60年代美国对行政规范性文件制定过程中的规制。[1]"十二五"期间，我国将逐年扩大对公益性文化事业的政府投入以及众多文化项目的开展，这必将涉及成本效益问题。公益性文化事业的主要目的是满足公众的文化需求，这种需求往往是通过政府投入或者社会捐助实现的，这方面进行量化还不存在多大的障碍。但是，创新、创意、版权以及其他文化资源等无形资源的投入却很难进行指标量化。相较于文化项目的投入，文化项目的产出更难以量化，文化项目提供的文化产品和文化服务，这种价值有时是隐而不现的，比如一些文化产品与文化服务虽然以书画、屏幕、画面、雕

---

〔1〕 1971年尼克松总统实行生活质量评议计划，要求环保局制定法规必须听取其他有关机关的评论。1974年福特总统11821号行政命令、1978年卡特总统12044号行政命令都要求行政机关制定重要的法规时，必须进行经济效益分析。这种控制方式在里根总统12291号行政命令中达到非常高的程度，它要求行政疾患在制定重要行政法规之前，必须先对执行这项法规所花的费用和可能得到的效益进行分析，向管理和预算局汇报，由该局审查这项法规是否真正需要。参见王名扬：《美国行政法》，中国法制出版社2005年版，第370页。

塑、建筑、文化衍生品、表演、音效等具体、可见、可触摸的实物形式表现出来，但对其价值的认同则更多地体现出一种感觉、情感、心理体验和回应等非实物性感受，而且更多的是一种因人而异的思想意识反映。因此，在设计文化项目成本效益分析指标时，切不可简单化，应当全面考虑文化项目投入与产出的特殊性，建立一套科学合理的成本效益评价体系。

文化项目建设与营运的三阶段划分，相应地，文化项目高效原则所要求的成本效益分析方法在不同的阶段有其特殊表现形式。在文化项目立项与决策阶段，政府应该要进行广泛的社会调研把握公众的文化需求，认真理清文化项目的项目投入与产出及其比例关系，合理设计项目目标、项目定位、项目规模、项目时限、项目成果以及项目团队和人力资源等，形成一份相对完善的文化项目规划书。不管文化项目规划书设计得多么完美，由于人类理性的有限性以及社会实践的流变性，文化项目在运行过程中必然会与其规划书存在出入。因此，在文化项目实施与控制阶段，也要坚持成本效益分析方法，根据实践中出现的新情况，对文化项目进行项目资金管理与成本控制、项目进度管理与控制、项目风险管理与控制以及项目变更与调整控制，对项目规划书作出符合实际的修补。在文化项目验收与评价阶段，应该本着客观公正的立场，对已完成的项目目标、执行、效益、作用和影响等内容进行系统、客观的分析与评价，并总结实施过程中出现的问题，以备为将来的文化项目建设与营运提供借鉴。

2. 透明原则

文化项目高效原则是对文化项目投入与产出比的要求，而文化项目建设与营运过程中也要公开透明。文化项目透明原则是指，在文化项目立项与决策、实施与控制、验收与评价等项目建设与营运过程中，特定组织必须及时主动或者依申请向相关组织和个人以及普通公众公布文化项目的相关情况，并确保公布的信息真实准确。文化项目透明原则，既是文化事业公益性的要求，也是保障公民知情权、监督政府文化项目建设与营运的要求。公益性文化事业所面向的是一般社会大众，文化项目的建设与营运也与一般社会大众的日常生活息息相关，公众有权知晓文化项目建设与营运的相关情况。同时，公开文化项目相关信息，既是政府应承担的法律责任，也是政府接受社会监督的有效手段。相较于西方发达国家而言，我国在文化项目建设与营运过程中，文化项目的公开透明性不甚理想，在实践中也产生了一系列的问题。比如，文化项目立项与决策阶段，往往由党委常委会或者政府常务会议甚至由某个领导人"拍脑袋"决定，缺少公众参与机制，也使得文化项目随意性较大，这种缺乏科学、透明的立项与决策阶段的条件下的文化项目的建设与营运，不可能取得良好的社会效果。在文化项目的建设与营运过程中，要坚持文化项目透明原则，必须做到如下三点：第一，在文化项目立项与决策阶段，政府需公开该文化项目的有关情况，比如政府投资或者社会捐助等投入情况。积极引入公益性社会组织等民间力量参与文化项目建设与营运，及时公布准入条件，采用政府工程项目建设中的招投标形式，并将招投标的社会组织及招投标的结果在政府公告、政府网站、电视等新闻媒体上公布。政府在作出文化项目立项与决策之前，应该及时召开文化项目听证会、座谈会，听取利益各方以及专家学者的意见，仔细权衡各方利益，做到决策的科学化、民主化，杜绝"拍脑袋"现象的出现。第二，在文化项目实施与控制阶段，政府应该及时公布文化项目实施进度、文化项目资金使用情况等信息，并且允许社会公众对文化项目的实施情况进行监督，及时更正文化项目建设与营运过程中出现的问题。第三，在文化项目验收与评价阶段，政府应及时公布文化项目的实际收支情况、目标实现程度等情况。在条件允许的情况下，可以聘请中立性的社会组织对文化项目的质量、收支等总体情况作出客观公正的评价，并将评价报告向社会大众公开，以接受社会监督。"阳光是最好的防腐剂"，文化项目建设与营运只有在公开透明的情况下，才能取得良好的社会效果。

（三）坚持文化项目高效原则必须处理好与文化平权原则的关系

以公平、公正为追求目标的法律并不贵神速，但法律也不能完全不顾及效率问题。因此，在文化事业中也必须处理好这一问题。在文化项目建设与营运过程中，不能一味地追求文化平权而忽视文化项目的效率，也不能为追求文化项目的效率而不顾及文化平权，二者必须达致一种动态的平衡。现阶段我国推行的博物馆免费开放的文化项目建设与营运过程中，尽管全民免费最大限度地保障了公众的文化平权，但在实践中不注重效率也产生了一系列的问题，门庭若市时博物馆基础设施无以为继，寥落无人时基础设施大量闲置，没有很好地兼顾效率问题。为此，很多博物馆实行有限度的免费开放，即根据基础设施的承载负荷确定一定的人数，按人数以先来后到的顺序免费发票。

第二节　政府文化给付义务体系的法律建构

一、政府文化给付义务的宪法学分析

（一）政府文化给付义务的宪法基础

1. 政府文化给付义务产生的时代背景

政府文化给付义务并不是随着政府的诞生就已经存在的，它是经济社会发展到一定历史阶段的产物。作为政府履行职责的一种方式，它的产生有其深厚的历史背景。

首先，福利国家思潮的兴起及其制度化的演进，是政府文化给付义务产生的思想基础。近代意义上的宪政国家奉行"放任主义"、"不干涉主义"以及"有限政府"的理念，认为"管得最少的政府就是最好的政府"。例如，潘恩就认为，政府制止我们的恶行，从而消极地增进我们的幸福。美国学者亨金也认为："对于立宪者来说，正义与福利国家应该是一个为共同接受的特定的目的而建立的政府的结果。为人民提供'福利国家'那种福利不是政府的责任，政府应该让个人自由追求这样的福利和其他基本需求。"[1]随着西

---

〔1〕〔美〕L.亨金：《权利的时代》，信春鹰等译，知识出版社1997年版，第188页。

方传统形式主义法律观向现代实质主义法律观的转变，学者们在解构形式主义法律观的同时，纷纷主张加强政府职责，将判断一个政府好坏的标准界定为"能否最大限度地增进最大多数人的福祉"。于是福利国家思潮兴起，进而作为一种制度在世界范围内迅速生成和拓展。福利国家要求政府积极履行职责，为公民的政治、经济、社会、文化权利的实现创造一定的条件，政府文化给付义务便是其履行义务的一种重要手段。

其次，市场失灵的可能与现实，是政府文化给付义务产生的经济基础。传统自由资本主义认为，市场这支"看不见的手"能够实现社会资源配置的最大化，政府不应插手经济事务。随着经济危机的周期性爆发、社会贫富差距的拉大，市场中不完全竞争、外部效应等生产或消费的无效率问题大量出现，市场失灵从一种可能变为现实。市场的缺陷甚至失灵并不必然蕴涵政府介入的正当性，只有当市场机制无法有效发挥自律和自愈功能时，才需要政府适时的介入。由于文化产品和文化服务的"公共产品"的属性，[1]具有非竞争性和非排他性，[2]市场主体普遍存在"搭便车"的动机，每个人都想不付或少付成本来享受这种公共产品。因此，只有通过政府来提供这种公共产品，积极履行文化给付义务，调节市场的运行，保障公民文化权利的实现。

最后，全球化背景下的文化安全和文化竞争，是政府文化给付义务产生的社会基础。全球化催生了世界文化多元主义，各国文化间的差异性引发了大规模的文化跨国、跨地区流动，这种流动更多地表现为发达国家向发展中国家的流动，发展中国家文化受到一定的威胁。于是，传统的国家安全也从政治安全、经济安全扩展到文

---

〔1〕《世界文化多样性宣言》强调：文化物品和文化服务不是一般的商品，"因为他们体现的是特性、价值观和观念，不应被视为一般的商品和服务"，传统上人们认为它是一种公共产品。

〔2〕斯蒂格利茨将"公共产品"界定为："公共产品是这样一种物品，在增加一个人对它的分享时，并不导致成本的增长（它的消费是非竞争性的），而排除任何何人对它的分享都要花费巨大的成本（他们是非排他性的）。"参见［美］斯蒂格利茨：《经济学》，梁小民译，中国人民大学出版社2005年版，第6、147页。

化安全。[1]与此同时，文化作为一种软实力，在国际竞争中的作用越发凸显。在全球化、科学革命以及信息产业的共同作用下，西方发达国家的文化产业已成为一种支柱型产业，且在国际贸易中所占的份额逐步扩大。在这种背景下，无论是迫于维护国家的文化安全的需要，还是为了提高文化软实力的国际竞争力，政府都必须履行自身的文化给付义务，提高公民素质，保证国内文化安全，增强文化软实力的国际竞争力。

2. 政府文化给付义务产生的理论基础

政府文化给付义务与公民文化权利是一组相对应的法学范畴。公民文化权利的享有和行使，产生了政府文化给付义务，这组关系的背后有其深厚的法哲学基础和宪法哲学基础。

从法哲学的权利理论来说，是公民权利产生了对国家义务的需要，为满足这一需要才进一步产生国家权力。简言之，权利的存在创设了国家义务，国家义务的存在正是权利需要被满足的必然逻辑。近代以降，无任是自然法学派还是分析法学派，往往都将公民基本权利聚焦到公民权利和政治权利上，强调公民的自由权，这些权利要求政府是"守夜人"式的政府，认为"国家对公民正面的，尤其是物质的福利的关心是有害的"。[2]伴随着现代福利国家主义社会权的兴起，公民基本权利从公民权利、政治权利等自由权向社会权的延伸扩展了国家义务的范围，即从消极的不侵犯义务扩展到积极的作为义务，而文化权也属于广义上的社会权的一种。自1919年德国《魏玛宪法》第118条规定公民文化权利以来，无论是其他国家的宪法，还是一些国际性的公约，都将文化权纳入公民基本权利的范围内，相应的也就规定了国家层面上的政府文化给付义务。

---

〔1〕 国家文化安全是就是国家文化软实力之间的比较优势，是指国家为了防止异质文化对本民族文化的渗透和侵蚀，保护本国人民的民族传统、价值观念、意识形态、行为方式、社会制度等不被重塑和同化，免受外来文化威胁和危害而呈现出的状态。参见陈宇宙："文化软实力与当代中国的国家文化安全"，载《天府新论》2008年第6期。

〔2〕 ［德］威廉·冯·洪堡：《论国家的作用》，林荣远、冯兴元译，中国社会科学出版社1998年版，第36页。

从宪法基本权利的客观价值秩序理论来说，作为客观规范或客观价值秩序的基本权利为宪法上国家义务的产生提供了宪法哲学基础。根据德国公法学界的通说，公民基本权利具有"主观权利"和"客观秩序"的双重属性。[1]基本权利的客观价值秩序理论要求政府机构必须尽到保障公民基本权利实现的义务。文化权作为公民基本权利的一种，已成为宪法学界的普遍共识。因此，公民文化权利的客观价值秩序要求国家机关有保障其实现的义务，而政府履行文化给付义务正是这一理论的内在要求。

（二）政府文化给付义务的内涵及其性质

1. 政府文化给付义务的内涵

在汉语上，"给付"，即"付给"的意思，它是指某人将某物品交付给他人。在私法上，给付作为债之客体，它是指"债之关系上特定人之间得请求的特定行为，不作为亦得为给付"。[2]在公法上，"给付"一词多运用于行政法中的"行政给付"，行政给付是指行政主体基于公民的生存权和收益权等社会权利依法给予特定的个人和组织以物质权益或与物质有关的非物质权益的活动和法律制度。[3]公法上的"给付"不同于私法上的"给付"，它更多地强调积极的作为义务。20世纪以来，行政给付制度逐步开始了从行政救济主导型向行政供给主导型的转变，政府提供一定年限的免费教育和城市公园、图书馆以及博物馆的免费开放等，都已被纳入行政给付制度当中。从此种程度上说，政府履行文化给付义务的行为，属于广义行政给付制度中政府给付行为的一种特殊行为，只不过政府提供是具有特殊属性的文化产品和文化服务。因此，我们将政府文化给付义务界定为：为了提高公民科学

---

〔1〕　"主观权利"是指个人得依自己的意志向国家提出要求，而国家必须按此要求作为或不作为；"客观法"是指基本权利除了是个人权利之外，还是基本法所确立的价值秩序，这一秩序构成立法机关建构了国家各种制度的原则，也构成了行政权和司法权在执行和解释法律时的尚未知道原则。参见张翔："基本权利的双重性质"，载《法学研究》2005年第3期。

〔2〕　王泽鉴：《债法原理》（第1册），中国政法大学出版社1999年版，第35页。

〔3〕　喻少如：《行政给付制度研究》，人民出版社2011年版，第26页。

文化素质、满足文化基本需求以及保障公民文化权利的实现，政府必须向社会提供某些文化产品和文化服务的行为。详述之，政府文化给付义务的主体是国家机关，这里是指行政机关以及法律法规授权的具有某些文化职能的企事业单位、社会组织，客体是具有公共属性的文化产品和文化服务，对象是享有文化权利的社会成员。对政府文化给付义务这种解构式的分析，正是为了在政府文化给付义务体系之法律建构时，能够做到更有针对性与实效性。

2. 政府文化给付义务的性质

与公民文化权利相对应的是国家义务。那么，政府文化给付义务究竟属于哪种性质的国家义务呢？基于文化权的属性以及政府文化给付义务产生的理论基础，我们不难发现，该义务是一种积极义务，同时也是一种实现义务。

政府文化给付义务是一种"积极义务"。传统的宪法权利理论把权利分作"消极的权利"与"积极的权利"，建立在这种理论基础上相对应的国家义务也分为"消极义务"和"积极义务"。我国学者认为，国家对于"消极的基本权利，即人身自由、言论自由、信教自由、集会自由等各种个人自由"，"负有不加侵犯与防止侵犯的义务。所以这一类权利，亦可谓国家对于个人的消极义务"；对于"积极的基本权利，亦有称为受益权者，如受国家供给最小限度的教育权利，及失业时或灾害时受国家救济之权等"，"国家尚须对于个人，积极地履行若干活动，国家的这种积极义务，便构成我们之所谓个人的积极权利"。[1] 很显然，政府文化给付义务要求政府采取一定的积极措施，提供一定的文化产品和文化服务，属于国家积极义务的范畴。

政府文化给付义务也是一种"实现的义务"。随着对基本权利内涵的扩展及其研究的深入，传统的二分法已给人造成误解，忽视

---

[1] 参见王世杰、钱端升：《比较宪法学》，中国政法大学出版社1997年版，第61页。

了基本权利的复杂性。[1]美国学者亨利·舒建构了一套"义务层次"理论，他认为，一个具体的宪法权利包含着不同层次的国家义务，与每一种人权相对应的国家义务包括避免受国家剥夺的义务、保护个人不受他人剥夺的义务以及帮助和促进权利主体实现权利的义务。[2]挪威学者艾德进一步发展了"义务层次"理论，认为国家义务有"三个层次、四个义务"，也即"尊重的义务要求政府不得对社会权的享有进行干涉；保护的义务要求政府防止第三方对这些权利的侵犯；而实现的义务要求政府采取适当的立法、行政、预算、司法和其他措施以确保这些权利的充分实现。实现的义务可以分为促进的义务和提供的义务"。[3]政府文化给付义务的"给付"属性，强调政府必须采取适当的措施，构建具有中国特色的公共文化服务体系和服务网络，为公民文化权利的实现提供必要的条件。这说明，政府文化给付义务属于艾德理论中的"实现的义务"，即政府提供必要的文化产品和文化服务，促进公民文化权利的现实。

二、政府文化给付义务体系的内容

政府文化给付义务是一个复合型的概念，它并不单指政府的某一项行为、某一种措施，而是政府一系列文化给付行为或措施的综合体。同时，公民文化权利实现的复杂性，也决定了政府采取措施的综合性。因此，政府文化给付义务具有体系化的特征。政府文化给付义务体系，是指政府为保重公民文化权利的实现、履行文化给付义务而采取的各种行为、措施以及各制度的总和。政府文化给付

---

〔1〕　日本学者大沼保昭指出："在传统的理解上，社会权是国家负有积极的义务。这种理解只强调满足的义务，而忽视了尊重、保护和促进的义务等其他方面。而且，将自由权理解为国家的消极义务的传统性认识，也只强调了国家对自由权的尊重义务，而忽视了自由权的其他方面。这任何一种认识都忽视了国家为人权综合性所负义务的复合性特征。"参见［日］大沼保昭：《人权、国家与文明》，王志安译，三联书店2003年版，第220页。

〔2〕　Henry Shue, *Basic Right – Subsistence*, Affluence and U. S Foreign Policy, Princeton University Press, Princeton, New Jersey, 1996, 2nd edition, p. 52.

〔3〕　［挪］A. 艾德："国际人权法中的充足生活水准权"，载刘海年：《〈经济、社会和文化权利国际公约〉研究》，中国法制出版社2000年版，第226页。

义务产生和存在的法理基础，是为了实现公民文化权利。因此，公民文化权利的内容决定了政府文化给付义务的内容。

我国 1982 年《宪法》总体上规定了文化政策与文化权利两个方面，第 2、4、14、19、22、47、48 条等若干条款以及宪法序言中的某些段落一起，具体规定了文化表现权、文化保障权、文化平等权、文化参与权等文化权利。比如，《宪法》第 22 条规定："国家发展为人民服务、为社会主义服务的文学艺术事业、新闻广播电视事业、出版发行事业、图书馆博物馆文化馆和其他文化事业，开展群众性的文化活动。国家保护名胜古迹、珍贵文物和其他重要历史文化遗产。" 1966 年联合国大会通过的《经济、社会及文化权利公约》第 15 条将文化权利界定为："一、本条约缔约各国承认人人有权：（甲）参加文化生活；（乙）享受科学进步及其应用所产生的利益；（丙）对其本人的任何科学、文学或艺术作品所产生精神上和物质上的利益，享受被保护之权利。二、……"可见，国际公约上将文化权利界定为以下四个方面：一是享受文化成果的权利，二是参与文化活动的权利，三是进行文化创造的权利，四是文化成果受保护的权利。总体而言，学界通说认为，公民文化权利具体包括：享受文化成果的权利，参与文化活动的权利，进行文化创造的权利，文化成果受保护的权利。[1]

上述规范性文件界定的文化权利，构造了一幅以文化及文化关联性为要素的权利图谱，其内涵十分丰富。由于文化产品和文化服务的抽象性，公民文化权利的实现需要借助一定的载体，文化自身内涵的丰富性决定了这一载体的广泛性。从本质上讲，政府履行文化给付义务也就是为公民文化权利的实现创造这些载体，这就决定了政府文化给付义务外延的扩展性。加之社会的流变性以及公民文化需求的多样性，从此种意义上讲，我们很难在学理上详细列举出

---

[1] 上官丕亮、孟凡壮："文化权的宪法解读"，载《学习与探索》2012 年第 1 期（总第 198 期）；莫纪宏："论文化权利的宪法保护"，载《法学论坛》2011 年第 1 期（总第 139 期）；肖金明："文化法的定位、原则与体系"，载《法学论坛》2012 年第 1 期。

政府文化给付义务的具体内容。此种努力可能会出现"挂一漏万"的弊端，甚至成为政府拒绝履行所列内容以外的文化给付义务的借口，反而不利于公民文化权利的保障。因此，与其详细列举政府文化给付义务的具体内容，倒不如抽象地界定其内涵。毫无疑问，界定的标准只能是公民文化权利，凡是政府为实现文化权而采取的行为或措施都属于政府文化给付义务。比如，政府大力发展公益性的文化事业，根据经济社会发展水平，提供公益性文化事业的经费；加强文化基础设施建设，完善公共文化服务体系建设，如科技馆、图书馆、博物馆、体育场馆、文化广场、全民健身园地、社区文化活动园、农村流动书屋以及青少年活动中心等；国家为保存、发展和传播科学文化所采取的必要措施，保存文化遗产，对少数民族、农村等老少边穷地区实施倾斜性的财政政策等，都是政府履行文化给付义务的具体内容。政府文化给付义务的内容与形式，也会随着社会的发展、公民文化需求的变化而越发多样化。

三、我国政府文化给付义务体系的现状及问题

长期以来，我国实行的是以政府为主导的公共文化服务供给模式，只是在不同的历史时期，政府主导作用的强弱有些许变化而已。新中国成立后，当时的最高行政机构政务院成立了"政务院文化教育委员会"，主管全国的文化教育工作。迫于巩固新生政权的需要，文化只是作为党和政府进行政治动员、政策宣传以及社会整合的工具，过度强调文化的意识形态功能和政治整合功能，赋予文化内容以较强的政治性，反而忽视了文化的社会性，使得文化部门成为阶级斗争的工具。尽管改革开放后这种状况有所改观，但由此产生的"路径依赖"还一时难以扭转，文化的定位偏政治化。

（一）公共文化服务职能的管理色彩浓重

政府文化职能部门自成立以来，就自上而下地形成了一个严密的组织体系网络，通过行政隶属关系，管理全国的文化工作。作为国家机关的政府文化职能部门，一方面是公共文化产品与公共文

服务的提供者，另一当面也是社会与政治的控制者，承担了一定程度的社会组织、管理以及意识形态宣传的功能，未能突出其服务性职能。改革开放后，我国在进行经济体制、政治体制改革的同时，文化体制改革也拉开了序幕，开始尝试"事业单位企业化管理"的经营方式，改直接管理为间接管理。改革初期，我国对文化事业单位的管理实行"双轨制"改革，鼓励部分文化事业单位通过多元化、市场化的经营获取社会资金。2005 年十六届五中全会强调建立公共文化服务体系，2006 年《国家"十一五"时期文化发展规划纲要》提出建立国家文化发展基金，提出"支持民办公益性文化机构的发展，鼓励民间开办图书馆、博物馆等，积极引导社会力量提供公共文化服务"。随着我国文化体制改革的深入，这一状况得到了一定程度的改善，但在缺乏相对独立自治市民社团组织以及传统制惯性的情况下，从政府中下放出来的文化管理职能，无法找到承接文化管理职能的组织，政府的放权会导致文化事业与文化产业中"无政府主义"的乱象，这就导致了"一放就乱，一乱就统，一统就死，一死又放"的恶行循环。最后，政府管了很多"不该管、管不好、管不了"的事务，文化事业组织自治的空间没有很好地培育出来。

（二）公共文化供给方式过于单一

新中国成立后，我国形成了高度集中的计划经济体制，政府掌握着全部的社会资源，并通过行政指令的方式来分配社会资源。文化事业单位按照政府的指令来进行文化生产活动，政府成为文化管理者和文化生产者。这种制度的惯性，导致我国现阶段的政府文化供给方式仍采取以政府垄断为主的模式，缺乏社会资本的进入。然而，尽管我国政府财政收入增长速度较快，但随着生活水平的提高，公民对文化需求增长速度更快，文化领域的基本矛盾已表现在政府文化事业的投入无法满足人民日益增长的文化需求。这种公共文化供给模式，在社会资本流动加快、公民需求多样化的背景下，越来越显得难以为继。而且，政府采取"选择性财政手段"的激励措施，将多数的优惠政策和财政经费给予文化事业单位，政府对于非政府组织缺乏相应的激励措施，严重制约了其发展，导致文化事业单位缺乏可持续性发展的动力机制。在这种供给模式的主导下，政府文化供给效率低下，造成了社会资源的浪费。

（三）公共文化资源配置呈现结构性失衡

公共文化资源配置的结构性失衡并不是文化建设领域独有的一种现象。中国社会发展的趋势总体上都呈现出失衡的状态，这一现象乃源自于新中国成立后的制度设计，也是改革开放以来经济社会发展不平衡导致的。这种结构性失衡反映到文化领域，主要表现在以下几个方面：首先，这种失衡最先出现在地区上的结构性失衡，东部沿海地区文化资源相对充足，而中西部地区文化资源相对匮乏，城市的文化资源比农村地区要丰富。地区间的经济发展水平不一，传统的城乡二元结构，是造成这一现象的直接原因。其次，这种失衡也表现在行政级别上的"倒金字塔型"的资源配置结构，即行政层级越高，所占有的文化资源就越多，这是我国长久以来都推行的以政府文化供给为主导模式的必然结果。最后，这种失衡也表现在供需之间的失衡上。由于公民文化需求的多样性，文化产品与文化服务既有有教育性与娱乐性、基础性与高雅性之分，而政府主导型的文化供给模式缺乏公民文化需求的表达机制，这就造成了政府文化供给与公民文化需求之间的错位。例如，2006 年，财政部、华中师范大学课题组对我国农村文化的调查报告显示，在农村基础文化设施方面，政府的文化供给与农民的需求基本一致，但在具体文化活动提供上面，却存在一定的错位现象。[1]

四、我国政府文化给付义务体系的法律建构

伴随着文化大众化、网络化的出现，新时期我国文化事业建设出现了一些新的特点，加之转型时期堆积下来的各种问题，迫切要求我们建构新型的政府文化给付义务体系。这种义务体系的法律建构：首先，必须与我国经济社会发展总体水平相适应，遵循文化事

---

〔1〕　财政部、华中师范大学课题组编：《当代农村文化调查总报告》，知识产权出版社 2008 年版，第 27 页。

业建设中的政府最低限度文化供给原则。人民群众的精神文化需求是多层次的，既有基本层次的需求，也有较高层次的需求。我们应从经济社会发展的现实出发，构建的政府文化给付义务体系，着力建设基础性公共文化设施，生产和提供基础性文化产品，以满足人民群众普遍的、基本的文化需求。其次，政府文化给付义务体系的法律建构，必须遵循公益性、公平性的原则。政府供给文化产品和文化服务，必须强调公益性，把社会效益放在首位，通过财政保障等手段确保公共文化产品和文化服务免费或者优惠向社会提供。而且，这种供给还必须确保其公平性，不能仅针对某类人或个人，而应无差别的向所有人提供。最后，政府文化给付义务体系的法律建构，必须遵循创新性的原则。新时期经济社会的发展呈现出加速化的特点，新情况、新问题出现的周期性明显缩短，加之公民文化需求的复杂性，该体系必须具有广泛的涵摄性，能够很好地处理新问题，从而体现这种义务体系建构的创新性。基于我国现阶段的历史特征，将我国政府文化给付义务体系的法律建构界定在以下几个方面。

（一）创新公共文化供给模式

如前所述，我国在计划经济体制下形成并沿用至今的以政府为主导的公共文化服务供给模式，已经不能适应新时期国家文化事业建设的需要。为此，我们必须创新政府文化供给模式，构建"政府供给＋社会供给＋政府管理"的文化供给模式。这种模式的确立，是在借鉴西方发达国家政府文化供给模式的先进经验，并结合我国现阶段的基本国情和文化传统提出来的。

1. 其他国家公共文化供给模式的类型化分析

纵观西方发达国家，文化供给模式主要有以下三类：第一，政府主导型文化供给模式。传统上一直以为，文化产品和文化服务的"公共产品"属性决定了政府是文化供给的当然主体，只不过其发挥作用的方式和手段不同而已。政府在这一模式中主要扮演政策制定者、资金供应者和生产安排者的角色。第二次世界大战后，随着福利国家理念的推广，国家更多地干预经济社会文化事务，这种供给模式有了更广阔的市场，如法国、日本以及新兴的民族国家都采用这种模式。在该模式下，从中央到地方的政府文化管理职能部门能够充分发挥政府动员资源的作用，实现本国文化事业的跨越式发展。但是，随着经济水平的提高，这种"制度红利"无法满足人民群众更多、更高层次的文化需求，而且也会导致政府供给与公民需求之间的不对称，我们国家的现状就很好地印证了这一点。美国国家艺术基金会主席德纳·焦亚（Dana Gioia）就认为，这种文化供给模式是一种简单的管理方式，但不是一种高效的管理方式，政府干预过于强化。[1]第二，市场化的文化供给模式，这种模式要求政府制定完善的法律法规和文化政策，为文化事业的发展营造良好的文化生态，公共文化的供给更多地依赖大量的非政府组织（NGO）与非营利性机构（NPO），这种模式以美国、加拿大及瑞士为代表。公共文化供给市场化主要体现在以下几个方面，决策与执行的分开；政府行使文化事业发展的决策权以及监督权，而公共文化的提供主要交由社会组织；以市场竞争打破政府垄断，实现公共文化供给主体的多元化；建立以市场具体运作为依托，以政府宏观管理为维系的政府文化供给运行机制，实现市场机制与政府机制相结合。[2]这种文化供给模式深深植根于西方自由主义经济传统，它对市场经济的成熟度、公民社会的自治度以及公民的文化权利意识要求较高，而我国现阶段离这些要求尚有一段距离，加之维护国家文化安全和提供文化软实力国际竞争力的现实需要，我国难以采用这种模式。第三，"一臂之距"的文化供给模式，政府文化主管部门对文化建设、发展和管理只进行宏观政策指导和财政拨款，而不插手具体的文化事务，将这些事务交由大量的中介性组织，从而使政府与文化事务保持一定的距离，以英国为代表。根据英国文化媒体体育部官方网站公布，目前接受其拨款的非政府组织共有60多

---

〔1〕〔美〕德纳·焦亚："美国国家艺术基金会任重道远"，载美国国家艺术基金会网站：http://www.nea.gov/news/news3，2013年3月20日访问。

〔2〕程祥国、韩艺："西方公共服务市场化的启示"，载《江西社会科学》2004年第4期。

个，涵盖了体育、博彩、旅游等领域。[1]这种模式有效地克服了前两种模式的缺点，应该成为我国政府文化供给模式的建构的指导性模式。

2. 构建"政府供给＋社会供给＋政府管理"的文化供给模式

上述三种政府文化供给模式各有利弊，相比较而言，第三种模式可能更适合我国现阶段的国情和文化体制改革的现状。考虑到我国的特殊性，对其予以改造之，必须在我国建构"政府供给＋社会供给＋政府管理"的文化供给模式。这种模式要求政府在提供公共文化产品和文化服务时，必须加大对社会的开放力度，合理划分政府供给与社会供给的界限。政府在履行文化职能的同时，必须充分调动社会和市场力量参与公共文化服务体系建设，努力营造多元化的文化供给模式。首先，"政府供给"应更多地定位于提供基础性的公共文化产品与文化服务，实现政府文化供给体系的均等化，保障公民基本文化需求。政府直接性的文化供给，主要体现在以下几个方面，一是要加大公共财政投入，提高公共基础文化设施建设；二是要通过财政转移支付制度，财政支出更多地向中西部地区、农村地区等文化建设欠发达的地方倾斜；三是要在文化项目的选择上，应更多地选择那些市场主体投入积极性不高的文化项目，比如义务教育等领域。其次，"社会供给"应更多地定位为于那些具有高技术、高投入、高产出的文化领域。社会供给的主体，主要是那些承担一部分政府文化职能并获得政府财政扶植的公益性社会团体，它们采取市场化的运作机制，积极发挥表达公民文化需求、汇聚社会力量，实现文化投入的多元化。最后，"政府管理"应定位于为公益性文化事业的发展营造良好的社会环境，政府从以前的直接管理转变为间接管理，从以前的直接办文化转变为文化发展提供服务，从以前的行政手段转变为经济手段、法律手段等，积极引导社会团体参与公益性文化事业建设。

新时期政府文化供给模式的创新，并不是要丧失掉政府公共文

---

[1] 毕佳、龙志超：《英国文化产业》，外语教学与研究出版社2007年版，第157页。

化服务职能，"社会供给"不能消解"公益文化政府办"的原则。新时期政府文化供给模式的改革，其改革方向和目标并不表现在政府公共文化供给职能有什么改变，而是主要表现在构建与市场经济体制相适应的新的方式和手段，其核心是通过广泛动员社会力量，行政发展公益性文化事业的多元支持体系。

（二）加强政府文化给付义务体系的制度建设

政府文化供给模式的创新，更多的是一种宏观上的指导，其要在我国落地生根，还必须要在坚持在这一模式的指导下，构建或者完善一系列的政府文化给付义务体系的制度。政府文化给付义务体系的制度建设，主要借助于政府文化行政立法的方式予以确立。政府必须根据我国公益性文化事业建设的需要，加强政府文化给付义务方面的行政立法，制定相应地行政法规、规章以及其他的行政规范性文件，使政府履行文化给付义务的行为逐步科学化、规范化、制度化。鉴于我国文化管理体制的现状，而且政府文化给付义务乃是一种国家积极的义务、实现的义务，我们将这一系列制度暂定为：政府文化给付财政支出预算制度、政府文化给付财政转移支付制度以及考核激励制度。

1. 完善政府文化给付财政支出预算制度

改革开放以来，我国逐步实现了国家工作重心的转移，但由此也带来了过度重视经济建设，忽视文化建设等问题。我国政府文化给付的财政支出在政府财政预算中一直表现出"两个偏低"，即"科教文卫事业支出占国家财政总支出的比例偏低"与"文化事业支出占科教文卫事业支出的比例偏低"，严重制约了我国文化事业的发展，无法满足人民群众日益增长的文化需求。为此，我们必须建立起随着经济社会发展而逐步增长的政府文化给付财政支出预算制度，提高政府文化支出的比例。这里也涉及一个问题，即文化支出的合理规模是什么？理论上当文化支出的边际成本等于边际效益时，政府文化支出可实现最佳规模效应。但是，这种理论上的界定在实践中具有模糊性，很难操作。即使确立了一个相对合理的支出规模，但文化支出在各个文化领域或部门又该如何分配呢？其实，这些问题也都涉及公民文化需求表达机制问题，只有当公民文化需求与政府文化支出达到相对平衡的状态时，政府文化支出才能取得最大的社会效益。因此，我们必须完善现行的政府文化给付财政支出预算制度，在合理反应公民文化需求的基础上，建立起随社会经济发展而稳步增长的财政支出预算制度。

2. 完善政府文化给付财政转移支付制度

文化事业的公益性、文化产品和文化服务的"公共产品"属性，决定了要实现公共文化服务的均等化，满足公民普遍的文化需求，政府必须进行一定的干预，而财政转移支付制度就是政府干预的强有力的有段之一。由于我国传统经济体制的影响，地区间发展不平衡日益加剧，这也导致了地区间文化建设的差距，为此必须完善我国现有的政府文化给付财政转移支付制度，加大对落后地区的转移制度力度。在纵向转移支付上，中央财政每年的增量用于转移制度的，应当加大对落后地区的转移支付力度；加强横向转移支付制度建设，地区之间的横向转移支付需由超越于地区之上的政府加以组织，通过一定的财政手段使得发达地域盈余的文化支出经费转移到欠发达地区。这种转移制度必须克服小团体主义、地方保护主义，发挥社会主义集体办大事的优势。同时，还必须建立相应地监督制约机制和绩效考评制度，加强转移支付制度的科学性、合理性，发挥其最大优势。

3. 完善政府文化给付考核激励制度

我国现阶段的地方政府考核机制，往往将经济建设作为最核心的指标，忽视了文化建设指标，导致地方政府在发展文化事业上的积极性不足。上级政府对下级政府官员的考核，犹如一根指挥棒一样引导着地方党政机关领导人的施政行为。要想地方政府积极履行文化给付义务，必须要有一定的激励措施，加大文化建设指标的考核分量，无疑会提高地方政府履行文化给付义务的积极性。与此同时，在公共文化领域中虽然有一定的文化建设考核标准，但这种考核标准主要还是以发展规模为核心，忽视了发展质量。因此，必须完善政府文化给付考核激励制度，增加文化建设在政府政绩考核中的比重，同时更加重视文化事业建设的质量，加大公众满意度的考核权重。

（三）规范政府文化给付的具体行为

"徒法不足以自行"，任何法律制度的建设，能否取得理想效果，最终都要落实到具体的行动上来。同样，在政府文化给付义务制度化的建设过程中，政府履行文化给付义务中的具体行为是否科学规范、是否合理有效，是检验制度建设成败的标准。为此，必须规范政府文化给付义务的具体行为，做到依法给付、合理给付。

随着法治国家理念的普及，依法行政原则已成为行政法治中的首要原则。依法行政原则要求政府在作出行政行为是必须于法有据，没有法律法规的明确授权不得作出相应的行政行为；当行政法规、规章与法律冲突时，必须遵循法律的规定。具体到政府履行文化给付义务上来，必须做到依法给付。依法给付要求政府履行文化给付义务时，必须遵循法律法规，做到给付主体合法、给付方式与方法合法以及给付程序合法等。同时，必须遏制政府不作为现象的出现，政府不能推卸其在公益性文化事业建设中的职责。

与依法行政原则相对应的，是行政合理性原则。随着行政自由裁量权的大量存在以及人们对行政自由裁量权认识的深化，行政合理性原则的逐步确立，它包括适当性原则、必要性原则与比例原则。[1]政府文化给付义务作为行政机关必须履行的一种义务，在行政合理性原则的指导下，必须做到合理给付：政府文化给付行为必须能够达到行政目的，即满足公民基本文化需求、提高科学文化素质以及增强文化软实力的国家竞争力；政府文化给付所取得的效益必须与给付消耗相适应，即政府必须采取适当的措施，争取实现政府文化给付最大的社会效益。

（四）建立健全违法给付的救济制度

"有权必有责"是现代法治政府的应有之意，它要求行政机关必须做到权责统一，任何违法的行政行为都要承担一定的责任。政

---

〔1〕　胡建淼：《行政法学》（第2版），法律出版社2010年版，第65页。

府在履行文化给付义务的过程中，并不总能做到依法给付。所以，必须建立健全政府违法履行文化给付义务的救济制度。

政府违法履行文化给付义务，主要表现在政府不作为上，即政府消极懈怠不履行文化给付义务。毫无疑问，政府文化给付义务所具有的积极义务、实现义务属性，决定了政府是公益性文化事业建设的核心力量，必须履行相应的文化给付义务。政府不履行文化给付义务是，必须有相应的救济制度，这种救济制度主要表现在两个方面：一是赋予受领人的给付受领请求权。文化权即是一种消极权，也是一种积极权，它不但要求政府不得侵犯公民的文化权，而且更要求政府积极采取措施保障公民文化权的实现。"有权利必有救济"，当政府不履行文化给付义务时，公民有权向应当履行文化给付义务的行政机关书面请求，请求其履行文化给付义务。当行政机关仍不履行时，可以向其上级行政机关提请行政复议或者向当地法院提起行政诉讼。二是追究违法给付行政机关的法律责任。当公民行使给付受领请求权后，行政机关仍有不履行文化给付义务的可能性。为了更好地遏制政府违法给付的行为，必须追究相关责任人的法律责任。至于这种法律责任的体系建构，还有待于在实践中加以总结。

总之，政府文化给付义务体系的法律建构是一个开放性的体系，须在实践中逐步完善。之所以提出上述具体的建构措施，乃是基于我国现阶段的具体国情和文化事业建设的现实需要。文化供给模式的创新、文化给付义务体系的制度建设、政府文化给付义务具体行为的规范以及救济制度的完善，四者相互影响、相互制约，并统一于保障公民文化权实现这一价值目标上。政府文化给付义务体系之法律建构的起点和落脚点，就在于满足人民的基本文化需求，为公民文化权的实现创造一个良好的制度环境。随着公民文化权具体内容的扩展，政府文化给付义务体系的内容也会做出相应的扩展，法律建构必须具备相应创造性。

第三节 文化事业的公共参与及其法律保障

一、我国公共文化事业的公众参与的功能诠释

1. 内部合理性要求

市场经济与先进文化的发展是相互感应和相互推动的。在当前市场经济下，文化事业的结构基础与民主基础必须体现现代民主的包含性与互动性。文化公共参与纯粹政治领域话语的公共参与之优势在于跳出多数暴政与效率质疑怪圈。民治、民选、民享的现代性载体。

2. 文化事业的公共参与既是文化事业本身制度设计的延伸也是其实质

文化是仰仗人和参与的文明之一。文化事业想要繁荣昌盛绝不是由政府公权力对资源的支配和调整就可完成。文化的生命在于活力、流动性。而公共参与正是文化事业活力值来源。因此公共参与不仅仅是文化事业发展本身应有的制度设计，更是文化事业发展的实质内容。

3. 公共参与的个体自由表达的价值

密尔在其《论自由》中对个体表达自由的价值的经典阐释还萦绕于耳。总结起来是预防失去理性的错误和保护人类智慧经验，从而达到个体的自我实现。文化事业的公共参与除了有发展公共文化，增进公民社会的公共利益和民族国家利益外，最重要的还在于对作为独立自由个体的人的本质的确认和尊重。对自由和文化之美的体验和感受只有在参与中才能得以完成。

4. 文化资源的分配与社会公正

文化事业的公共参与还涉及了国家和社会文化资源的分配和社会公正问题。特别是我国区域经济发展水平存在差异，各地文化发展水平也参差不齐。如何在公共参与中激励和分配文化资源，实现在市场和民主政治操作下的相对平等是后小康社会的重大任务。

5. 增进文化共识和公共精神

现代民主社会的发展所需要的公共空间来源于公民自我意识和公民意识的觉醒。而觉醒和公共精神的培育并不是一日生成的。稳定、规律地适应现代民主法治社会规律的文化对增进民族文化共识和时代公共精神所起的作用不可小觑。正是公共参与累积了公共空间和公共精神的原土。是连接个人和社会制度的精神桥梁。

二、西方文化公共参与的理论原则与方法

文化事业的公共参与理论是参与式民主理论的一个分支，而参与式民主理论，有古希腊式的公民参与理论和实践、卢梭的公民参与理论（认为公民参与式实现人民主权的本质要求是体现个人自由价值的前提）、密尔的公民参与理论、麦克弗森的对自由主义民主困境救治的民主参与理论、佩特曼的新民主参与内涵和层次设计、巴伯的强势民主论、协商民主论（强调自由、平等、公开理性和责任）等。

第二次世界大战后，由于福利国家的出现，西方不少专家学者开始提倡文化平等、文化民主等概念，西方国家的文化政策也开始向满足人的发展需求、维护文化权利倾斜，经历了从国家单方面的文化提供与传播过渡到多元包容、侧重公共行政与管理观念的转变，文化主导地位从政府机关转移到私人机构。英国经济学家邓肯·布莱克、美国著名经济学家詹姆斯·布坎南等提出了公共选择理论。该理论运用于公共文化管理，即是提出了引入市场机制和社会力量，采取政府与非政府公共服务机构分权的形式，改善公共文化服务供给范围并提高效率。20世纪80年代提出了新公共管理的理念与公共选择理论有着尊崇市场作用的共同点。不同的是，公共选择理论强调的是市场作用，而新公共管理理论侧重的是政府公共管理过程中市场机制、经济手段的运用。20世纪90年代开始，很多国外学者认为公共治理理论是一种国家和社会事务管理的新模式。它从政府与市场的二维结构，深入到"国家－市场经济－公民社会"的三维结构。"失灵"理论认为，不仅存在着"市场失灵"，

同样也存在着"政府失灵"。在这两种情势下，政府与非政府组织的合作是弥补缺陷的良性循环。因此合作策略也成为民主国家在市场机制下的实效选择。

西方公共参与基本模式包括：直接参与，如投票公决（政治领域）；组织化参与（公民社会组织）制度化参与，如公民社会组织作为决策过程的主体，自愿参与政策方案的提出，政策的制定、执行以及评估等各阶段，通过合法程序参与政策过程或影响政策决策的参与方式；非制度化参与，即通过非正式方式影响政策形成的参与方式，主要做法包括游行示威，召开研讨会、发表讲话、发表信息和评论等。在当代西方，公民社会组织在这个社会的公共服务体系中发挥着举足轻重的作用。许多西方国家将地方自治政府的部分权力向基层社区下放，由社区居民组成各种公民社会组织，例如邻里法人、邻里协会、邻里社区协会等。这种公民组织化的存在，使本来分散凌乱的个人参与渐成系统和规模。与纯粹的个人参与相比，大规模的组织参与富于理性、目标明确、社会影响广泛，更易于实现个人诉求和群体价值。托克维尔在阐述公民美德涵义时指出，公民美德首先意味着一种理性的互信、一种协商的能力、一种明智的自利判断。而这些都需要通过协会来实现。公众在参与中学会参与政治体系所必需的参与机制与技巧，这些技巧又反过来在实践中转化为更多的政治参与行动。这些参与行为本身就具有教育意义，使得参与实践者清楚地看到了参与的有效性和重要性。有助于提高公众参与的自愿性和自觉心。

三、我国文化事业公共参与之现状与问题

（一）个人因素

具体公民个人的性别、年龄、受教育程度、所处地域经济社会文化发达程度、户籍等因素都会影响公民文化事业的公共参与。

笔者对比经济发展不同地区的文化事业公共参与数据发现，经济相对落后地区特别是农村，由于传统的性别定位、男尊女卑等思想观念，女性较少会在公共场域出现。而城市女性在教育背景和社

会资本的优势，获得和控制的资源、机会、信息比较多。

（二）社会环境因素

（1）公共生活的缺失。公共空间及其合理利用是推动文化事业公共参与的重要因素。我国现阶段文化事业的公共参与不足与长期缺乏文化公共空间有关。中国虽然素有宗族和儒家修身治国平天下的传统，但现代意义上的公共生活经验和公共生活的意识无疑是缺乏的。这跟市场经济的自由发展和契约文化非根生性有关。

（2）网络因素。从社会资本的角度看，公共参与是一种重要的社会资本，而这种资本的生产、维持和积累主要依赖于两大来源，即互惠互利的规范和公民参与网络。公民参与网络与公共政策过程的有效运行有内在逻辑联系，通过有效的制度设计和构建，促进公民参与网络和社会的良性互动。计划经济时代划分遗留产物"单位"划分，以"单位管理"为主，并辅之以"街道管理"的基层社会模式遗留至今。在市场经济规律下，社会转型时期，这种模式已经不再适用。但是单位意识仍在人心，公共参与的个体意识和社区自我管理意识尚未完全建立。导致现阶段的文化事业公共参与动力不足。非单位社区居民的文化事业公共参与良性启动尚待调整。传统的单位承揽了很多政治控制、社会管理、社会福利、社会保障等政府与社会部门的职能，使得各种利益和资源都集中在政府部门以及其附属单位中，社区基本成为空壳。

总之，文化事业的参与率低和参与人群结构不合理的制度根源在于单位的资源垄断和居委会的行政化。激励居民积极参与社区事务的关键举措是淡化和解构单位意识，通过切实具体的对公民文化权利的实现、提升和共享盘活社区和公民对社区的自主意识和责任感。

（3）公民参与的成本因素。市场经济下的"理性经济人"角色日趋明显，公民文化事业的公共参与自然会考虑成本与收益问题，因此公共文化资源的平衡供给变得非常重要。既要避免参与成本过高导致的参与冷淡，又要防止资源稀缺导致公民文化权平等问题。其实质就是公民个体参与的文化权价值和社会效益的兼顾。

（4）资源问题。资源供给不足。硬性文化资源，政府文化信息公开渠道不畅和滞后，文化参与项目多样性欠缺，主要是图书馆、博物馆、文化广场、剧院、体育馆这样的公共项目。空间和信息不畅、时间和距离、成本等问题只能是少数人实际参与和有效享受。大多数还是在自己所在的社区打打太极、跳跳扇子舞。公德资源存储不足。有学者从社会资本的角度分析，认为公共参与程度低，是因为互惠合作网络等社会资本存量较低，导致人们公共道德参与程度低。由此倡议加强公民德行教育。笔者认为，文化事业的参与主要问题在于政府开放和辅助程度不够，导致公民长期的文化参与消极。有效的路径应该是倡导多元和自由文化理念，提供场所和信息，盘活社区发挥文化积极公民的潜力。

（5）文化背景是影响人们的公共参与的重要因素。家文化是中国传统文化的核心。大部分学者对家文化对文化事业公共参与的影响持消极影响观，表现为家族主义而无个人精神也无公共精神；只有家族生活没有社团生活；只有集体主义没有个人主义。当然也有学者指出家文化的积极意义：一是泛家族化的公共及个身，杨中芳就指出，中国的家庭制度是一个驯良中国人集体精神的最佳场所，二是社团化的家族自治，认为家族现在正朝着尊重族人的独立人格的近代社团方向演变。

（6）参与结构和过程合理化问题。现阶段的文化参与大多是以少年儿童的文化宫形式以及老年人的舞蹈练剑形式存在。中青年人都疲于工作根本没有多余的精力和时间参与文化事业。因此在改良文化公共参与结构时要特别为那些虽为社会的中坚力量但又面临巨大压力的中青年阶层开拓更便捷和有效的文化参与领域。除了电影戏剧等传统的文化娱乐之外，可拓展以社区为基础的民间文化协会，例如古典音乐和画展、摄影、越野等文化事业。

（7）成本。很多文化参与经不起仔细的"成本－收益"分析审查。公民的文化参与需要大量的时间，会消耗很多政府机构的政策执行资源。代表性难题是由于文化事业参与并不可能实现使每一个公民都有机会参与，这就导致了文化平等权问题的出现。

四、文化事业公共参与的走向

（一）政府的角色定位

目前公共文化建设依然存在人民群众日益增长的精神文化需求同公共文化服务能力与水平不相适应的矛盾。城乡公共文化发展不平衡，公共文化建设长效机制尚未形成，公共文化基础设施落后，公共文化资源总量偏少、质量不高等问题日益显现出来。由于各级政府的资源与能力有限，公益性文化机构的服务能力又无法进一步拓展，这就要求政府切实转变职能，实现由"办"文化向"管"文化转变，由管理直属单位向社会管理转变，积极引进社会力量参与公共文化建设，通过政府与社会"两条腿"走路的方式切实解决公共文化产品供需矛盾，更好地保障人民群众的基本文化权益。政府在鼓励和吸引社会力量参与公共文化建设过程中应当承担的引导、扶持与监管职责。

在多年的探索中，企业或私人兴办博物馆、艺术馆，捐赠文物，赞助公共文化活动，专业院团、高等院校、名人名家、社会组织、民办非企业单位等对于公共文化的经常性参与，政府政策扶持、购买服务、委托管理、整合资源等举措的日益推行，彻底打破了公共文化的传统运行格局，使原来政府"独唱一台戏"的局面得以转变，公共文化也与时俱进起来，克服了"等、靠、要"的思想，引入了社会力量，引入了竞争机制，切实提高了公共文化的服务效益。

（二）公民社会的作用

由于市场经济的发展极大地引发了现代城市居民的利益本位意识，传统的"单位人"彩色渐渐淡化，"理性人"角色趋于明显，以社区公共情感－文化认同为主的参与模式转向了以权利－文化认同为主的模式。从现有的文献分析可以看出，文化事业的参与呈现两大发展趋势：一方面是从被动参与向主动参与发展，另一方面是从单位为主向个体自主发展。

1. 家庭、社区、社会场域公共参与的比较分析

什么是真正的社区："社区"的概念经过众多的歪曲解释后，在某种程度上已经失去了大部分的原有涵义，如果社区存在的需求是客观的，我们就应该认真考虑，社区的本质到底是什么？如果地方政府确实想采取实际的行为策略强化人们之间的联系，那么我们就有必要界定社区的真正含义。弗兰克·贝内斯特认为社区由以下像话联系的因素构成：

（1）归属感。社区不仅仅是人群或住户的集合。在真正的社区，个人行为会受到群体共享经验的约束。通过宗教仪式 、共同的行为标准、惯例以及庆典。

（2）历史感和传统感。社区观念引导人们回溯当地的历史和传统，有助于在社区成员之间形成普遍的联系。

（3）地域感、认同感。自我认知空间和互动生活拓宽了认知的领域，由我衍生为我们。

（4）包容性。《社区建设》的作者约翰·加德纳（John Gardner）认为，社区以"包容多元素的整体性"为特征。真正的社区可以将不同年龄、收入、教育背景和爱好的人们整合在一起，包容人们之间的差异或者相互之间的矛盾。

（5）互惠。是一个相互支持和的社会环境。

（6）自我管理。加布里尔·斯蒂芬（Gabriele Steffen）在《使城市适宜居住》。通过社区进行学习。通过参与式社区的概念和价值内化。

2. 文化事业公共建造工程

文化事业公共建造的开展使公民作为"生产者"聚集在一起，大家为文化参与问题贡献技术、才能和精力，为了创造有恒久价值的事物而付出共同努力。例如，"街坊父母"项目、社区图书馆的资金筹集和宣传、社区壁画、儿童保健合作项目以及不同代际人群的联系活动。与单纯投票相比，文化事业参与共建工程才是公民身份的重要标志。地方政府可以利用文化部门、娱乐场所、公园、图书馆、博物馆、剧院等力量直接支持此类公益项目。

3. 政府与公民的互信：公共参与的失落环节

文化事业的蓬勃和有序发展不仅仅是居民身份从消极到积极的转变、挖掘自身的参与热情和对政府文化建设的信任，更重要的是政府特别是文化机构对公民的信任，开放文化参与渠道，拓展参与领域和提供自由多元舞台。

信任——除非另有说明——应当成为政府文化机构管理者的伦理守则和制度攻击者的行为原则。信任原则的逻辑类似于陪审员制度：除非证据确凿，否则他们必须认定被告无罪。政府管理者应该信任公民的善意和自律，除非有证据显示公民缺乏这种品德。信任原则也暗含了对公民的诸多要求，即要求公民应具有良好的道德和参与的能力及热情，展示值得信赖的参与品质。但是更多的责任还是应该落在管理者的身上，他们应该成为信任的发起者，恢复和维持政府和公民之间的相互信任关系。管理者为了赢得公民的信任。首先自身必须是可信赖的，信任老百姓的智慧和行动、聆听公民的心声、与公民分享权力、信任和尊重公共管理活动、教育和引导公民。

信任是参与民主的一种价值。除非另有证明，不管公民的宗教、种族、性别、年龄、职业是什么，管理者都应该更多的信任公众。要做到这一点，必须具有良好的信念。正如马驰（March）和奥尔森（Olsen）宣称："民主政体和人类精神的本质是努力行善，即使明知这些努力可能没有效果或被误导。这就是信念的声明，而不是意义的宣言。"

管理者对公民的信任状况可以通过许多方法加以改善。除了经济诱因外，管理者还可以采用一些超越个人主义的策略：鼓励和支持社区建设，推进和管理公民参与活动；建立一种强调公民价值的组织文化；变革传统和程序导向型的治理机构；塑造一个更加多元、公正、和谐的社会。

五、公共参与的法律保障

（一）保障与公众参与有关的权利

有效的权利保障是公众进入文化事业领域的前提。这些权利主要包括以下几个：一是知情权。参与以充分及时的信息传播和获取直接相关，公开及时的信息对公众正确认知利益，适时加入到文化事业公众参与的程序中有重大意义。公众文化参与知情权的保障，有赖于我国信息公开制度的进一步完善，特别是文化信息的公开和传播渠道的疏通。二是参与权。我国目前缺乏长效的公众参与机制，不利于从根本上保障公众的文化参与权。从立法上确立公民的文化参与权固然重要，但更重要的在于这些法定权利在实然层面的实现。三是获得救济的权利。要提高公众参与的有效性，应当使与文化事业公共参与有关的事项都进入到法律救济程序。包括行政领域的行政复议、行政诉讼，民事领域的民事诉讼。当公众认为自己的文化权受到剥夺或侵犯时，得依法提起行政或民事等救济措施。

（二）权利表达机制

利益是社会经济关系的首要表现，追求利益是人类一切社会活动无可厚非的动因，也是民主自由发展的直接动力。利益表达是文化参与的第一步，是文化信息反馈的重要内容，也是衡量民主政治的一个尺度。

在法学领域，利益表达就是权利表达。而权利表达可以分为制度化的与非制度化的两类。制度化的权利表达主要有：申诉、选举、投票、合法的游行示威、罢工等抗议活动以及媒体舆论施压等。如果制度化表达渠道不通畅人们自然会选择非理性非制度化的方式，引发暴力或动乱灾难。因此，权利表达的制度化程度，既决定着一个国家的社会稳定，也是国家政治文化发展潜力的测量师。

权利表达的制度性安排的作用就在于它能使权利表达的行为正常化。从而一方面使公民的利益诉求得到表达，另一方面使社会矛盾掌握在可控范围之内。因此我们不应把公民的权利表达看的讳莫如深，而应当通过有效的制度安排来加以规范和疏导。

（三）典型事例：公民发起募捐的法律保障

公民个人发起的募捐行为在 2008 年的汶川地震后出现了井喷式的发展，由法学博士蒋海松发起的"春风助学"的成功便是其中一例。此外，近几年出现的"打拐儿童基金"、记者王克勤发起设立的"大爱清尘"基金等，都得到了社会各界的回应。但个人发起的募捐行为，并不能归入我国法律上的"公益捐赠"范畴。我国1999年颁布施行的《公益事业捐赠法》对于公民个人组织的募捐活动作出了规定，认定其只能属于民事上的倡议和赠与，而不属于公益捐赠，相关人员也不能得到社团登记。这种制度环境已经不适应我国个人慈善事业的发展势头。

以公众参与为核心的参与民主理论所具有的内涵并不仅仅是简单的"被统治者同意原则"或者"最大多数人的最大利益原则"，还在于它能够与我国"一切权力属于人民"的社会主义民主理念及其制度实践相契合，进而强化我国社会主义政治的正当性。文化事业的公共参与不仅是目的，同时也成了一种可供利用的智识性资源。

当前文化法律秩序的完善之道

第一节　文化立法权限的调整与界定

当推动社会主义文化大发展大繁荣成为国家重要战略，文化事业和文化产业发展渐成一股新浪潮，文化立法重新被提上日程。与此直接关联的文化立法权限的调整和界定问题日益凸显。

一、当前文化立法权的现状检视

考察我国当前文化立法权限的现状，理应先考察我国当前文化立法的总体状况。

新中国成立后，自 1951 年 5 月 5 日政务院颁布最早的一部有关文化的规范性文件《政务院关于戏曲改革工作的指示》以来，国家已经制定了有关文化的法律、行政法规和行政规章四百余件。其中包括由全国人大常委会制定的《文物保护法》、《非物质文化遗产法》、《著作权法》、《档案法》等十余部法律。此外，单是文化部有关文化的规范性文件就多达 366 个，各地方的权力机关和行政机关根据各自地方的实际需要和情况，制定了大量的执行国家法律、行政法规的地方性法规和规章以及其他规范性文件。据不完全统计，国家和地方的文化法律法规、规章和其他规范性文件共有 2200 余件，初步形成了覆盖文化遗产保护、知识产权保护、公共文化服务、文化市场管理等多方位的法律框架。但是，从总体上来看，我国文化立法体制仍有较大的调整与完善的空间。我国的文化立法还远未完善，立法调整范围涵盖面小、立法调整层次低、某些领域存在法律空白、文化规制存在盲区和重叠。特别是文化产业立法相对于新兴的文化产业而言显得更加滞后，法制化水平不高。这些问题都使得文化立法权限的重新调整和界定变得迫切和必要。具体说来，笔者认为在文化法治建设上主要有以下几个方面值得我们高度的重视。

（一）当前文化立法的调整对象范围狭窄，属性界定模糊

文化立法以文化法律关系为其调整对象。如何辨识文化立法上的"文化"，目前学界和实务界都缺乏统一共识和确定的判断标准。"文化"既是实体存在，例如"文学作品、戏剧、电影、美术、雕塑"，也有从纯粹主观价值角度界定文化的意涵。文化立法权限只调整实体性的文化，也即可供外在判断的实体标准，而不调整文化思想。文化立法权在新中国成立早期单方面停留在国家意识形态主导下的文化事业领域，调整的范围和事项也大多跟计划经济下的"单位制"文化形式有关。我国现有的数千文化法规和文化规章中，大多都是以意识形态性质的管理理念对待文化立法的调整对象。在范围上偏向传统的单一文化事业立法的社会关系。尽管改革开放已经三十年之久，文化事业并没有与国内外市场发生实质关系。文化事业的立法以"事业单位"为基本结构，公办为调整的主要空间。社会文化关系单一化、垄断化严重。市场经济的深入发展必然会导致文化领域的社会关系和利益主体日趋多元，民间因素和国际因素进入文化领域给现有文化立法权限的合法性和合理性带来激荡。旧有的文化立法权限已经不能完全覆盖文化立法。

（二）立法层级过低

考察我国当下的文化立法不难发现，除了全国人大常委会立法的《文物保护法》、《著作权法》、《非物质文化遗产法》等几部涉及文化的法律外，绝大部分都是各省区地方权力机关和行政机关为实施以上文化立法制定的地方法规，行政规章和规范性文件。从省会城市到地级市到县，层层下来，文化立法、规制参差不齐和立法低层化严重。文化立法的中央和地方权限的调整和界定亟待完善。

（三）立法存在较多空白区域

尽管我国《宪法》第22条和第47条规对公民基本文化权做了原则性和总括性的规定。下位立法在文化立法权限行使中的盲区还是可以从文化立法的空白领域看出的。以公共文化服务为例，对公共文化服务的范围既无共识也无明文规定，文化公益设施的立法调整也多有疏漏。图书馆、博物馆、文化馆、体育馆等公共文化设施的开放性以及公民的参与权、享用权和维护运营的法律调整都需进一步调整和界定。另外，对新媒体、网络空间的监管与公民网络言论自由和网络参与共享权的张力之间如何协调也是文化立法权限调整和界定应重点关注的议题。

（四）重叠与冲突

由于文化立法权限的行使层级和范围不明确，很多文化立法往往是地方先行先试，造成部分内容与上位法相冲突和重叠情况。另一方面，也存在由中央对地方文化不了解等原因造成的与保护地方文化特别是民俗等非物质文化遗产方面的冲突。

二、概念之辨：文化立法权限

立法权限，系指立法主体行使立法权的界限，主要指立法主体能在多大范围内行使立法权。相应的，文化立法权限是指立法主体行使文化立法权限的界限。这一命题包含两层意思：（1）文化立法权可以和应当达到何种界限；（2）文化立法权不能超出何种界限。从空间上说，指文化立法权可以和应当对哪些领域、方面、事项加以调整，不能对哪些领域方面事项加以调整。从表现形式上说，指通过立法权的行使，可以制定、变动哪些法律、法规和规章。从运作过程来说，指能否就某事项或某种法的形式行使提案、审议、表决、公布的权力。

从文化创作的构思、选择体裁载体，到文化材料的选购与文化创作、生产、消费的过程，以及最后阶段的文化作品、产品的呈现和保存，只要是属于世俗社会传统文化类型或类似的新造型的方式，可看出其具有创造形塑的内容结构，都可以将其纳入宪法上的文化基本权的保障范围，都是文化立法权限的调整对象。

因此我们认为：物质文化关系——例如饮食、建筑、古迹、工艺；行为文化关系——例如风俗习惯、岁时节庆；精神文化关系——例如语言、文字、文学、艺术、科技、教育、宗教等这三大文化关系都应归属于文化立法权限调整和界定范围。尽管如此，由于文化确实是一个丰富复杂的范畴，难免有遗漏和重叠交叉的因素存在。比如，物质和行为中实际上都常常蕴含精神因素。

文化立法权限调整范围包括文化创作、文化传播、文化产品的生产、经营、贸易，还有公共文化服务、文化发展规划、市场监管以及政府与社会在文化领域尤其是公共文化服务领域的合作等。

宪法层面规制下的文化立法权限，首先应以宪法保障人权，保障公民文化基本权进而实现人的自由为要旨。文化立法权限的调整范围应当保护包括文化成果享有权、文化平等参与权、文化创作自由权等动态权利关系。以宪法的公民基本文化权为价值落脚，在空间跨度范围上涵盖文化事业和文化产业，在效益上争取文化立法的社会效益和经济效益双赢。

三、文化立法权限调整与界定的逻辑起点：宪法文化基本权

需要厘清的是，现代社会将人类生活分为四大维度：政治、经济、社会、文化。根据联合国《公民权利和政治权利国际公约》以及《经济、社会及文化权利国际公约》的规定："所有人民都有自决权。他们凭这种权利自由决定他们的政治地位，并自由谋求他们的经济、社会和文化的发展。"文化权作为其中一支，一方面是由人类精神生活的本能而与生俱来的，另一方面则是由不同时代具体社会条件历史地形成和发展的。

联合国《世界人权宣言》第 27 条规定："每一个人有权自由参与社区的文化生活、享受文化以及分享科学的发展及其成果。"《经济、社会与文化权利国际公约》第 15 条规定："一、本公约缔约各国承认人人有权：（1）参加文化生活；（2）享受科学进步及其应用所产生的权益……"我国《宪法》第二章的基本权利目录虽未

将文化权的基本内涵明文纳入其中，但这并不意味着我国宪法在文化基本权保障上的缺失。

宪法关于国家基本制度和发展文化事业及保障公民享有从事文化活动的权利的规定，为文化法制建设提供了基本原则。《宪法》第14、19、48、122条都是关于文化基本制度及保障的规定。第22、35、36、47条还具体规定："国家发展为人民服务、为社会主义服务的文学文化事业、新闻广播电视事业、出版发行事业、图书馆博物馆文化馆和其他文化事业，开展群众性的文化活动。国家保护名胜古迹、珍贵文物和其他重要历史文化遗产"；"公民有言论、出版、集会、结社、游行、示威的自由"和"宗教信仰的自由"；"公民有进行科学研究、文学文化创作和其他文化活动的自由；国家对于从事教育科学、技术、文学、文化和其他文化事业的公民的有益于人民的创造性工作，给以鼓励和帮助"。这些规定构成宪法文化基本权的实质内涵，是文化立法权限调整和界定的逻辑起点和规范依据。文化立法权限的调整和界定应当依照宪法规范，同时这也是国家机关文化管理权力的界限。

四、调整与界定的法哲学立场

文化事业和文化产业的立法调整与界定不是截然不同和彼此独立的。实际上作为文化立法权限行使的两大方面，对两者的调整和界定在最终的价值定位上是一致的，文化事业和文化产业的立法权限的调整和界定最终目的都在于保障宪法规定的公民基本文化权。

传统文化产业规范的形式通常表现为禁止性规范和管理性规范。在这种逻辑推演下的文化产业立法也确实大多只规定政府的相关文化权力、责任和管理机制。而作为文化产业主体的公民及其权利几乎被忽略。相较于立法、行政和司法背后庞大的国家机器，个人权利在这三者面前显得势单力薄。基于政治常识和历史经验，我们知道公权力扩张和侵蚀的潜力是巨大的，而公民权利因为个体权力资源有限而不可避免地具有脆弱性。因此现代法治的核心理念在于对公权力的约束和限制，防止公权力恣意导致的权利侵害。毫无疑问，文化立法权限的调整和界定必须体现这一法治精神内核。

从现代行政管理和公共服务的角度来说，进一步去除将文化立法作为文化意识形态和管理的手段这种僵化理念非常重要，这也是新时期文化立法权限调整和界定不可回避的路径。长期将文化纳入管理体制而不是保障体制的立法思维阻碍了市场经济下的文化立法权限的重新调整。沿袭意识形态管理机制下的文化立法权多表现为行政命令和行政政策，文化建设和发展以命令和政策为纲。这种僵化的管理和控制体系经常使得体系本身遭受文化自身挣脱离心力而导致的失败。这方面苏联的教训是深刻的。苏联末期，政府对新闻媒体管理的失控以及传媒立法的失败，主要应当归咎于传媒管理体制过度强调意识形态而导致的人治化。

党政机关颁布的行政性规章和政策文件，形成了以行政手段、政策调整为主的规制状态。这种偏颇的文化管理机制和手段，不仅不适应社会主义现代化的民主和法制的内在要求，而且也不适应改革开放以来特别是加入 WTO（世界贸易组织）之后我国文化单位自主权不断扩大、投资和经营格局不断发生的新变化。比如文化产业属于国际服务贸易范畴，已经列入 WTO 中国承认的条款。而我国在 2001 年加入 WTO 之前制定的文化产业法规有许多是与 WTO 的规则不相适应的，由此给我国的文化产业贸易造成了诸多障碍和困扰。因此，应当进一步转变文化管理机制，着力推进文化管理由政策和行政命令管理为主向以权利保障理念转变。文化立法权限的重新调整和界定的理念和目的在于维护、保障、推进和实现宪政核心价值的人权保障和宪法规范中的公民基本文化权。

五、调整与界定的两大轴心——中央与地方

最高权力机构之所以赢得了人们对它的尊重，实际上是因为它遵循了那些限制权力的一般性规则。传统意义上的全国人大及其常委会是全权机关，同时人大常委会又是宪法监督机关。对其立法权并无明确限制，我国现阶段也无有效的审查监督机制。现行宪法虽然通过设立专门委员会，以赋全国人大常委会以明确的立法权、赋

予省级人大及其常委会地方立法权，赋予国务院以行政立法权等方式实现了立法权在宪法上的分立与规约，《立法法》第88条也对我国的立法权限审查进行了具体分配。但所有这些原则和规范在实践层面的运行都不能令人满意。立法权的泛滥和潜在威胁还时时存在，而文化立法权限的在中央与地方的界分不明无疑加剧了这种混乱。

文化立法权限的重新调整和界定，应对中央立法调整带来的盲目、混乱以及对个人自由和基本权益的侵犯有充分的估计。一方面，要防止民意包装下文化立法权对公民基本权利的威胁，特别是对公民文化平等权、参与权的调整要注意与地方文化立法相协调，防止立法的专断和恣意扩张；另一方面，作为全国性立法，中央文化立法权限的调整应覆盖宪法关于基本文化权的权利内容。具体调整类型如下：

1. 宪法规范中设计的文化基本权内容应该由中央立法调整

宪法中规定的公民文化基本权涉及公民的基本人权，这类事项应属于《立法法》中的保留事项，由全国人大及其常委会立法调整。较大的市、省会所在市、经济特区所在市和民族自治区可以制定地方性法规和规章进行调整。具体包括以文化法律关系为标准，文化立法可由以下法律构成：新闻法、出版法、广播电视法、电影法、著作权法、语言文字法、图书馆法、博物馆法、文化馆法、文物保护法、非物质文化遗产法、演出法、文化社团组织法、文化产业促进法、网络文化法等等。当然，其中有些领域或方面专门立法的可行性尚待进一步论证，而且随着文化繁荣、技术进步和管理改革，新的文化立法将会不断涌现。

检视我国文化立法现状，目前作为文化法制中间环节的文化法律很少，从专门领域的意义上说只有《文物保护法》、《非物质文化遗产法》和《著作权法》三部，而被视为保障公民和机构言论、出版自由权利和规范新闻出版事业产业发展的基本法律的"新闻法"、"出版法"等长期缺失，与发展公共文化事业和文化产业相应的"文化社团组织法"、"文化企业法"等也尚未立法。相当多数文化领域还缺少法律规范，而仅由行政机关的行政规章和政策性文件来"替代"，造成文化立法权限在中央和地方，具体文化领域的配置混乱，尤其是地方以行政机关的行政规章和行政政策代替立法，文化立法权限位阶错乱层生。鉴于这种事实情况，变政策调整为法律调整是使文化立法权限回到宪法框架内和法治轨道的必然之选，是形成系统结构合理、内部统一协调的文化法律体系的必由之路。

2. 地方文化立法权限的行使应当遵循法制统一、法律优先和法律保留原则并且在法律框架内强调地方文化特色

特别值得强调的一点是：除非经过全国人大及其常委的法定授权，地方文化立法权限的调整相对于法律和行政法规，不得对公民基本文化权利做出减损性的规定，更不能做禁止性规定，应当着重加强地方公共文化服务和文化产业调整。长期以来，地方对文化事业和文化产业的发展主要依靠政策引导，这是导致文化立法权限调整层次过低、规定繁杂混乱局面的重要原因。现在我国地方关于文化的法规、规章和规范性文件多如牛毛，实际作用却又很有限。从这个方面可以看出，对行政立法权的配置采用的法律保留原则，实质是"剩余权力"，即除宪法和法律明确列举的由全国人大及其常委会保留的权力空间，都可以成为行政立法的作用范围。在法律规范形式上，行政立法的效力显然低于人大立法，事实上其作用范围却又是无限的。因此，应当通过文化立法的权限调整，严格限制县级以下的文化权利规范。

根据《立法法》的规定，各省、直辖市、自治区对其地方的文化事项有地方立法权。地方政府如何善用地方文化自治立法权，针对地方文化特色进行立法，与民众结合鼓励参与，透过伙伴合作、文化艺术教育、参与制度建立，培植非营利组织，资源计划整合、创新地方文化特色模式，振兴地方文化创意产业，呼应全球化地方文化思维与文化环境治理，发展提升地方文化公民权等，都是非常重要的地方文化事务。

对于文化权利的立法保障应循由下而上的原则，地方可处理的

文化事务应由地方优先处理。对于地方性的文化事务，中央应处于辅助与补充的地位。而中央应注意各地区文化发展是否呈现出差异，涉及文化权的不平等，中央仍应视各地方文化需要，以宪法规定，给予辅助或由其来办理。历史城区振兴及保存，当然是地方文化自治立法的重点，但除了历史城区、古迹老屋之外，珍贵树木或百年树木也值得保护，也应在地方文化立法权限的调整范围之内。珍贵树木所在地，从事建设建筑开发行为，致影响珍贵树木生长时，应以原地保留为原则。历史文化、自然资源与观光相结合的立法，集文化事业和文化产业一身，是文化权利调整的新路径。

3. 立法数量的限制

中国有运动式的政治传统和政治冲动，一般说来中央政令一下，地方各省区就会纷纷上马。文化项目和文化活动的文化立法，往往是中央对文化发展事宜还处于政策拟定阶段，地方就已经出台了文化法规、文化规章以及各种政策性文件。很多县级政府关于文化权利的规章和文件就多达几十件甚至上百件。中央立法的滞后和地方立法的超前导致的文化立法权限的混乱屡见不鲜。

六、调整与界定的两大内容——文化事业与文化产业

鉴于文化立法权限调整和界定的重要性，我国有不少学者曾提出制定一部《文化基本法》，确定文化法律制度的调整范围、调整原则、组织设施、文化行为方式等。用以规范和明确文化立法权限。在此笔者认为，由于文化包含的内容十分丰富，从传统文化形式到新型文化载体，从无形物到有形物，其调整方式、原则、标准等方面都存在差异。基于文化领域法律规范的丰富及法律关系的复杂性和开放性，难以制定统一的文化基本法，较为可行的良性路径则是为不同领域的文化分别立法，具体文化法律关系分别由具体立法权限调整。

我国目前对文化的法律秩序的划分为文化事业和文化产业。针对文化事业和文化产业立法目的和价值理念的不同，立法权限的调整和界定也要有所区分。

（一）文化事业

文化事业作为计划经济时代的遗产，系我国政治经济体制当中存在的文化事业单位的集合名词，是我国特有的文化结构划分，主要是涵盖在文化领域从事研究创作、精神产品生产和文化公共服务的领域。以文化法律关系为标准，根据前文对文化立法意义上的"文化"概念的界定，文化事业的主要类别为：新闻出版、艺术创作、艺术表演、宗教自由、广播电视、电影、文物考察和保存、群众公共服务设施等，相应的文化事业立法权限的调整可以包括：新闻法、出版法、演出法、广播电视法、电影法、著作权法、语言文字法、图书馆法、博物馆法、文化馆法、文物保护法、非物质文化遗产保护法、文化社团组织法等。特别是新闻出版法等跟表达自由有关的立法权限，调整和界定的核心应当是保障公民的表达自由和艺术创作权，严格限制立法对公民表达和创作自由的基本文化权的随意限制。实现文化大发展大繁荣的土壤在于保证公民文化基本权的空间和自由。文化权作为主观权利的一面，具有传统的防御功能，即保障个人文化自由的最大可能的自我决定，在此范围内个人可以排除国家干涉以及在受到侵害时要求国家救济的权利 。实质上，人格的自由开展正是人的自我实现为主要内涵，这也是文化基本权的核心理念。

因此，调整后的文化事业立法权限应当由传统的对公共福利的倾斜转向对个人基本文化权的倾斜。调整方式也从过去管理式转向保障式。特别需要强调的是，随着技术的进步和管理方式的改变，文化本身的延伸和开放性要求文化事业立法权限的调整也是开放性的。也就是说，文化立法的范围是不断变化的。特别是在经济全球化的影响下，市场化的文化产品的创造、生产、流通和消费是文化产业在市场经济潮流下汇集而成的主流，所有这些都亟待文化立法权限的重新调整和界定。

我国改革开放前的文化立法把立法调整对象只定义为公益性的文化事业，关注文化立法的社会效益，个人文化基本权空间逼仄，得不到强调和广泛意义上的实现。也没有涵盖市场化的文化产业这一调整对象，没有恰当地注意立法在推动文化产业发展方面的作用及其经济效益。这种对于文化法律调整对象性质区分的模糊导致文化立法权限的调整和界定时盲区不可避免。

（二）文化产业

我国新出台的《文化及相关产业分类（2012）》对文化产业的定义为：为社会公众提供文化产品和文化相关产品的生产活动的集合。该分类对文化产业进行了 5 个层面 120 小类的划分，分别涵盖新闻出版发行、广播电视电影、文化艺术、文化信息传输、文化创意和设计、文化休闲娱乐、工艺美术品的生产、文化用品的生产、文化专用设备的生产、文化产品的生产、文化相关产品的生产。这十二大类都是文化产业立法权限的调整范围。

关于文化产业立法权限的调整和界定的目的，目前主要有管理论、控权论、平衡论三种观点。管理论认为：文化产业立法权限的目的在于规范政府促进和管理文化产业的权力、责任和管理机制。因此文化产业立法以禁止性规范为主；强调国家和社会公益。个人权利在公共利益面前受到挤压和忽视。控权论主张文化立法权限调整是为了最大限度地保障个人自由权利特别是公民的文化产权。平衡论则认为文化产业立法权限的调整目的具有内在的平衡协调性，注重保护公民文化权利和规范政府文化管理权的价值平衡。我们认为，管理论的观点在调整理念上就与现代法治政府精神相违背，是一种计划经济文化管控思想，最终的结果只会是只见产业发展不见公民权利，甚至连产业本身在重重管理之下也难以有大的发展。而平衡论在理论上看起来似乎无懈可击，但在操作层面却难有成效。"平衡"本身并无具有可操作性的形式和标准，主观性明显，行政机关的自由裁量权过大，这样可能导致公民和公共利益保护双重弱化的结果。很明显，市场经济下文化产业的主体是公民以及由公民组成的企业和相关组织。政府作为文化平等权和文化保障权的协调辅助角色应尽量恪守权力有限和市场激励原则。因此我们赞同控权论的观点。在文化产业立法权限调整和界定过程中特别要注重对公民文化产权的维护和保障。

第二节 基于法治原则的文化法规范检视

一、当前的文化立法现状

自改革开放以来，我国加强了对文化立法的研究，文化立法工作开始走上了制度化、规范化的轨道。中国的文化法律体系是以宪法为核心，以文化法为主要内容，横跨行政法、民法、商法、经济法、社会法、刑法和诉讼法等多部门多层次的规范体系。我国文化立法包括文化活动和管理的宪法性法律、文化管理一般法、文化管理部门法。文化活动与文化管理的宪法性规定，主要是在宪法中规定的国家关于发展文化事业的根本方针、文化事业发展的方向等。文化管理一般法，是指适用于所有文化单位和文化活动的法律、法规。据不完全统计，中华人民共和国成立至今，国家已经制定了有关文化的法律、法规、规章和规范性文件 900 余件：已出台的法律有《著作权法》、《文化市场管理法》、《文化单位税收法》、《公益事业捐赠法》、《广告法》、《传统文化保护法》、《中外文化交流管理法》、《文物保护法》等；国务院行政法规有《音像制品管理条例》、《出版管理条例》、《电影管理条例》、《营业性演出管理条例》、《娱乐场所管理条例》、《互联网上网服务营业场所管理条例》、《广播电视管理条例》、《印刷业管理条例》等 60 件；国务院部门规章及规范性文件中，有文化娱乐类法规 228 件，新闻出版类法规 449 件，影视类法规 181 件。此外，各地方权力机关和政府部门根据各地实际情况，制定了大量的地方性法规和行政规章。可以说，我国在调整人们的社会文化关系、发展文化事业、管理文化市场、促进文化产业等重要领域，基本建立起了以行政法规为骨干，以行政规章和地方性法规为补充的法规体系；在管理方式上，基本实现了由主要依靠政策向法律法规为主、政策为辅的转变，初步做到了"有法可依"、"有章可循"。它在结构上主要包括三个部分。

首先是宪法。宪法关于国家基本制度和发展文化事业及保障公民享有从事文化活动的权利的规定，为文化法制建设提供了基本原则。现行《宪法》第22条规定："国家发展为人民服务、为社会主义服务的文学艺术事业、新闻广播电视事业、出版发行事业、图书馆博物馆文化馆和其他文化事业，开展群众性的文化活动"；"国家保护名胜古迹、珍贵文物和其他重要历史文化遗产"；宪法保障公民享有言论、出版、集会、结社、游行、示威的自由和宗教信仰的自由。宪法的这些规定，既是建立文化法律体系的依据，又是文化法律体系的一部分。

其次是文化法。文化法是根据宪法制定的调整国家文化管理和社会文化生活中发生的各种社会关系的法律规范的总称。《文物保护法》就是中国最重要的文化法律之一，它对文物的保护、利用和研究做出了全面规定。在演出、电影、广播、电视、出版等方面，国务院制定了单项的行政法规，它们对保障公民享有的言论、出版、表达等民主权利具有重要作用。要继续加快文化立法进程，不断完善文化政策法规体系。与现实需要相比，我们还有大量文化立法工作要做，已经制定通过的法律也需要不断修改完善，相应的法规与条例也要不断补充。根据"十二五"规划纲要，还将有计划、有步骤地继续推进《公共图书馆法》立法工作，抓紧研究制定《文化产业促进法》、《公共文化服务保障法》，推动《博物馆条例》、《大运河文化遗产保护条例》、《世界文化遗产保护管理条例》等专项立法建设和文物保护地方性法规体系建设。

最后是相关的法律部门。主要是行政法、民法、商法、经济法、社会法、刑法和诉讼法。其中，行政法关于国家行政管理部门职责权限的规定是文化管理的法律依据。民法关于市场主体资格、市场主体的权利、义务和行为规定的一般原则的规定，为文化产品交换的存在和运作奠定了法律基础。目前，国家已经制定的适用于文化产品交换的民事法律规范主要有《民法通则》、《合同法》、《著作权法》等。商法中的《公司法》、《保险法》等法律规范对文化市场具有较普遍的约束力。经济法是调整因国家从社会整体利益出发的市场干预和调控所产生的社会经济关系的法律规范的总称。文化产品交换与一般商品的交换相比，有其特殊性，它以追求社会效益为首要目标。因此，许多重要的经济法是保障文化产品正常流通的法律调控手段。如《反不正当竞争法》可以维护竞争秩序，制止对知识产权的侵犯。社会法调整因维护劳动权利、救助待业者而产生的各种社会关系，它在保障文化从业者的劳动权利和社会权利方面，具有十分重要的作用。刑法和诉讼法对传播精神垃圾等违法犯罪活动加以控制，对政府管理部门非法侵犯公民、法人的合法文化权利的具体行政行为，公民、法人可以通过诉讼途径得到法律的保护。

20 世纪末《文化部文化立法纲要》中提出的文化立法的中长期目标"在 2010 年形成在社会主义法律体系中以专项文化法律和行政法规为骨干，以部门规章和地方性文化法规为配套的有中国特色社会主义文化法律框架"已经基本实现。中共十七届六中全会通过的《中共中央关于深化文化体制改革 推动社会主义文化大发展大繁荣若干重大问题的决定》中指出，按照实现全面建设小康社会奋斗目标新要求。到 2020 年，文化改革发展奋斗目标是：社会主义核心价值体系建设深入推进，良好思想道德风尚进一步弘扬，公民素质明显提高；适应人民需要的文化产品更加丰富，精品力作不断涌现；文化事业全面繁荣，覆盖全社会的公共文化服务体系基本建立，努力实现基本公共文化服务均等化；文化产业成为国民经济支柱性产业，整体实力和国际竞争力显著增强，公有制为主体、多种所有制共同发展的文化产业格局全面形成；文化管理体制和文化产品生产经营机制充满活力、富有效率，以民族文化为主体、吸收外来有益文化、推动中华文化走向世界的文化开放格局进一步完善；高素质文化人才队伍发展壮大，文化繁荣发展的人才保障更加有力。

二、从法治视角检视文化法规范

在任何法律制度中，法治的内容是：对立法权的限制，反对滥用行政权力的保护措施，获得法律的忠告、帮助和保护的大量的平等的机会，对个人和团体各种权利和自由的正当保护，以及在法律目前人人平等……它不是强调政府要维护和执行法律及秩序，而是说政府本身要服从法律制度，而不能不顾法律或重新制定适应本身利益的法律。

由于文化产业的发展对于一国的经济、政治、文化、社会道德等方面的发展都具有重要的作用，而且在市场经济条件下，由政府直接办文化转变为以市场机制调节文化产业的发展，政府的作用主要是对文化产业的管理，并主要是通过对市场的管理而达到对文化的管理。政府对文化的管理，必须是依法管理，文化法律体系的建立和完备，是政府依法管理文化的前提。如前所述，我国目前已经具有一个内容十分庞杂的文化法律体系。但这一个体系，首先立法规划缺乏前瞻性，没有对国家文化发展的宏观总体考虑，而是需要一个制定一个。立法严重滞后于文化发展的要求，而且不能反映文化发展的客观规律，缺乏法律所特有的引导性功能。而且通过国家立法机关指定的法律较少，而由各级党委、政府、社会团体、行业等制定的政策性文件较多，大多属于部门规章，甚至只是由产业部门或社会团体制定的规范性文件。一直以来，我国都没有一部国家文化发展的基本法作为国家整个文化事业发展的纲领性和保障性的法律，而且短时间看来这部基本法也不太可能出台。然而，这样一部法律对于中国这样一个人口众多的社会主义大国来说又确实是特别需要的。因为未能通过法律形式确定文化在国家发展中的地位，也未能为各文化领域提供文化活动的基本准则，就会使全国各地区、各部门的文化发展缺乏纲领性的引导，甚至会出现国内法律冲突的现象。综上，我国目前的文化法律体系存在的问题有：

一是文化法制理论研究薄弱。长期以来，我国文化法制机构不健全，缺乏相应的文化法制研究机构和队伍。文化立法工作缺乏科学、统一的立法指导，存在一定的盲目性和被动性，部门立法、经验立法现象比较严重。

二是文化立法盲点较多。相对经济领域的立法，文化立法工作滞后、数量不足，文化法律的创制落后于社会的实际，落后于文化发展的要求。我国现行文化方面的法律法规数量偏少，以文化管理方面居多，公共文化事务和规范文化行为方面的法律法规十分欠缺，存在许多立法空白和盲点。在文化事业的许多重要领域，如社会文化、专业文艺、文化产业、对外文化交流等方面，还没有根本解决无法可依的问题。

三是文化立法效力层次偏低。从现行的文化立法来看，法律、行政法规过少，大部分是行政规章、地方性法规或其他规范性文件，效力层次偏低。除了《文物保护法》外，我国还没有制定和颁布一部真正意义上的文化法典，一些与文化建设发展密切相关、必不可少的文化基本法律如《公共图书馆法》、《电影法》、《广播电视法》、《文化市场管理法》等仍停留在行政法规或部门规章等较低的立法层次上，一些管理规范尚停留在政策文件管理层次上，一些行之有效的政策还未以法律法规的形式被确定下来。

四是文化立法内容的现实适应性不强。我国现行的文化法律法规，在内容上大部分都带有计划经济色彩和痕迹，不适应市场经济条件下出现的新情况、新问题，不适应对外开放、经济全球化的要求。这主要表现在，由于立法思路惯性的原因，不少文化法规偏重于管理、规范、限制、义务和处罚内容的设定，而疏于对发展、促进、保障、权利和服务内容的体现。

三、关于制定文化基本法的可能性

对于文化法律体系的模式构建，有学者认为：与民事领域的民法和刑事领域的刑法一样，全国人大进行文化立法，主要就是要制定一部明确国家文化发展战略和基本措施的纲领性文化基本法。诚然，如果有一部文化基本法，可以在很大程度上减轻全国人大在文化方面的立法压力，有助于文化领域法律的协调和统一。但是，制定文化基本法也存在以下几方面的问题：

（1）如果制定文化基本法，可能迟迟不能出台。从目前情况看，新闻法和出版法立法难度较大。如果仅仅制定一部文化基本法，肯定会涉及这两个方面。由于短期内上述两部法律的制定似乎还不太成熟，这就必然迟滞文化基本法的制定工作。

（2）文化基本法的内容难以确定。仅从文化法中的传媒法来看，有的国家的传媒法包括诽谤法、猥亵、媒体与议会、政府和法院的关系法、互联网法、广播法、电视法、信息公开法，有的国家除了上面的一些法律外，还包括知识产权法、信息公开法、隐私权法等。说法不一，也很难归纳。所以文化基本法面临的首要问题、也是很难解决的问题，就是它调整的对象是什么。在现实生活中，文化立法调整的对象实际上是不断变化的。因而即使制定了文化基本法，也不可能一劳永逸。

（3）如果制定文化基本法，在立法技术方面可能会遇到巨大难题。因为文化本身的同质性较差，包含的内容太多，从传统的印刷到现代互联网，从媒体到文物保护，从有形物到无形物，调整的方式、机构、原则、标准、制裁手段存在较大差异。把如此庞杂的内容糅合到一部法律之中，制定出来的法律一定十分原则，可操作性也必然较差，可能招致立法失败的后果。

（4）从各国情况看，几乎没有国家制定文化基本法。文化方面的立法通常是由一系列的普通立法构成的。

基于以上原因，建议对这个问题进行进一步的研究。根据文化法律关系的不同制定不同的法律似乎更具可行性。所以进一步地规范文化立法应从以下几个方面着手：

（1）文化立法的法律体系。文化立法的法律体系由宪法、一般法律以及行政法规和地方性法规三个层次构成。当前我们的主要任务是制定和完善第二个层次的立法。

（2）文化立法的范围。以文化法律关系为标准，文化立法可由以下法律构成：新闻法、出版法、广播电视法、电影法、著作权法、语言文字法、图书馆法、博物馆法、文化馆法、文物保护法、民族民间文化遗产保护法、演出法、文化社团组织法、文化企业法、文化产业发展法、互联网法等。需要说明的是，随着技术的进步和管理方式的改变，新的文化立法会不断涌现。也就是说，文化立法的范围是不断变化的。

（3）文化立法的步骤。从以上列举的文化立法来看，目前已制定了著作权法、文物保护法和语言文字法。以立法难度、敏感度为标准，可以分三阶段制定剩余的法律：

第一阶段的立法包括电影法、图书馆法、博物馆法、文化馆法和民族民间文化遗产保护法。目前这些法律的立法条件已完全成熟，可以列入全国人大立法的议事日程。

第二阶段的立法包括文化产业发展法、广播电视法、互联网法、演出法、文化社团组织法和文化企业法。目前这部分法律的立法条件已基本具备，应加强研究进行上述立法还存在的难点和问题，在适当的时候立法。

第三阶段的立法包括新闻法和出版法。由于这两部法律与意识形态的关系较为密切，在加强理论研究的同时，应积极探索符合我国实际情况，并满足公民权利和政治权利国际公约要求的立法途径。

积极参与促进文化艺术发展、鼓励文化艺术创新的知识产权立法。要真正建设好社会主义市场经济条件下文化发展的法律法规体系，提高依法治文、依法行政水平，让文化法制建设成为文化大发展大繁荣的有力保障。

第三节　文化产业的法律规制

一、全球化及国际文化软实力竞争的趋势

当今是一个全球化的时代，英国学者约翰·汤姆森认为，全球化可以一言以蔽之地概括为"复杂的联接"，也就是说现代的社会生活就是互相联系、相互共存的一个状态，而全球化就是快速发展、不断密集的这种状态的一种网络化。最初体现出全球化的是经济领域，随着全球化进程的不断深入，人们越来越觉得文化在他们的生活中的重要性，因为他是这复杂的状态中的一个很重要的内在表现。"全球化处于现在文化的中心地位；文化实践处于全球化的中心地位"，"我们这个时代所经历的、由全球化所描绘的巨大的转型式进程，除非从文化的概念性词汇去着手，否则就很难得到恰如

其分的理解"。[1] 不过，这都是处于理想中的状态，现实中的文化全球化在世界各国并不是平等存在的。文化作为国家的核心利益之一，在具有不同国情的国家所呈现的状态也是不同的：在发展中国家，更多的是从国家独立、民族的振兴繁荣上来理解文化；在西方发达国家，文化已被当作是对外侵略的一种手段。由于西方发达国家有着强大的经济和科技的支持，对外去侵占发展中国家的文化，而被侵占的国家势必会进行抗争，这必然会将文化上升到国家核心利益来进行保护。正是将国家文化安全上升到了国家核心利益这样高的层面上，所以文化越来越具有举足轻重的作用。然而，一国文化安全的保障，离不开该国文化产业的法律规制，一个相对合理的文化产业执法体系，不仅能够保障该国的文化安全，而且还能促进本国文化产业的发展，提高文化软实力。

二、文化产业的界定

就如何来定义文化产业，学术界也没有一个统一的说法。为什么难以给文化产业确定一个准确的定义呢？这主要还是因为文化产业刚刚兴起并有待发展，而且存在着文化产业与文化事业的理论界分，但实践中二者往往又有一定的重合。下面笔者将列出几个比较主流的定义。

第一，国际经济学界对文化产业的研究与界定。经济与文化研究的前沿人物施罗斯比（Throsby）在其所著的《经济学与文化艺术》中首先定义了文化的商品与服务，在以此为核心而界定了若干层次的文化产业。他指出文化产业是以创造性思想为核心的向外延伸与扩大，是以"创造"为核心并与其他各种投入相结合而组成各类文化产品的经济组合。[2]

第二，全国政协与文化部所组成的文化产业联合调查组对文化产业的界定。他们认为："文化产业是指从事文化产品生产和提供

---

〔1〕 ［英］约翰·汤姆林森：《全球化与文化》，郭英剑译，南京大学出版社2002年版，第6页。

〔2〕 孙安民：《文化产业理论与实践》，北京出版社2005年版，第8页。

文化服务的经营性行业。"〔1〕

第三，联合国教科文组织的定义。文化产业是以文化为主要资源，通过生产经营和市场运作而赢利，为消费者提供精神文化产品和服务，为社会发展注入文化里的企业行业。联合国教科文组织在蒙特利尔会议上给文化产业下的定义是："按照工业标准生产、再生产、储存以及分配文化产品和服务的一系列活动。"〔2〕

第四，其他的定义。文化产业指从事文化产品生产和提供文化服务的经营性行业，是与文化和艺术相关的所有商业公司、社会与私人组织机构、部分政府职能部门或事业部门的集合，是文化艺术在一定社会环境下的经济体现，其目标是追求经济利益而不是单纯为了促进文化发展。〔3〕

以上的观点，从各个不同的角度、层面对文化产业进行了界定，都有各自的道理。就个人的看法而言，笔者认为将文化产业作为市场经济形态中的一种，能让人更容易去接受。文化产业不同于文化事业，文化事业受国家意识形态的操控和制约，依赖于国家和政府的扶持。而文化产业不一样，它的发展是需要具有盈利意识的社会资本的注入，它需要多元化的社会主体参与文化产业的建设。这种以市场化为主要特征的运作模式，无疑也会对市场经济造成负面影响，比如市场的不完全竞争、盲目性、滞后性等。同时，文化产业所提供的文化产品与服务本身也是一种比较特殊的商品，具有一定的公益性和持久的影响力。因此，为了给文化产业的发展营造一个良好的外部环境，必须建立一套比较合适的文化产业的法律规制，能够规范政府的文化执法行为。

三、文化产业发展的法律保障

正是由于我国的文化市场缺乏一个完整的法律体系，才导致了

---

〔1〕 孙安民：《文化产业理论与实践》，北京出版社2005年版，第9页。
〔2〕 孙安民：《文化产业理论与实践》，北京出版社2005年版，第10页。
〔3〕 陈婉玲："民间资本进入文化产业的路径选择及保障"，载何敏等编著：《文化产业政策激励与法治保障》，法律出版社2010年版，第206页。

我国文化市场管理上的混乱，如政府随意进行文化执法、文化执法标准不统一、缺乏程序性及透明性等等。若不及时解决这一棘手的问题，我国的文化产业将无法得到有效的发展。对此，可以从两方面来探讨。

（一）文化产业立法的必要性

什么是文化产业立法呢？文化产业立法是制定调整文化产业领域的各种社会关系的法律规范的活动的总称。[1]文化产业在西方发达国家所占的国民生产总值越来越高，我国在注重社会效益的同时，也要关注文化产业发展所带来的经济效益。现阶段，国内的文化市场管理、文化产业发展的无序运作和无法可依的现象日趋严重，这又不能要求国家能在朝夕之间就制定出相关的文化执法相关法律制度。所以，唯一的办法，就是按照邓小平理论的精神，在社会主义实践中不断增订和完善我国的法律，积极地修改补充法律，成熟一条就修改补充一条。对于发达国家有关文化法律方面的制度可以根据国内的情况适当借鉴。因此，如何完善我国文化产业执法的文化立法工作，就被提上了议事日程。完善文化立法工作，必须从立法结构及其内容两方面着手进行：

第一，将文化立法与民生立法、社会立法有机结合起来，积极推动公共文化服务保障的立法，在已有《文物保护法》、《著作权法》、《非物质文化遗产保护法》等法律的基础上，诸如《图书馆法》、《文化馆法》、《博物馆法》、《国家文化发展基金管理条例》等就公共文化服务设施的供给与运行方面的立法项目需要抓紧开展立法调研等工作，切实加快其立法进程。

第二，将文化管理体制改革的成功经验和有益做法进行制度化、规范化和法律化，加快政府文化建设与管理的法律法规的废、改、立。特别是文化市场监管领域的立法，尤其是在网络文化领域。积极探索和继续推动政府文化立法。

第三，努力尝试开展如《文化产业促进法》等文化创意产业领

---

〔1〕　周叶中："加快文化立法是建设社会主义文化强国的必然选择"，载《求实杂志》2012 年第 6 期。

域振兴扶持的立法项目的前期工作，把握投资、信贷、税收、研发等关键环节给予具有先进文化产业理念和技术集成优势的企业更加具有保障力度的法律支持。

第四，更加重视和发挥包括民族区域自治地方在内的地方立法在文化立法方面的积极性和创造性，以更加直接地增强民族文化、地域文化、非物质文化遗产、民俗文化的传承活力和时代魅力。当然，还需要注意法律调整自身的在其规律上的时机、限度以及可能性、针对性、阶段性，和文化公益事业、文化产业孵化的多样性、行业性、特殊性。

第五，不可忽视的是，重视法律客观存在的教化功能，重点针对国家公职人员、青少年等社会群体，积极开展思想道德教育的法制保障同样有待加强。为此，我国须制定、修改、完善、细化有关《公务员法》、《反贪污贿赂法》等法律，加强行政伦理法治化、职业伦理法制化及廉政文化、信用社会的教育宣传。[1]

（二）文化行政执法的规范性

有人指出，西方一些国家（如美国）都没有专门的文化行政机构，我们何必要去弄一个？美国等一些国家没有文化部，并不意味着美国没有文化行政事务，也并不意味着这些国家没有文化行政管理活动。每个国家的行政管理活动都有自己独特的历史背景和演变过程。因此，它在国家生活中的地位和作用也不尽相同。就我国来说，一个以政府为主导型的文化事业和文化产业发展模式的国家，其对文化事业的管理主要是通过政府行政管理的方式来进行的。那么，设立专门的文化行政机构也就无可厚非了。如何去定义文化行政执法呢？从文化产业立法中，我们可以知道，文化立法是制定调整文化产业各种社会关系的法律规范的活动。那么，文化执法就是由文化职能部门及其工作人员为贯彻实施所制定的法律规范的活动。

文化行政执法是一项经常性的工作，特别是在基层文化执行层

---

〔1〕 石东坡："文化立法基本原则的反思、评价与重构"，载《浙江工业大学学报（社会科学版）》2009 年第 2 期。

面上，处于一个不间断的执法过程中。它是以法律法规为依据的，要求执行对象必须服从执行者发出的执行指令、遵守执行有关制度和规定。否则，执行机关和执行人员就有权对在其职权范围内且违反其指令的文化行政执法相对人采取强制措施。因此，这就给了文化行政执法主体更多的可以自由发挥的余地，也就容易造成在执法过程中依心情而罚、依人情而罚、罚你不罚他等不合法的现象。所以，如何确保文化行政执法的正当性，是必须要考虑的问题。

四、文化产业执法的完善化

文化产业的法律规制是一项系统性的工程，它离不开文化立法和文化执法两方面的改进。前文已经对如何完善我国文化立法，提出了一些建设性的意见。同时，文化产业立法是否科学合理、是否能有效地规范政府机关文化执法行为，还有待文化职能部门通过文化产业执法行为来检验。从执法与公民权利、自由的关系来看，文化执法的目的就是为了实现与保障公民的文化权利，离开了这点，文化执法也会变得毫无意义。文化执法作为一种实现公民文化权利的手段，除了要在本质上体现它的作用外，还要在内容和形式上对其予以约束。因此，现代行政法治国家需要一个趋向于更为程序化、透明化、中立性和可救济性的文化执法体系。

（一）文化产业执法的程序化

程序本身的内涵是非常宽泛的，诸如：充分展示各种利益诉求、构筑利益博弈的平台；给予程序主体同等对待、拓展决定的民众基础；排除决定者的恣意，控约自由裁量权；通过对程序主体分配角色，增强程序主体对决定的义务感、服从意识；构筑各种利益群体合理选择的制度体系。[1] 国家政权存在的基础是正义，正义的伸张靠的是法律，法律除了是文本上的制度、规范外，必然会有一套体现其力量的实施程序。归根结底，正义的实现还是由人来施行的。程序是利用法律来约束执法主体，使其不能按其个人意志恣

---

〔1〕　有学者详细分析了程序对法律秩序的八大作用。参见季卫东：《法治秩序的建构》，中国政法大学出版社 1999 年版，第 36 页。

意行动。执法主体在执法过程中的所有的行为都应该是按照法律所规定的制度实施的。在程序观念未发达之前，人们注意的是实质正义，也就是不注重执法的过程，只要结果正确，过程是否公正合理就不是主要问题了。在这里，程序无疑是被当成了一种工具，实现实质正义的工具。在法治不断发展的进程中，人们慢慢地开始认识到，一味去追求实质正义而忽略现实正义，最终导致的结果就是正义难以伸张，而且在程序上会出现诸多的问题。

1. 文化产业的执法主体

谈到执法的程序化，我们首先要弄清楚的是执法的主体是什么。按照目前各地确认行政执法主体资格的实际做法，凡是法律、法规规定可以履行一定行政执法权的组织，均被确认为具有行政执法主体资格。[1] 文化产业执法人员在文化执法过程中也要根据法律法规所规定的条款来进行。因此，我觉得文化产业执法主体应该具备以下几个方面：第一，执法主体必须是组织而不是自然人。组织这个概念很广，可以指机关、机构，也可以指单位、团体等。组织可以在满足一定条件的情况下成为执法主体，而个人不管怎么样都不可能具备这样的资格。虽然文化执法的行为是由个人来实施的，在实施的过程中却不是以个人的名义而是以组织的名义进行。所以，我们可以得出这样一个结论，执法人员只能是执法主体的构成要素，并不是执法主体本身。第二，执法主体的设立必须有合法的依据。由于文化产业执法行为对文化相对人权益会产生有利或者不利的影响，文化执法主体不能任意设立，必须要具有法律上的依据，依据法律规定的条件，履行法律规定的程序。第三，执法主体必须具有明确的职责范围。文化执法的职责范围是该组织行使权力的空间，也是其活动的法律效力空间，任何一个执法主体都必须具备明确的、具体的职责范围。否则，其执法活动就会失去法律效力的保障。第四，文化执法主体必须能以自己的名义做出具体行政行为并对外承担相应的行政执法责任。

---

〔1〕 姜明安主编：《行政执法研究》，北京大学出版社 2004 年版，第 71 页。

2. 文化产业执法过程中应遵循告知制度

当执法主体做出影响相对人利益的行为时，应当事先向相对人告知该行为的内容，包括行为的时间、地点、主要过程，做出该行为的事实根据和法律依据，相对人对该行为依法享有的权利等。[1]在文化执法过程中的告知制度：一方面，是为了让相对人知道自身的行为和做法违反了法律的规定，防止相对人在违反了法律法规后以不知道法律规定为由，来逃避处罚或降低处罚的力度；另一方面，也是尽可能防止和避免执法主体违法、不当执法行为的发生。相对人在事前得到执法主体将采取某种行为的信息，如认为其违法、不当，就可能依法采取措施，阻止其行为的发生。行政告知可以分为事先告知和事后告知。[2]事先告知是指文化执法主体做出决定前的告知行为能力，可以提示和督促执法程序的相关主体行使自己的程序权利、采取相应行为。事后告知是指文化执法主体做出执法行为之后将其决定告知行政相对人和相关人。其目的在于使得执法相对人和相关人知悉行政行为的内容，并使得该行政行为发生效力。

3. 文化产业执法过程中应遵循听取陈述和申辩制度

行政主体拟实施一定行政行为，在告知相对人后，相对人可能对其持有异议，认为相应行为违法、不当，根本不应实施该行为等，执法相对人对于行政主体做出的行政行为的陈述和申辩，是相对人的法定权利。[3]《中华人民共和国行政处罚法》第32条规定："当事人有权进行陈述和申辩。行政机关必须充分听取当事人的意见，对当事人提出的事实、理由和证据，应当进行复核；当事人提出的实施、理由或者证据成立的，行政机关应当采纳。"同时，该条款还规定："行政机关不得因当事人申辩而加重处罚。"陈述和申辩制度很好地保证了执法主体实施具体行为的准确性，保障了相对人的权利不会受到侵害，从其他方面来说也更好地尊重了相对人的

---

〔1〕　姜明安主编：《行政执法研究》，北京大学出版社2004年版，第200页。

〔2〕　肖金明、冯威主编：《行政执法过程研究》，山东大学出版社2008年版，第257页。有学者将此分类界定为预告和决定告知，参见翁岳生编：《行政法》，中国法制出版社2002年版，第1083～1084页。

〔3〕　姜明安主编：《行政执法研究》，北京大学出版社2004年版，第201页。

尊严,这也是英国"自然正义"和美国"正当法律程序"的内涵之一。因此,在文化产业执法过程中,执法主体必须给予文化政法相对人陈述和申辩的权利。

4. 文化产业执法过程中应遵循记录和决定制度

我国在传统时期,对记录和决定制度并没有那么重视,文化执法主体对其所做的行为是否用书面记载或者做出书面决定,有着很大的随意性。记录和决定制度主要是针对文化执法主体做出影响相对人利益的行为时,执法主体应该以书面的方式记录下整个过程,并对最后形成的意思表示以书面的形式送达到相对人的规定。从记录和决定制度的内容我们可以分析出,遵循这个制度一是可以保证执法行为的严肃性、稳定性,防止执法机关随便更改执法过程,形成一面之词,使相对人的利益受到损害;二是为了在相对人对自己的权利进行救济时,可以顺利地提供证据条件。主要由行政记录和决定等构成的行政程序案卷是行政复议、行政诉讼证据的基本来源。

5. 文化产业执法过程中应遵循说明理由制度

众所周知,在英国普通法律上,行政主体并没有对其做出的行政行为承担说明理由的义务,当事人也不具有法律上的强制手段要求行政主体说明做出的行政行为的理由。[1]在美国,《联邦行政程序法》要求所有行政决策都应当包括"根据案卷中所记载的所有实质性的事实问题、法律问题、自由裁量权等问题做出的裁定和结论及其理由或根据"。[2]虽然世界其他国家对说明理由制度的规定有所不同,但是至少对我们国家来说,说明理由制度是有其存在意义的。从执法主体层面来讲,它有效地规范了文化执法主体的行政权,加强了相对人的参与度,使得两者在一定程度上取得了制衡。在以往的行政模式中,相对人对于行政决定只有服从的义务,没有

---

〔1〕 肖金明、冯威主编:《行政执法过程研究》,山东大学出版社2008年版;另参见王名扬:《英国行政法》,中国政法大学出版社1987年版,第164页。

〔2〕 参见〔美〕施瓦茨:《行政法》,徐炳译,群众出版社1986年版,第391页,转引自肖金明、冯威主编:《行政执法过程研究》,山东大学出版社2008年版。

权利去要求行政执法主体就执法过程中的行为给予说明。从相对人层面来说，对相对人的权利救济还是有存在的意义的。当相对人提起救济程序的时候，行政主体会就自己的行为所做的说明理由中依据的法律、法规、规章会成为相对人，相关人寻找救济的突破口，也是救济部门进行审查的切入点。一旦发现其所提供的理由得不到成立时，那么很容易就能质疑该行为的法律效力。

建立一个程序化的文化执法体系。文化产业执法主体在贯穿其立项、决策、执行及其监督等的文化执法全过程中，其文化执法行为都必须做到科学化、民主化、合理化。上述具体制度的遵守，能有效地遏制我国文化产业执法上"乱象丛生"的局面。

（二）文化产业执法的透明化

纵观世界各国行政法的发展史，信息公开、透明执法是必然的趋势。意大利1990年通过的《行政程序与公文查阅法》规定任何人都有权查阅行政文件，并明确了具体的查阅程序、限制条款和救济程序，同时在总理府设立查阅公文权利保障文员会监督此项制度的落实。[1]执法程序的透明具有独特的功能和意义。依法行政，透明执法、建设法治社会是对国家与行政机关的总体要求，建立透明的执法过程会使得公开日益凸显，正所谓"阳光是最好的防腐剂"。只有执法过程从根本上变得透明化，才能在真正意义上做到限制国家政府的权力、保障民众的权利，透明执法的直接受益者在于民众。

1. 情报公开

情报公开涉及的内容很广，如行政法规、规章、行政政策、行政决定以及行政机关用来做出相应决定的材料、行政统计资料，甚至包括行政机关工作手册和执法规则、手续等。所有这些涉及相对人权利义务的，只要不是属于法律明文规定予以保密的，都应该向社会公开，任何公民、社会组织都可以依法对其进行查阅和复制。美国《情报自由法》第1条明确规定，每个行政机关对其中央和地

---

〔1〕韩强译："意大利行政程序与公文查阅法"，载应松年主编：《外国行政程序法汇编》，中国法制出版社2004年版，第197页以下。

方的组织、办公地点、依法制定的实体、程序规则及其修正、修订、废止、公众向其提出意见、请求及获取情报的地点，都必须在《联邦登记》上公布；由此就可以说明，当文化执行主体，也就是文化行政部门做出新的规范和政策时，应该及时告知，让公民可以具体地了解到相关的规定，以免出现因不明政策做出违反条例的行为。从情报公开的价值来说，其更有利于公民去参政，一系列的政府活动都要向公民公开，这样不仅可以避免政府和公民的信息脱节，还可以防止因政府的独立独行而侵害到公民的权利和在权益受到侵害时可以有效地寻求救济。再者，只有政府的情报公开了，才有利于防止腐败；只有在群众的监督下，才不会出现暗箱操作。

2. 禁止单方接触

当文化执法主体在处理涉及两个或者两个以上有利益冲突的当事人的行政事务，或裁决他们之间的纠纷时，不能在一方当事人不在场的情况下单独与另一方当事人接触，听取其陈述、接受和采纳其证据等。实行这样的制度可以防止文化执法机关及其工作人员与一方当事人进行私下交易而导致腐败；防止文化执法机关及其工作人员受一方当事人不实或情绪化陈述及虚假或片面性证据的影响形成偏见，导致对其他当事人的不利，损害其他当事人的合法权益；最后，还可以维护文化执法机关在各方当事人心目中的公正形象，减少其对行政决定公正性的疑虑。目前我国涉及行政程序的法律文件尚未明确规定禁止单方接触这样一个制度，只在司法程序中有这种要求，但这些要求在今后行政程序立法中应予借鉴，当然其严格性和是有范围应加以限制。

（三）文化产业执法的中立性

法律面前人人平等的原则，作为一个宪法原则，首先是要求立法机关制定法律时必须保证同等情况同等对待，只有在具有合理依据且能够得到客观证实时才可以做出区别对待。对于执行法律的主体来说，即使按照法律规定行使职权，但在具体的执行过程中还是存在着一定的判断余地或裁量空间，也不可能做出恣意的决定，必须要保证所做出的决定在法律上有着统一性，对于做出差别对待的行为也应该提供相应的法律依据。

1. 文化产业执法应遵循平等原则

早在 19 世纪，罗素勋爵就曾指出附属性法律如果对不同的阶级加以偏私的或不平等的对待可能以不合理为由确认无效。[1] 文化执法中的平等主要指的是文化执法主体在文化行政执法过程中平等对待相对人，反对不合理的歧视，不能使他们和其同类相比处于不利的地位。如果在执法过程中存在差别对待，那法治就会沦落成人治，与我们建立社会主义法治国家相违背。现代法治国家的语境下，平等已不仅仅是一项法律原则，它已经上升到哲学、伦理学的高度，是国家对公民普遍的义务，传统法律观念下的形式平等已得到一定程度的修正，实质意义上的平等日益受到人们的重视。

中国历来有重人情的传统，"法不外乎人情"的谚语就是最好的证明。但这里的"人情"不仅仅是个情字，在其中包含的物质因素和权利因素同样也在干扰着文化执法的正常运行，使其偏离法治的轨道。所以，平等原则可以作为文化执法过程中一个最基本的原则。它具有指导功能，无论是羁束，还是裁量；无论是授益，还是负担，都必须依法平等的对待每一位相对人。不同的公民在违反法律法规的手段、情节、危害等因素相同的情况下，相关部门的处罚也应大致相同，不得因人、因时、因地的不同而异，进行选择性执法。平等原则的另一要求是在执法过程中应当遵循先例，对类似案件给予同等对待，执法主体不得在类似情况下，因为其他的因素不同而做出前后不一致或相矛盾的行为。这就强调了文化执法应当具有稳定性、连续性和公正性，除非执法主体能够提供法律根据来证明不遵循先例的行为是合理的。文化执法平等性原则，还要处理好"合理的差别对待"的问题，如何界定文化执法中的"差别对待"在何种程度上是"合理"的，这需要文化执法主体在具体的执法过程中具体判断之。

---

[1] 姜明安主编：《行政执法研究》，北京大学出版社 2004 年版，第 88 页。

2. 文化产业执法应采取回避制度

法律上的回避制度源自人类应受公平对待的自然本性。回避制度最初产生于司法程序之中，英国普通法上自然公平原则的一项主要指标，即是"任何人都不得在与自己有关的案件中担任法官"。不难理解，当文化执法主体与其所处理的事务有着利害关系时，其很容易影响到最后的处理结果或者相对人对其是否能做到大公无私有所怀疑。在文化执法过程中，执法人员如果与处理结果有积极或消极的利害关系，就有可能利用自身优势地位、擅用职权，使得行政事务做出有利于与其存在积极利益关系一方的处理，从而使得行政事务处理失去其本身最基本的公正性。

根据行政回避制度的相关分类，在文化产业执法上也可以把回避制度大体分为两类：一类是执法机关的相关人员认为自己与即将执行的行为有法律上的回避情形时，主动提出要求回避；一类是在相对人认为在执法人员中有关人员与其执法行为存在着利益关系的，可以在执法程序结束前向有关部门提出要求该执法人员回避处理，即申请回避。在文化产业执法过程中切实严格地采取回避制度，除了能增强行政事务的公正性，还能增强行政机关处理的说服力，有利于行政权威的树立和执法机关形象的改善。

（四）文化产业执法的可救济性

1. 我国现有的救济途径

"有权利必有救济"，是宪法法治国家的基本原则之一。执法救济的途径是指相对人的合法权益受到行政损害时，请求救济的渠道，即通过何种渠道请求救济。对于权益的维护和保障，是执法救济的法律制度的宗旨。我国目前的执法救济途径主要有：

（1）立法救济。即相对人就执法机关及其工作人员的执法侵权行为，向人民代表大会申诉，请求救济。但是，权力机关对执法机关的监督，只限于重大决策和立法活动。对于执法机关的重大执法政策的失误或立法与宪法、法律抵触，权力机关可以撤销或改变，或责令执法机关承担相应的政治责任。对于执法行为违法或不当造成的损害，相对人一般只能采用其他救济途径；

（2）监察救济。即相对人就执法侵权行为向政府系统的行政监察部门申诉，请求救济。这种救济途径，相对人只能对侵权的执法工作人员请求为之一定处理。如执法纪律处分，监察机关同样不能直接撤销、变更一个具体执法行为，也不能裁决予以赔偿，此种救济属于执法系统内部的救济。

（3）复议救济。复议救济相对于法院救济而言，可称作行政上的救济。是指相对人认为执法机关的具体执法行为侵犯其合法权益，向做出具体执法行为的上一级执法机关或其设置的专门机构申诉，请求救济。复议机关在查明事实、判明责任的基础上，可以撤销一个违法的具体文化执法行为，使相对人获得合理的权益或消除相对人所承担的不合理的义务，使具体执法行为对相对人的影响恢复正常；可以责令执法机关就损害后进行经济赔偿，使相对人的物质损失或精神损害获得补救。

（4）诉讼救济。是指相对人认为执法机关的具体执法行为侵犯其合法权益，向人民法院提起诉讼，由人民法院对被诉具体执法行为进行审查，对违法行使予以撤销，对造成损害者判令赔偿的救济途径。法院可以运用诸多的救济手段，是相对人受到损害的权益得到恢复和补救。如判决撤销违法的执法行为、判决变更不当的行政行为、判令执法机关履行法定责之和判令执法机关予以赔偿等。

2. 我国现有救济途径存在的缺陷

（1）诉讼救济制度的问题。一是行政干预过度。司法独立不到保障，是当前诉讼救济制度中最大的问题。现有的体制结构，使执法机关对司法的干预成为可能。在财政上，地方各级法院的财政更是依赖于同级政府供给。所以，司法机关无论在物质供给还是在人事安排等方面都没有足够的自主权，无法排拒来自行政的干预。二是执行力度过弱。法院判决后不执行判决的现象依然很严重。执法机关对不利于自己的判决，特别是履行义务的判决，往往拒不执行。一些政府领导担心行政判决影响当地经济或者行政效率，甚至公然出面阻止法院判决的执行。现有法律的执行条款不够严厉，措施过于简单。

（2）复议制度的问题。第一，复议机构地位尴尬。复议的本质内涵决定了其必须由一个具有相对独立性的机构来实施。但是在我国复议中存在的最显著的问题就是复议机构没有相对独立。我国没有相对统一的复议机构，复议的工作由行政机关的法制机构承担，且复议机构只有意见权而没有决定权。这就使复议机构不可避免地成了一个受行政机关操纵的傀儡。可以说我国的复议机构是在行政权与司法权夹缝中艰难的生存，这样一种尴尬的境地制约着复议救济功能的发挥。第二，复议办案程序简略。如有的地方仍坚持采用书面审理的审查方式，而有的地方却已全面采用开庭质证的方式审查方式；有的地方已经广泛采用协调方式结案，而有的地方却至今不同意以协调方式结案。这些规则相互差异很大，违反了法治统一的原则，有人还为此将行政复议机关告到法庭，使得行政复议机关陷入被动，也动摇了人们对于行政复议制度的信心

3. 构建合理的文化执法救济制度

首先，完善诉讼制度。一是完善执行制度。诉讼中，要以停止执行为原则不停止执行为例外。判决后，要强化执法机关首长的法律责任，对拒不行法院判决的执法首长，轻则罚款，重则追究法律责任。同时建立拒不执行裁判的公示制度，向社会公告案件执行的情况。二是完善裁判方式，在不违反当事人意愿和法律强行规定的前提下允许调解。增加驳回原告诉讼请求、确认执法行为违法、禁止执法机关实施某个行为等判决方式。对于执法行为合法的，适用驳回原告诉讼请求的方式，代替目前的维持判决。此外，应适当扩大司法变更权的范围，允许法院在特定情况下代替执法机关作出决定。

其次，完善复议制度。一是改革案件审理方式。改变以书面审查为原则的方式，引入听证程序，保障复议当事人质证、辩论和聘请律师的权利。对于一般的复议案件，如果申请人提出请示或复议机构认为有必要，复议机构应当开庭；对于案情简单的案件，可仍采用局面审查方式。建立复议公开制度，除涉及国家秘密、商业秘密和个人隐私外，原则上应当公开复议程序和复议结果，至少可以

允许公众查询复议决定。建立复议调解制度，在不损害国家利益和社会公共利益的前提下，允许当事人达成调解协议。二是明确复议办案程序。细化案件办理规程，建立既体现公正、公平又具有高效、灵活的复议程序。对于案情简单、事实清楚、证据确凿的案件，适用简易程序，15 日内审结，不必开庭质证；对于一般案件，采用一般程序处理，以书面审查为主，涉及对事实有争议的，开庭质证；对于重大复杂案件，原则上开庭审查。

最后，加强公民的维权意识。任何制度都受文化习惯和行为方式的限制，在法治社会里，权利意识是法治的源泉。从这个意义上讲，包括文化产业执法造成的权利在内的各种公民权利救济制度都只是一种体制性的保障，是法治思想、权利观念的客观化，而民众的法治心理才是最广泛和坚实的基础，起着决定性的作用。可以说民众的法治心里和权利意识发展到哪一步，一个国家的文化执法水平就可以达到与其相应的水平。其中，民众在社会生活中的权利本位心理是最重要的因素。法律以权利义务为内容调整社会关系，表现为对政府的制约和控制确是一个不争的事实。因此，提高司法效能的前提应当包括三个相互联系的层面：一是要提高自身的权利保护意识，敢于维权；二是要提高依法保护权利的法治意识，依法维权；三是提高对于权利与权力、司法权力与行政权力、行政权力系统内部之间关系的认识，缩小不恰当的权利诉求与司法供给之间的差距。

第四节 文化事业的法律保障：趋向一个公平、高效、协调的公共文化服务体系

前文已经谈到，文化事业是人们在文化艺术、新闻出版和广播影视、科学研究等领域从事有一定目标、规模并对社会发展有重要影响的经常性活动。狭义上的文化事业就是公益性文化事业，在这一层面上，文化事业与公共文化服务二者联系最密切，公共文化服务基本上等同于文化事业。从属性上来说，公益性文化事业应该包括一切由政府公共财政支持、社会和个人参与的非营利性文化组织

及其从事的文化活动，包括国家的新闻媒体组织、为普及科学知识而创办的报纸杂志社、对国家意识形态具有重大影响作用的哲学社会科学研究组织及其活动等，公益性文化组织是公共文化服务提供的主体，其存在的合理性在于管理和影响文化的发展，而公共文化服务则是由公益性文化事业组织面向所有社会成员提供的基本的公益性文化产品与服务，是文化组织发挥作用的表现形式。不能有效发挥管理与服务作用，公益性的文化事业组织就没有存在的合理性和必要性。公益性文化事业既强调公益性文化事业组织建设也强调由公益性文化事业组织提供的公益性文化产品与服务，是二者的统一。所以，公共文化服务体系可以等同于文化事业的体系，为文化事业提供法律保障也是公共文化服务体系的完善之道。

公平、高效、协调是公共文化服务体系的价值属性。通过科学合理、执行有效的法律制度是公共文化服务的公平、高效、协调是一个体系建设和发展的需要，也是公共文化服务常态化和制度化的保证。我国文化事业的发展状况一路起伏不定，原因就在于法律制度不健全。在文化大发展大繁荣的要求下，法治政府的建立首当其冲。同时，一切国家和社会的文化活动以及和文化事业相关的政治、经济活动都应在法律制度的规范下进行。公共文化服务体系建设中要根据政治、经济、社会和文化发展变化，不断制定与完善相关法律法规与制度。

一、公平之道

在法学领域，公平在形式上一般可分为政治公平、经济公平、民族种族公平和性别公平。当然，在公共文化服务领域，"文化公平"是对以上公平概念的重要补充，它强调在文化供给和分配上必须做到公正、平等、不偏不倚，无论民族、性别、年龄还是职业的不同都不能影响其享受公共文化服务的权利。文化公平，在公共文化服务领域内，在实质上也应分为公共文化服务获取上的机会公平、程序公平和结果公平，其中机会公平最为重要。

（一）文化立法中的公平

立法是法制运行的起点和首要前提。要实现法制公平，首先就应实现立法公平。立法公平的基本含义有：一是指在创立文化法律体系过程中，应将公平作为一个立法原则和指导思想贯穿于法律创制的全过程；二是在文化法律体系的内容构成上，应将公平从抽象的法律价值要素化解为具体的法律规定，使整个法律内容体现公平精神；三是指文化立法过程应体现公平性，准确地反映民意、遵循民主的立法程序，这是实现法律公平的保障立法公平的目标，就是通过立法活动，制定公平、公正的法律，为法制运行创造一个公平的准则和可依据的法律前提。

（二）法律保障公共文化服务的机会公平

在我国，目前机会不公现象仍普遍存在。无数的社会事实已经表明，不公平的社会现象激起了人们的不满，也成为引发社会不和谐的重要因素。以机会公平为核心的社会公平不仅体现了人们的现实价值追求，也代表了人类对其自身存在的终极道德关怀，在文化服务领域亦然。以机会公平为核心的社会公平在承认人们客观存在的差异的同时，满足人类对物质及精神的共同需求。它使社会公平具有现实可操作性，使人们的生活环境符合人的本性要求。从制度层面来落实文化机会公平的原则。

由于文化事业在我国的政府主导型，积极发挥政府在推进文化机会公平中的主导作用首当其冲，通过法律的手段规定政府在保障文化机会公平方面的积极义务。我国目前正处于由传统社会向现代社会转型的阶段，不可避免地面临着社会利益主体多元化、利益取向多极化、利益差别显性化、利益矛盾尖锐化等一系列社会问题。现代社会要求政府在文化给付方面满足公民的积极权利，以现代政府角色既以有限度的权力有以有效的方式来保证文化分配的机会公平。现代社会中不同社会利益主体间矛盾所涉及的范围之广，内容之复杂，影响之大，在文化领域也客观要求政府在解决这一系列问题中发挥主导作用。目前要实现社会长期、稳定、可持续发展，必然要求在追求社会效率与社会公平之间保持一定的、合理的张力。

（三）法律保障少数人的文化权利

现代国家开始认识到"多数人暴政"的弊端，更加重视少数特殊人群的利益保护。公共文化服务供给不均等是一个普遍存在的问题，特别是在人口众多、地域广阔的中国，对于少数人文化权利保障力度不足，比如在农村、少数民族和偏远地区的人民群众得不到文化服务或服务质量不高是我国走向文化大发展大繁荣的一个重点问题，也是难点问题。法律以保障少数特殊全体的利益来实现公平，在文化领域，通过法律制度为少数人提供文化优惠和补充，可以弥补形式平等的缺陷，以达至实质平等。在一定条件下，由国家专门预留资金和资源用以提供特殊和适当的公共文化服务给少数人群体及个人，用于补偿其由于天然的不利地位而无法获得的优惠政策，保证其能获得充分发展与保护，加速实现社会的整体文化平等。在具体方面，通过法制手段规定国家对文化欠发达地区进行稳定和持续的倾斜政策，增加转移支付，为帮助少数人群体发展文化事业；通过资源分配的倾斜，保证教育和文化输入，为提高农村地区、少数民族地区、偏远贫困地区人民的文化素养，一方面帮助其发展自身传统文化、固有文化、民族文化，另一方面使其更易享受国家的各种文化资源和公共服务，充分考虑其区域多样性和民族差异性，提供合适和充分的公共文化产品。

二、高效之道

效率是投入与产出或成本与收益之间的对比关系。意大利经济学家帕累托在 1906 年出版的《政治经济学教程》中提出了一个重要的概念——帕累托最优（Pareto Optimum）。所谓帕累托最优，是一种资源配置状态。在该状态下，任何形式的资源重新配置，都不可能同时满足使至少一个人受益而又不使其他任何人受损。这种状态也是效率的最佳状态。后来，人们把使至少一个人的状况变好而又没有任何人的状况变坏的资源重新配置称为"帕累托改进"。

在公共文化服务中，如果没有任何人的状况在帕累托改进的情形下变坏，只有某些人的状况变好，那便以为这这项公共文化服务的建立和运行是成功的；如果投入了大量的人力物力，耗费了大量的社会资源，而没有达到规划的文化服务效果，没有达到一定的高效性和便利性，则是低效而失败的。

公共文化服务体系的高效之道与公平之道不同，相较于其原则性，为了将效率落到实处，应采取更加务实的和可操作性强的举措进行保障。

（一）在文化项目的建立过程中提供政府效率

高效的文化事业首先需要政府在文化项目建设上的高效，需要为了提高政府的行政效能，优化文化事业的发展环境，以法治的思维健全文化项目全程服务机制。

首先，公开文化项目事宜。以法定的行政公开原则优先，各地方政府及有关职能部门应当向社会作出公开服务承诺，通过政府网站、新闻发布会以及报刊、广播、电视等便于公众知晓的方式公开，或根据需要设立公共查阅室、资料索取点、信息公告栏、电子信息屏等场所、设施，公开信息。

其次，提高文化项目核准效率。对文化项目，按照法律法规的规定，对于文化项目立项申请报告，不再经过批准项目建议书、可行性研究报告等复杂繁琐程序。各级政府主管部门对于项目申请报告，主要从维护文化安全、合理开发利用文化资源、保护环境、优化重大布局、保障公共利益等方面进行核准。对核准的文化项目，只要法定与文化项目有关的文化、出版、新闻、国土资源、环境保护、城市规划等主要立项主管部门出具相关审查意见的，各级政府投资主管部门可先予以核准，其他部门不得介入。其他相关部门可根据项目核准文件，依法依规办理相关手续。核准办理时限从受理之日起建议减为 10 个工作日，依法应当听证、委托评估、专家评议所需的时间不计算在内，严格控制核准时限，对超期和低效者实施制度性处罚。

然后，动态调整文化项目建设规划。投资者在办理项目前置审批事项时，如涉及规划调整的，可结合发展建设规划中期评价，根据新情况、新变化，政府授权投资主管部门会同有关职能部门在符合产业政策、区域布局和行业规划的前提下调整项目发展规划，并允许项目开展前期工作。

（二）以法律的手段加强文化事业的资金保障

资金保障是任何一项事业发展达到高效的基本经济保障，政府是公共文化服务的提供者和维护管理者，所需资金大部分由政府保证提供，国家每年将在财政预算中通过行政决策规定该年度文化投资的数额，以转移支付的形式发放到各省、市等各级地方政府。

首先，保证文化事业建设和公共文化服务提供的高效，应从保障文化事业建设专项资金开始，以法律的手段落实政府行政决策及配套政策的实施，责任到人，出现资金支付和使用不到位、不完全、不正确的情况，按照对应法律责任进行追究，或进行问责。同时建立相应的奖惩机制，高效奖励，低效惩罚。

其次，节流也应开源。在文化事业中应通过立法立规来规范和实施更加开放的文化事业准入政策。在法律法规不禁止的情况下，各地方政府部门要创新文化投融资机制，采取灵活多样的方式，鼓励、吸引各类资本进入文化事业领域。无论内资、外资，无论国有、民营，均可参与。加大对外开放力度。通过实施开放先导战略，充分利用国际、国内两种资源、两种市场，放开一切能开放的领域、区域和行业，突出招商引资重点，创新招商引资方式，积极承接国际资本和沿海产业转移。

（三）规范文化事业主体权责

政府与公益性文化事业单位之间的权责不明是严重制约文化服务效率提高的一个重要因素，在我国中国特色社会主义的政治体制和经济体制之下，政府职能与其隶属的事业单位和国有企业之间存在大量的职能重叠，导致在发展某项事业的过程中无法权责清晰的对具体事务进行办理和负责，严重影响的了项目建设的推进。

在公共文化服务领域，改变政府与公益性文化事业单位之间的隶属关系，转换管理方式，创新管理模式，并以法律的形式进行明确界定，定"权"止争，定"责"立威，分权制衡、分工到位，走出模糊地带，方是提高效率的有效路径。现在政府部门与文化事业单位应该由隶属关系转变为行政合同关系，由单一的行政管理，转变为法律、经济和行政多种管理方式，从管理下属单位转向管理社会。改革多头管理的行政管理现状。多头管理必然会导致管理混乱、稀缺资源浪费，由于协调不畅导致重复建设，影响公共文化服务体系建设的进行，还容易导致条块分割。要整合各种行政管理资源，清理不同部门之间的交叉职能，将原来的专业管理和条块管理合并成综合管理，建立大行政管理体制，加强文化服务管理的协调性，提高文化服务管理效率。

三、协调之道

协调，从字面上可以理解为协作和调解两层含义。公共文化体系的协调是指其内在组成部分能够相互协作，对于冲突和矛盾能够适当的调解和化解，达到和谐顺畅的运行。内容上包括两个方面：一方面指文化产品、项目之间的协调，同类型或不同类型和行业之间的文化供给品之间能相互配合，发挥服务社会的最大作用；另一方面是文化服务相关机构之间的协调，政府部门与政府部门之间，政府部门和社会机构之间在文化事业的发展建设过程中进行的协作、调解甚至妥协，不因各自的利益而产生不必要的冲突，并配套相应的纠纷解决机制。公共文化服务体系作为事关一个大国文化事业的庞大系统，其协调之道需要原则和实践并举，综合考虑各种因素，在整体利益和个体利益、长远利益和近期利益之间取得平衡的方法和手段，达到利益的最优化，正如如 N. 雷谢所说："最优化不是像最大化一样'越大越好'，而是在能设想的不同方式内使各种好处相互平衡、协调以及和谐。"[1]

（一）坚持以人为本的共同原则

若要协调一个体系内不同类型、背景、立场、利益诉求和价值取向的组成部分，达到和谐一致，必须首先在运行的过程之中遵循共同的原则。除了文化事业发展必须遵守的三大原则——最低限度供给原则、文化平权原则和文化项目高效、透明原则之外，为了实现公共文化服务体系的协调稳定，公共文化服务基于其"公共性"

---

〔1〕　Nicholas Rescher, *A System of Pragmatic Idealism*, Princeton University Press, 1993, p. 44.

和服务大众的本质，体系内在也应该遵循更高价值层面的普适性价值——以人为本。

胡锦涛在中央人口资源环境工作座谈会上的讲话中说："坚持以人为本，就是要以实现人的全面发展为目标，从人民的根本利益出发谋发展，促发展，不断满足人民日益增长的物质文化需要，切实保障人民群众的政治、经济和文化权益，让发展的成果惠及全体人民。"[1]可见，"以人为本"应作为公共文化服务的基本原则。同样，公共文化服务相关的法律制度也应以"以人为本"为价值取向。"以人为本"要求国家和社会要以"人"为目的，把"人"放在至高的位置上，为实现作为"人"的公民的基本文化权利，公共文化服务体系的每个组成部分的行为和活动都应以之为出发点和落脚点。在出现冲突和矛盾之后，应放弃各自的局部利益，将"以人为本"作为最高原则，调解纠纷，向实现"人"的文化权利的方向融合、化解不协调，走向协作和趋同。

（二）部门协作

在公共文化服务体系中，在政府横向面层上的各部门、机构之间和在纵向上的政府机关和与文化服务有关的社会机构之间都需要在共同的原则下形成协作，以制度的形式规范其横向和纵向上的协调合作机制和原则。

首先，建立信息共享机制。信息资源是部门间合作的基础资源，政府文化部门之间信息资源的整合和共享利用程度如果缺失，将造成严重的沟通障碍，信息资源在部门之间缺乏有效的共享会严重影响了部门间公共文化服务工作的协调开展，并造成资源浪费。因此，要协调管理各个层次部门的资源，并在现有的基础上统筹规划不同部门之间的信息系统，利用电子政务的共享与协同，采用资源协调治理模式实现信息共享。与此同时，还要加强部门之间的沟通，协调好各部门之间的利益关系。在信息资源公开、共享的基础上，还要加强信息公开的法治化管理。

---

〔1〕 胡锦涛："在中央人口资源环境工作座谈会上的讲话"，载《人民日报》2004年4月5日。

其次，建立矛盾冲突的议事协调机制。针对公共文化事业中，跨部门职能的重叠是常见现象，在合作过程中出现的各种矛盾冲突自然会频发，对于问题各方应给予足够的重视，本着公正平等、秩序和谐、民主决策等精神原则，建立矛盾冲突议事调和机制，使那些存在意见分歧、利益冲突和职能错位等问题得到及时得到解决，开诚布公的发现问题根源，共同协商找出解决问题的方法，以保证共同的文化发展目标的实现，减少摩擦，着眼各部门的长远共同利益而和谐发展。

（三）建立激励、问责制度

对参与跨部门合作过程的部门，要明确其职责并建立健全激励问责制度。奖励那些在跨部门合作过程中工作负责并完成好的部门或个人，而对那些工作不负责、完成不及时不到位，并造成不良后果的部门或个人要给予问责，以此来保证跨部门合作工作顺利开展，使组织目标得以很好完成。

参考文献

中文文献

（一）著作、译著

1. 毕佳、龙志超：《英国文化产业》，外语教学与研究出版社 2007 年版。

2. ［美］哈里斯：《文化·人·自然——普通人类学导引》，顾建光、高云霞译，浙江人民出版社 1992 年版。

3. 傅才武、宋丹娜：《文化市场演进与文化产业发展——当代中国文化产业发展的理论与实践研究》，湖北长江出版集团、湖北人民出版社 2008 年版。

4. 侯聿瑶：《法国文化产业》，外语教学与研究出版社 2007 年版。

5. 胡惠林：《文化产业发展与中国新文化变革（1998～2008）》，上海人民出版社 2009 年版。

6. 胡慧林：《中国国家文化安全》，上海人民出版社 2011 年版。

7. 胡锦光、韩大元：《中国宪法》（第 2 版），法律出版社 2007 年版。

8. 胡筝编著：《文化事业管理概论》，中国统计出版社 2010 年版。

9. 黄金荣：《〈经济、社会、文化权利国际公约〉国内实施读本》，北京大学出版社 2011 年版。

10. 黄金荣：《司法保障人权的限度：经济和社会权利可诉性问题研究》，社会科学文献出版社 2009 年版。

11. 蒯大申、饶先来：《新中国文化管理体制研究》，上海人民出版社 2010 年版。

12. ［法］莱昂·狄骥：《公法的变迁》，郑戈、冷静译，辽海出版社、春风文艺出版社 1999 年版。

13. 李怀亮、刘悦笛：《文化巨无霸——当代美国文化产业研究》，广东人民出版社 2005 年版。

14. 李思屈等：《中国文化产业政策研究》，浙江大学出版社 2012 年版。

15. 梁波：《当代中国社会利益结构变化对政治发展的影响》，兰州大学出版社 2007 年版。

16. 林毅、张亮杰：《新中国阶级阶层社会结构演变历程》，世界知识出版社 2011 年版。

17. 陆定一文集编写组编：《陆定一文集》，人民出版社 1992 年版。

18. ［德］马克思·韦伯：《论经济与社会中的法律》，张乃根译，中国大百科全书出版社 1998 年版。

19. 《毛泽东论文艺》，人民文学出版社 1992 年版。

20. 《毛泽东文艺论集》，中央文献出版社 2002 年版。

21. 中共中央文献研究室编：《毛泽东年谱（1893～1949）》（中卷），人民出版社、中央文献出版社 1993 年版。

22. ［英］米尔恩：《人的权利与人的多样性——人权哲学》，夏勇、张志铭译，中国大百科全书出版社 1995 年版。

23. 祁述裕、王列生、傅才武主编：《中国文化政策研究报告》，社会科学文献出版社 2011 年版。

24. 钱弘道：《法律的经济分析》，清华大学出版社 2006 年版。

25. 孙洪斌主编：《中国文艺发展大战略》，长春出版社 2011 年版。

26. 孙有中等编著：《美国文化产业》，外语教学与研究出版社 2007 年版。

27. 吴爱明、沈荣华、王立平：《服务型政府职能体系》，人民出版社 2009 年版。

28. 吴葆朴等编：《博古文选·年谱》，当代中国出版社 1997 年版。

29. 许育典：《文化宪法与文化国》，元照出版社 2006 年版。

30. 张静：《国家与社会》，浙江人民出版社 1998 年版。

31. 张文显：《二十世纪西方法哲学思潮研究》，法律出版社 2006 年版。

32. 中国文艺年鉴社编：《1981 中国文艺年鉴》，文化艺术出版社 1982 年版。

33. 周伟：《宪法基本权利：原理·规范·应用》，法律出版社 2006 年版。

34. 周晓风：《新中国文艺政策的文化阐释》，中国社会科学出版社 2008 年版。

35. 卓泽渊：《法的价值论》，法律出版社 2006 年版。

36. 《邓小平文选》（第 2 卷），人民出版社 1994 年版。

37. 《建国以来重要文献选编》（第 10 册），中央文献出版社 1994 年版。

38. 《毛泽东新闻工作文选》，新华出版社 1983 年版。

39. 《毛泽东选集》（第 2 卷），人民出版社 1991 年版。

40. 《毛泽东选集》（第 3 卷），人民出版社 1991 年版。

41. 《毛泽东文集》（第 7 卷），人民出版社 1999 年版。

42. 中共中央党史研究室编：《十四大以来的重要文献选编》（上册），人民出版社 1996 年版。

43. 中共中央党史研究室编：《中共党史参考资料（五）·抗日战争时期》（下册），人民出版社 1979 年版。

44. 《中共中央关于深化文化体制改革，推动社会主义文化大发展大繁荣若干重大问题的决定》（2011 年）。

45. 中央档案馆编：《中共中央文件选集（1921～1925）》（第 1 册），中共中央党校出版社 1989 年版。

46. 中央档案馆编：《中共中央文件选集（1927）》（第 3 册），中共中央党校出版社 1989 年版。

47. 中央档案馆编：《中共中央文件选集（1928）》（第 4 册），中共中央党校出版社 1989 年版。

48. 中央档案馆编：《中共中央文件选集（1929）》（第 5 册），中共中央党校出版社 1990 年版。

（二）期刊、文集论文

1. 安宇、沈山："日本和韩国的'文化立国'战略及其对我国的借鉴"，载《世界经济与政治论坛》2005 年第 4 期。

2. 陈婉玲："民间资本进入文化产业的路径选择及保障"，载何敏等编著：《文化产业政策激励与法治保障》，法律出版社 2010 年版。

3. 杜强强："基本权利的规范领域和保障程度：对我国宪法第 35 条和第 41 条的规范比较"，载《法学研究》2011 年第 1 期。

4. 傅才武、赵苏皖："'十二五'我国文化产业发展的法律基础"，载胡惠林、陈昕主编：《中国文化产业评论》（第 13 卷），上海人民出版社 2011 年版。

5. 傅守祥："文化经济视野中的文化产业发展"，载何敏等编著：《文化产业政策激励与法治保障》，法律出版社 2010 年版。

6. 何锦前："公民基本文化权利的规范分析"，载《湖南工业大学学报（社会科学版）》2012 年第 4 期。

7. 黄晓燕："国际人权法视野下文化权利的考量与辨析"，载《政法论坛》2013 年第 3 期。

8. 黄玉烨："我国民间文学艺术的特别权利保护模式"，载《法学》2009

年第 8 期。

9. 康小明、向勇："产业集群与文化产业竞争力的提升"，载《北京大学学报（哲学社会科学版）》2005 年第 2 期。

10. 孔建华："文化产业政策的制定原则及其思想来源"，载胡惠林、陈昕主编：《中国文化产业评论》（第 14 卷），上海人民出版社 2011 年版。

11. 李惠宗："立法裁量类型化试论"，载《宪政时代》1990 年第 1 期。

12. 刘国新："新中国文化发展历程回顾"，载《当代中国史研究》2009 年第 5 期。

13. 林玮："城乡文化二元结构的破解之道及其社会指向——以乡村文化产业的发展路径为着眼点"，载胡惠林、陈昕主编：《中国文化产业评论》（第 15 卷），上海人民出版社 2012 年版。

14. 莫纪宏："论文化权利的宪法保护"，载《法学论坛》2011 年第 1 期。

15. 秦前红、涂云新："经济、社会、文化权利的保障路径及其选择——在立法裁量与司法救济之间"，载《交大法学》2013 年第 1 期。

16. 秦前红、涂云新："经济、社会、文化权利的可司法性研究——从比较宪法的视角介入"，载《法学评论》2012 年第 4 期。

17. ［日］清水昭俊："论国际法中的 indigenous peoples"，载《云南民族大学学报（哲学社会科学版)》2012 年第 2 期。

18. 单世联："论全球化时代的文化多样性"，载《天津社会科学》2005 年第 2 期。

19. 上官丕亮、孟凡壮："文化权的宪法解读"，载《学习与探索》2012 年第 1 期。

20. 邵明艳："让'乌苏里船歌'的歌声更悠扬——民间文学艺术作品法律保护的探讨"，载《电子知识产权》2005 年第 9 期。

21. 沈宗灵："对霍菲尔德法律概念学说的比较研究"，载《中国社会科学》1990 年第 1 期。

22. 石东坡："文化立法基本原则的反思、评价与重构"，载《浙江工业大学学报（社会科学版)》2009 年第 2 期。

23. 石谷："《乌苏里船歌》著作权纠纷案评析"，载《中国法律》2004 年第 2 期。

24. 佟贺丰："英国文化创意产业发展概况及其启示"，载《科技与管理》2005 年第 1 期。

25. 万鄂湘、毛俊响："文化权利内涵刍议"，载《法学杂志》2009 年第

8 期。

26. 王雪野："中国参与国际传媒秩序重构进程中的法律服务体系建设"，载《法学杂志》2010 年第 1 期。

27. 吴海珍："从乌苏里船歌案看民间文学艺术的保护"，载《电子知识产权》2003 年第 12 期。

28. 肖金明："文化法的定位、原则与体系"，载《法学论坛》2012 年第 1 期。

29. 谢锐："深化文化体制改革，推进文化产业发展"，载张晓明、胡惠林、章建刚编：《2004 年中国文化产业发展报告》，社会科学文献出版社 2004 年版。

30. 杨惠芳、刘芳彬："试论保障人民基本文化权益是当代文化建设的价值目标"，载《河北社会主义学院学报》2008 年第 4 期。

31. 翟东堂："略论中国少数民族文化权利的保护"，载《华北水利水电学院学报》2005 年第 4 期。

32. 赵彦云、余毅、马文涛："中国文化产业竞争力评价和分析"，载《人民大学学报》2006 年第 4 期。

33. 张革新："《乌苏里船歌》案若干法律问题评析"，载《法学杂志》2004 年第 3 期。

34. 张军："文化产业投融资法律问题刍议"，载胡惠林、陈昕主编：《中国文化产业评论》（第 15 卷），上海人民出版社 2012 年版。

35. 张翔："基本权利的受益权功能与国家的给付义务——从基本权利分析框架的革新开始"，载《中国法学》2006 年第 1 期。

36. 张翔："基本权利的双重性质"，载《法学研究》2005 年第 3 期。

37. 郑保卫："建立监督仲裁机构强化行业自律机制——关于我国组建新闻评议会的建议与构想"，载《新闻记者》2002 年第 8 期。

38. 郑贤君："基本权利的宪法构成及其实证化"，载《法学研究》2002 年第 2 期。

39. 周刚志："部门宪法释义学刍议"，载《法学评论》2010 年第 3 期。

40. 周叶中："加快文化立法是建设社会主义文化强国的必然选择"，载《求实杂志》2012 年第 6 期。

41. 李维汉："鲁艺的教育方针与怎样实施教育方针"（1934 年 4 月 10 日），载延安文艺丛书编辑委员会编：《延安文艺丛书·文艺理论卷》，湖南文艺出版社 1987 年版。

（三）报刊、网络文献

1. 邓小平："在中国文学艺术工作者第四次代表大会上的祝辞"（1979 年

10 月 30 日），载《人民日报》1979 年 10 月 31 日。

2. 胡启立："在中国作家协会第四次会员代表大会上的祝词"，载《人民日报》1984 年 12 月 30 日。

3. 景凯旋："尊重'低俗'的权利"，载南都周刊：http：//www. nbweekly. com/column/jingkaixuan/201007/25538. aspx，访问时间：2013 年 3 月 22 日。

4. 龙应台："文化权不是有钱人的特权 是民众的基本人权"，载台海网：http：//www. taihainet. com/news/twnews/twsh/2012 - 05 - 18/853318. html，访问时间：2013 年 10 月 10 日。

5. 人民网："广电总局整治相亲节目，《非诚勿扰》价值取向遭质疑"，http：//politics. people. com. cn/GB/1027/11859112. html，访问时间：2013 年 10 月 10 日。

（四）判例

1. "黑龙江省饶河县四排赫哲族乡人民政府诉郭颂等侵犯民间文学艺术作品著作权案"，北京市第二中级人民法院［2001］二中知初字第 223 号。

2. "黑龙江省饶河县四排赫哲族乡人民政府诉郭颂等侵犯民间文学艺术作品著作权案"，北京市高级人民法院［2003］高民终字第 246 号。

外文文献

（一）著作

1. Andrew Halpin, *Rights and Law Analysis and Theory：Analysis and Theory*, Hart Publishing（UK），1997.

2. Arthur Asa Berger, *Cultural Criticism：A Primer of Key Concepts*, Thousand Oaks, Cslif：Sage Publications, 1995.

3. Asbjorn, et al.（eds.）：*Food as a Human Right*, Tokyo：The United Nations University, 1984.

4. Clifford Geertz, *Religion as a Cultural System, from his the Interpretation of Cultures*, New York：Basic Books, 1973.

5. Friedhelm Hufen, *Kulturauftrag als Selbstverwaltungsgarantie – Legitimation szusammenhängekommunaler Kulturpolitik*, NVwZ, 1983.

6. Friedhelm Hufen, *Staatsrecht II：Grundrechte*, Verlag C. H. Beck, München, 2007.

7. G. Jellinek, *System der Subjektivenöffentlichen rechte*（2nd edn）, Tübingen, 1905.

8. Henry Shue, *Basic Rights*: *Subsistence*, *Affluence and U. S. Foreign Policy*, (2nd Ed) Princeton University Press, 1996.

9. Jose R. Martinez Cobo, *Study of the Problem of Discrimination Against Indigenous Populations*, New York: United Nations, 1987.

10. Karel Vasak, *Human Rights*: *A Thirty – Year Struggle*: *the Sustained Efforts to Give Force of Law to the Universal Declaration of Human Rights*, UNESCO Courier30:11, Paris: United Nations Educational, Scientific and Cultural Organization, November 1977.

11. Kitty Arambulo, *Strengthening the Supervision of the International Covenant on Economic Social and Cultural Rights*: *Theoretical and Procedural Aspects*, Intersentia, 1999.

12. Kuhn, Thomas, *The Structure of Scientific Revolutions* (3rd Ed), Chicago and London: University of Chicago Press, 1996.

13. Maria B. Galikowski, "Art and Politics in China, 1949 ~ 1986", *Submitted in fulfillment of the requirements for the Degree of Doctor of Philosophy*, Department of East Asian Studies The University of Leeds, December 1990.

14. Max Weber, *The Methodology of the Social Sciences*, New York: The Free Press, 1949.

15. Ress/Ukrow, EU – Arbeitsweisevertrag Art, 167 Beitrag der Union unter Wahrung und Förderung der Kulturvielfalt in Grabitz/Hilf/Nettesheim, Das Recht der Europäischen Union 49, Ergänzungslieferung 2012.

16. Neil MacCormick, *Legal Rights and Social Democracy*: *Essays in Legal and Political*, Philosophy Clarendon Press, 1982.

17. Wesley Newcomb Hohfeld, *Fundamental Legal Cconceptions as Applied in Judicial Reasoning*, New Haven: Yale University Press.

18. Will Kymlicka, *Liberalism*, *Community*, *and Culture*, Clarendon Press, 1989.

（二）期刊论文

1. Frederick Schauer, "The Boundaries of the First Amendment: A Preliminary Exploration of Constitutional Salience", 117 Harv. L. Rev. 1765, 2004.

2. Kelly, Duncan, "Revisiting the Rights of Man: Georg Jellinek on Rights and the State", *Law and History Review*, 22. 3, 2004.

3. Mark Tushnet, "Social Welfare Rights and the Forms of Judicial Review",

82 TEX. L. REV. , 1898.

4. Siegfried Wiessner, "The Cultural Rights of Indigenous Peoples: Achievements and Continuing Challenges", Eur. J. Int'l. L. , 2011, 22 (1).

5. Williams, Glanville, "The Concept of Legal Liberty", 56 *Columbia Law Review* 1129.

(三) 官方文件

1. African Charter on Human and Peoples' Rights, adopted 27 June 1981, OAU Doc. CAB/LEG/67/3/Rev. 5, reprinted in 21 ILM 58 (1981), entered into force 21 Oct. 1986.

2. Committee on Economic, Social and Cultural Rights, General Comment 9, The domestic application of the Covenant (Nineteenth session, 1998), U. N. Doc. E/C. 12/1998/24 (1998), reprinted in Compilation of General Comments and General Recommendations Adopted by Human Rights Treaty Bodies, U. N. Doc. HRI/GEN/1/Rev. 6 at 54 (2003).

3. Declaration of the Principles of International Cultural Co – operation, adopted by the UNESCO General Conference at its fourteenth session, Paris, 4 november 1966, UNESCO's Standard – Setting Instruments, IV. C. (1994).

4. International Covenant on Economic, Social and Cultural Rights, G. A. res. 2200A (XXI), 21 U. N. GAOR Supp. (No. 16) at 49, U. N. Doc. A/6316 (1966), 993 U. N. T. S. 3.

5. Masstricht Guidelines on Violations of Economic, Social and Cultural Rights, Maastricht, U. N. Doc. E/C. 12/2000/13.

6. UNESCO, Convention on the Protection and Promotion of the Diversity of Cultural Expressions, UNESCO Doc. 33C/ Res 41 (20 October 2005).

7. UNESCO Universal Declaration on Cultural Diversity, Nov. 2, 2001, UNESCO Doc. 31C/Res 25, Annex 1 (2001).

8. Universal Declaration of Human Rights, G. A. res. 217A (III), U. N. Doc A/810 at 71 (1948).

(四) 判例

1. Allnak v. Turkey, ECtHR, Appl. Nr. 40287/98, 2005.

2. Government of the Republic of South Africa and Others v. Grootboom and Others, (CCT11/00) [2000] ZACC 19; 2001 (1) SA 46; 2000 (11) BCLR 1169; (2000).

3. Müller and Others v. Switzerland ECtHR, Appl. Nr. 10737/84, 1988.

4. Paturel v. France, ECtHR, Appl. 54968/00, 2005.

5. San Antonio Independent School District v. Rodriguez, 411 U. S. 1 (1973).

6. T. D. v. Minister for Education [2001] 4 I. R. 259 (Ir. S. C.).

后　记

　　本书得以写成，缘于中国法学会一个相关课题结项的需要，而为课题而科研写作差不多是体制内绝大多数学人生存状况的写照。

　　文化是一个多维的范畴，从历时态的角度而言，它上承远古下延未来；从共时态的角度而言，它蕴含了不同文化样态的交融与争锋；从形态学的角度而言，它包括了器物、制度、精神等多个面向。将一切问题纳入法律关系的视野并以权利话语来表达自己的诉求，这代表了法律人的自信与自负。虽然理想的浪漫不断被骨感的现实所杯葛，但法律人依然无怨无悔地唱着法律的歌谣。公民个体如何借由文化营造的魅影实现个人的心智成长和人格健全？公权机关如何在服膺法律规则之下尊重人民的文化权利，有效并有序管理文化事业？在一个多位阶的法律体系中，宪法、法律、法规如何因应文化的禀赋殊异而各安其命各尽其职？等等，这些问题都是无限延展而在我国又只是刚刚起步研究的问题。本书的研究不过是雏婴初啼，希望能收抛砖引玉之功。

　　在本书的写作过程中，我的博士研究生黄明涛、涂云新、王宇欢等给予我很多观点和资料方面的支持。我的硕士研究生张筱倜、张键、徐志淼、丁伊林等帮忙承担了大量文字校对、资料收集整理方面的工作。在此，我一并向上述各位表述衷心的感谢。同时，我还要感谢本书的责任编辑丁春晖先生，他的热忱以及尽责、高效的工作，让我铭感在心。

秦前红
2015 年 5 月 4 日谨识